高质量绿色发展

深圳的创新之路

王东 郑磊 编著

HIGH-QUALITY AND ECO DEVELOPMENT

A Roadmap to Innovation of Shenzhen

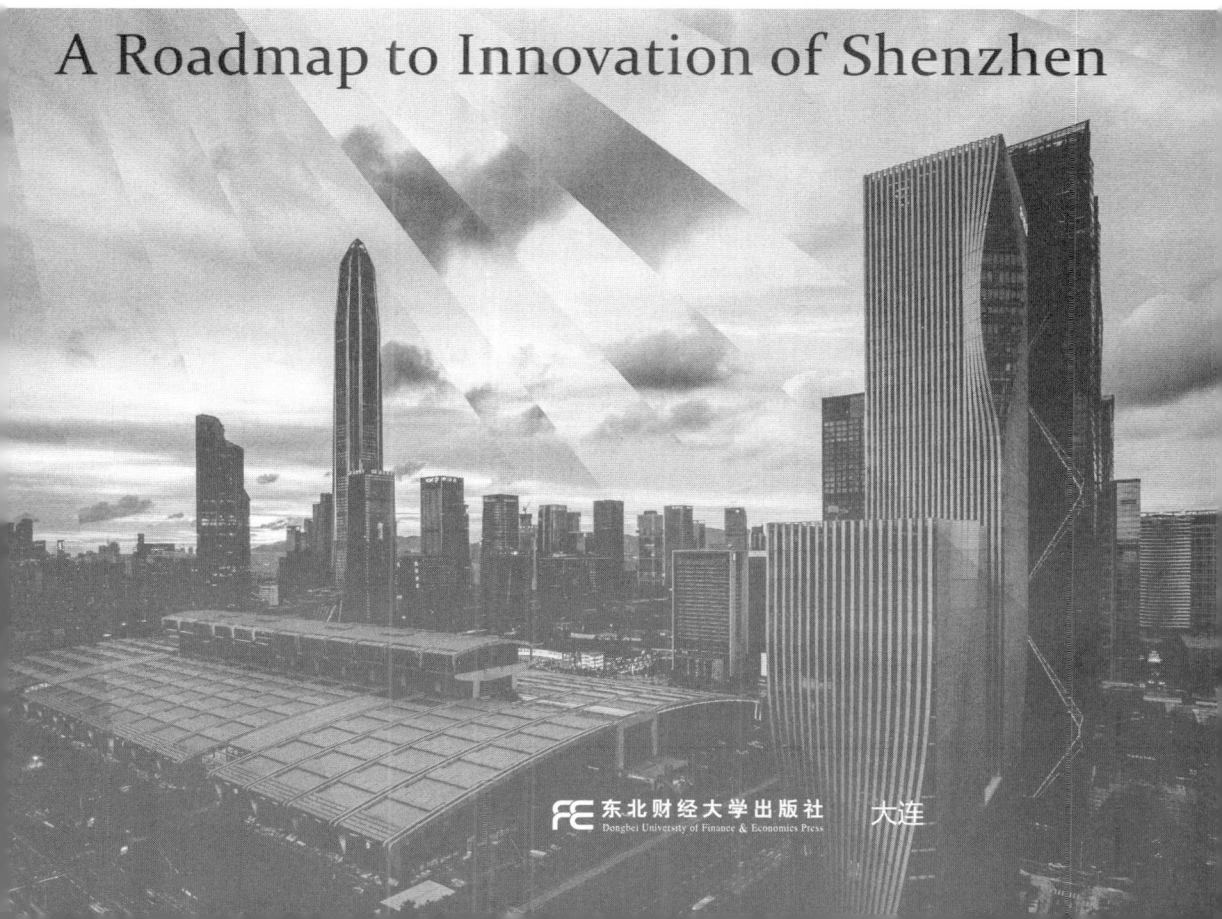

东北财经大学出版社
Dongbei University of Finance & Economics Press
大连

图书在版编目（CIP）数据

高质量绿色发展：深圳的创新之路 / 王东，郑磊编著 . —大连：东北
财经大学出版社，2021.4

ISBN 978-7-5654-4162-2

Ⅰ．高… Ⅱ．①王… ②郑… Ⅲ．城市经济-绿色经济-研究-深圳

Ⅳ．F299.276.53

中国版本图书馆CIP数据核字（2021）第057591号

东北财经大学出版社出版发行

　大连市黑石礁尖山街217号　邮政编码　116025

　网　　址：http：//www．dufep．cn

　读者信箱：dufep @ dufe．edu．cn

大连图腾彩色印刷有限公司印刷

幅面尺寸：170mm×240mm　字数：260千字　印张：18

2021年4月第1版　　　　　　2021年4月第1次印刷

责任编辑：李　季　刘东威　责任校对：张晓鹏　郭海雷　刘慧美

封面设计：原　皓　　　　　版式设计：钟福建

定价：56.00元

↘ 序　言

　　王东和郑磊博士希望我为《高质量绿色发展：深圳的创新之路》一书作序。我知道这本书初稿较早之前就完成了，我也提出过一些修改建议。该书的主要目的是总结深圳作为国家首批低碳试点城市，在绿色低碳可持续发展方面的实践成果；同时也介绍了深圳对标的许多欧美国家低碳城镇建设的案例，希望国内城市可以参考借鉴。我亲历了深圳低碳试点的许多工作，近期组织国内外7家高水平研究团队（均参与过世界银行研究项目）完成了"深圳市碳排放达峰、空气质量达标、经济高质量发展协同'三达'研究"。借此机会，我也谈一下深圳如何解决蓝天问题、碳排放与经济发展之间的关系。（以下内容主要来自我在绿色低碳发展智库伙伴（GDTP）组织召开的"提升省市碳达峰雄心"研讨会上的发言）

　　由于快速工业化和城市化以及周边城市发展等因素的影响，深圳曾长期处于雾霾之中，到2004年达到最高峰，全年雾霾天达187天。从2004年起，经过10年治理，到2014年前后深圳的空气质量大致回到了20世纪90年代的水平，现在应该回到了80年代中期水平，基本控制了雾霾的发展和环境污染问题，PM2.5降到了25微克/立方米。深圳"达峰、达标、高质量发展"研究由能源基金会支持，哈尔滨工业大学（深圳）经济管理学院牵头，通过识别环境污染治理和碳排放治理两者之间的相关关系，建立一套方法学，采用LEAP和CMAQ两种模型研究。研究结果表明，深圳低碳能源发展、经济高质量增长和产业升级转型促成了碳排放强度的下降和污染物的减排，同时推进了能源结构和产业转型升级，包括一些污染气体的排放都已达到国家要求。深圳经济发展水平在国内排名第三，人均地区生产总值在大城市中最高。但深圳严重缺水，能源主要靠调入，处在能源供应链底端。人口密度高，生态压力大。但深圳即便在电力供应不充分的时候，也采取了很多节能措施，比如关闭了大量小电厂。

深圳转型与可持续发展的经验

深圳是全国首个C40城市，荣获过3次C40大奖。深圳推广碳排放交易、绿色建筑，并在新能源汽车领域走在全球前列。与此同时，深圳进行了政策结构高级化调整，向高附加值产业转型，单位产出增长和碳排放开始逐渐脱钩。

1.环境与经济转型共赢

通过测算得出，2012—2016年人均收入提高是碳排放增加的重要原因，但更重要的是人均GDP的提高。中国确实走向了一个新的进程，随着人均GDP的提高，人均能耗快速增长。而深圳在这5年碳排放只增长了400万吨，主要是因为：产业结构效应降低73.28%，能源强度效应下降372%。制造业，电、热、气、水供应业以及第三产业企业数量下降比较快。因为深圳第二产业转型，电器、机械、装备制造业企业数量增加，有正增长的贡献，但传统通信行业，电、热、气、水供应业，建筑业，第三产业企业数量都在下降。

2.构建低碳产业体系

产业园区的转型和新兴产业发展并举。坪山新能源汽车基地是深圳降低燃油车排放采取的有效措施之一。深圳1.3万辆公交巴士和1.2万辆出租车完成替换，居民用车替换近5万辆。和出租车、公交巴士相比，居民用车在减碳方面的占比不大。因为居民的车不是天天开，按照目前的调查，深圳居民在过去8年的平均行驶里程从1.3万公里下降到1万公里，降幅约为3 000公里。一辆公交车的排放量相当于40辆私家车的排放量，一辆出租车的排放量相当于20辆私家车的排放量。对深圳而言，这些年的替换效应相当于1万辆公交车和出租车替代60万辆私家车产生的碳排放量。

3.持续优化能源结构

深圳出现了大量高端产业基地，更高的产出和更少的能耗，实际上就是能源弹性下降，改变能源结构的同时会出现碳排放量降低。深圳6年小火电机组下降2 000多万千瓦，燃油机组全面油改气，2015年底全市电源总装机容量达到1 306万千瓦，上升比较快的是核电、气电等清洁能源，总体供电量占全市用电量的90%以上。目前深圳只剩下最后一座电厂，更多地承担保证能源供给安全及调峰功能。

4.大力推进节能降耗

2010—2015年，累计淘汰低端企业1.6万家，对53家重点企业开始专项督查，对310家工业类企业实施节能考核，验收新能源产业。深圳积极实施电机能效提升计划，取得了很大的系统性效果，全市单位工业增加值能耗降低了10%，提高了整体电机效应。

5.温室气体和大气污染物协同治理

通过采取道路交通、非道路交通、电力热力、非能源工业溯源，对深圳温室气体和大气污染物进行"同根同源"分析。减少碳排放领域的政策和措施与环境部门提升空气质量的工作有87%的重合；而环境质量提升的政策和措施有75%可以同时起到碳减排效果，因此有很强的"协同"效应。所以"双达"的含义就是环境质量提升和碳排放同时达到目标。

未来：必须走出一条新的可再生能源的道路

深圳过去几年在需求侧方面的工作达到了很高水平，但是未来如何提升可再生能源占比，是特大型城市都很难解决的问题。光伏板和风电需要土地，并且与太阳能质量和风的质量有关。所以，如何有效地在特大型城市当中提高可再生能源比例，决定了我们能否在尽早达峰后不断下降。从目前的研究看，深圳的光伏装机量占整体装机发电能力的10%，但实际贡献电量只有2%～3%。考虑到2060年碳中和的目标，我们必须走一条新的可再生能源的道路。

如何推进光伏发电？如何在屋顶资源不足的时候采取更多的光伏资源？这是深圳未来要研究的问题。过去深圳更多的是减少产出增长的需求，但在能源结构方面做的工作还不够，从欧洲的变化可以发现可再生能源正在上升为能源的主体。

深圳煤炭状况稳定，占比不高，那么如何使可再生能源彻底替代煤炭？这是我们未来要探讨的问题，也是全国面临的重大选择。在这个选择过程中，深圳正在进行一个实验，即结合传统建筑改造，特别是在大学、研究机构云集的地方，在原有的建筑改造过程中引入碳中和的概念，来测

算一栋楼、一个校区的建筑能够切实提高可再生能源的比例是多少。假如
未来10年、20年，深圳作为特大型城市能够使可再生能源占比按《巴黎
协定》的要求达到30%左右，能源结构供给侧将会发生重大变化。

习近平总书记在深圳经济特区建立40周年庆祝大会上的重要讲话中
再次强调："践行绿水青山就是金山银山的理念，实现经济社会和生态环
境全面协调可持续发展。"寄语深圳要继续贯彻落实新发展理念、推动高
质量发展。深圳40年取得的两个最大成就是由技术创新推动的产业转型
升级，以及在不牺牲经济增长速度和质量的情况下，建设了蓝天白云、青
山碧水的绿色发展环境。两者之间存在互相促进的关系：深圳低碳能源发
展、经济高质量增长和产业转型升级促进了碳排放强度的下降和污染物的
减排，同时推进了能源结构和产业转型升级。希望本书的内容有助于读者
对深圳绿色发展的理解，作者也尽量希望本书的内容通俗易懂，是否做到
了还要读者自己判断。

是为序！

哈尔滨工业大学（深圳）经济管理学院教授

唐　杰

2020年11月

↘ 目　录

第1章

被现代化掩埋的城市

"人们来到城市，是为了生活；人们居住在城市，是为了生活得更好。"

亚里士多德

现代都市病的根源何在？目前产业发展和城市建设存在误区。现代化并不意味着问题越积越多，发展也不意味着要以生活质量下降为代价。现在的问题是我们缺乏对城市建设和管理的科学认知。

1.1 令人窒息的热浪和雾霾

2017年6月1日，美国新任总统特朗普在华盛顿宣布退出《巴黎协定》①。8月4日，在全球经历了有史以来最炎热的夏天里，特朗普政府正式向联合国提交退出《巴黎协定》的意向通知书。

特朗普一直不承认全球气候变化的客观性，而是声称这是一场企图让美国经济受损的"骗局"。在上任前半年，他要求评估并修改奥巴马政府

---

① 《巴黎协定》于2015年12月在巴黎气候变化大会上达成，是继《京都议定书》之后在《联合国气候变化框架公约》下签订的第二份有法律约束力的气候协议。《巴黎协定》承诺将尽快实现温室气体排放不再继续增加，2050年后使人为碳排放量降至森林和海洋能够吸收的水平。

制订的旨在减少发电厂碳排放的"清洁电力计划",要履行竞选时提出的复苏长期低迷的美国煤炭业的承诺。

然而,不承认并不等于可以否认事实。因为人类排放造成的气候温室效应早已不再是理论上的假设。它实实在在发生在我们每个人的身边。

根据《2001—2010年全球极端气候事件报告》,从19世纪初开始,由于工业革命和人口持续增加,大量砍伐森林,导致大气中的二氧化碳浓度开始缓慢提升;进入20世纪,人类大量使用煤炭、石油等化石燃料,导致二氧化碳含量迅速增加。这些气体浓度不断提升,使地表温度升高,直接影响是全球气象变异,北半球夏季变长且更热,亚热带地区更干,而热带地区则更湿。

近年来,世界各国出现了历史上最热的天气,厄尔尼诺现象也频繁发生,这些气候问题给各国造成了巨大的经济损失。2016年7月21日,世界气象组织(WMO)发布消息称,2016年上半年全球平均气温达到有记录以来历史最高值。根据美国国家海洋和大气管理局(NOAA)与美国国家航空航天局(NASA)戈达德太空研究所(GISS)的报告,2016年6月,全球陆地和海表温度连续14个月创下最高纪录,成为NOAA有气温记录的137年来持续时间最长的高温纪录。其中,美国西南部、墨西哥南部、巴西东北部、非洲东北部和西南部、中东地区、澳大利亚北部和印度尼西亚的温度均打破历史纪录。2016年7月21日,科威特气象局发布科威特西北部的米特拉巴(Mitrabah)最高气温达54℃。7月22日,伊拉克东南部港口城市巴士拉最高温度达到53.9℃。

而这种全球气温"最高纪录"还是在2015年全球可再生能源使用量首次超过煤炭,成为世界上最大的新增电能来源的情况下发生的。就在特朗普政府对此视而不见并执意维护美国煤炭、石油产业之际,这个最高纪录可能维持不了多久,地球上的人类可能经历更加炎热难耐的夏天。

实际上,以人类能够感受到的"温度"(体感温度)①来计算,2017年夏天的全球酷热,在很多地区都超过了人体能够忍耐的限度。当气温达

---

①　在相同的温度下,相对湿度越大,体感温度的增幅就越明显。夏季湿度越大,体感温度和实际温度差异越大。而在同样的相对湿度下,温度越高,相对湿度对体感的增温作用也越明显。

到 33℃时，相对湿度超过 50%，人类身体感受到的"实际温度"就已经超过正常体温了。① 参见图 1-1 和图 1-2。

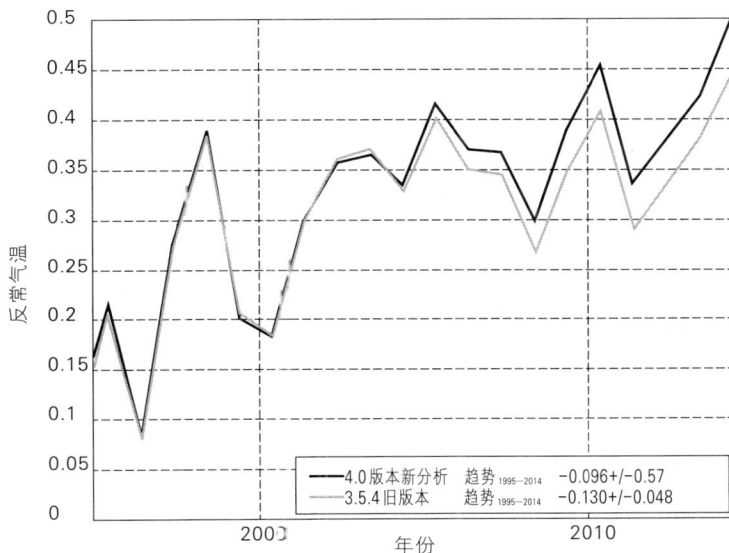

图 1-1　1995—2014 年反常天气气温均值时间序列和趋势：

4.0 版本与 3.5.4 版本（单位：℃）

资料来源：NOAA。

我们仅以地理位置相对靠北方的合肥为例，以平均相对湿度 77% 换算，就不难得出实际体感温度超过 55℃的结果。在这种高温酷暑天，一切户外经济活动都会给人体造成严重损害。我们不难想象这些地区的民众遭受恶劣气候折磨的痛苦，实际上，由于全国大部分地区在夏季都非常炎热，很多人都有切身体验，北方也不例外。截至 2017 年 8 月 7 日（农历立秋），身处山东半岛的济南已经经历了全年第 23 个高温日（超过 35℃），华夏大地，果真是名副其实的"火热"（见图 1-3）。

----

① 相关研究显示，41℃的气温已是严重危及生命的温度。此时，人体排汗、呼吸、血液循环等一切参与降温的器官会出现严重障碍。

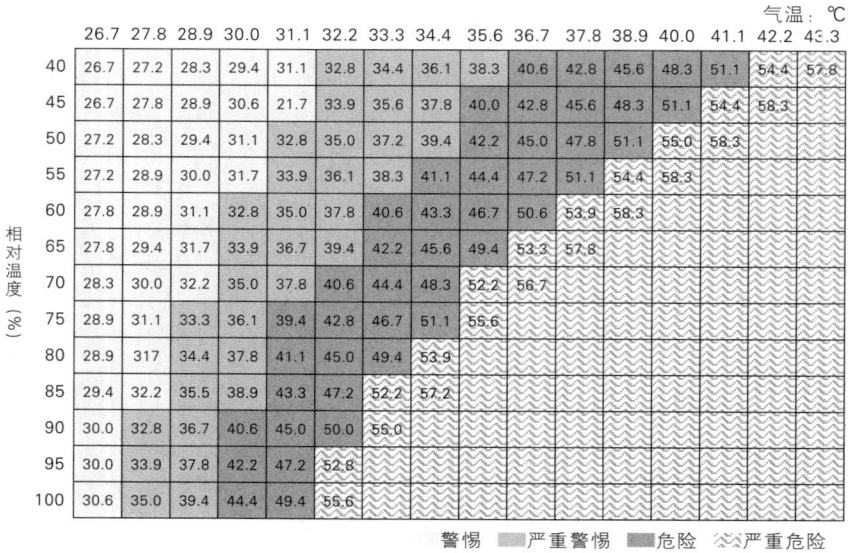

气温：℃

相对湿度(%)	26.7	27.8	28.9	30.0	31.1	32.2	33.3	34.4	35.6	36.7	37.8	38.9	40.0	41.1	42.2	43.3
40	26.7	27.2	28.3	29.4	31.1	32.8	34.4	36.1	38.3	40.6	42.8	45.6	48.3	51.1	54.4	57.8
45	26.7	27.8	28.9	30.6	21.7	33.9	35.6	37.8	40.0	42.8	45.6	48.3	51.1	54.4	58.3	
50	27.2	28.3	29.4	31.1	32.8	35.0	37.2	39.4	42.2	45.0	47.8	51.1	55.0	58.3		
55	27.2	28.9	30.0	31.7	33.9	36.1	38.3	41.1	44.4	47.2	51.1	54.4	58.3			
60	27.8	28.9	31.1	32.8	35.0	37.8	40.6	43.3	46.7	50.6	53.9	58.3				
65	27.8	29.4	31.7	33.9	36.7	39.4	42.2	45.6	49.4	53.3	57.8					
70	28.3	30.0	32.2	35.0	37.8	40.6	44.4	48.3	52.2	56.7						
75	28.9	31.1	33.3	36.1	39.4	42.8	46.7	51.1	55.6							
80	28.9	317	34.4	37.8	41.1	45.0	49.4	53.9								
85	29.4	32.2	35.5	38.9	43.3	47.2	52.2	57.2								
90	30.0	32.8	36.7	40.6	45.0	50.0	55.0									
95	30.0	33.9	37.8	42.2	47.2	52.8										
100	30.6	35.0	39.4	44.4	49.4	55.6										

警惕　严重警惕　危险　严重危险

图 1-2　美国 NOAA 炎热指数（体感温度）

资料来源：NOAA。

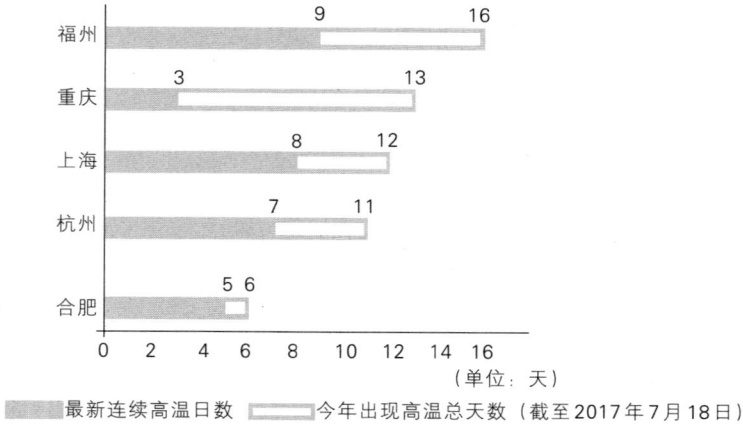

■ 最新连续高温日数　□ 今年出现高温总天数（截至 2017 年 7 月 18 日）

注：高温日为日最高气温 >35℃。

图 1-3　2017 年南方城市高温日数排行前五位

资料来源：中国天气网，2017。

也许很多人之前确实没太留意气候问题，相信 2017 年会成为一个触动普通老百姓神经的"转折点"。11 个省区出现 37℃以上的高温，就连地处西北一隅夏天一般不热的银川，7 月份气温也在 37℃~40℃徘徊。

虽然我们无法将这种极端高温天气简单地归因为温室效应，但是地球温度持续上升却是一个可见的事实，如果继续下去，后果将不堪设想。气温上升会损害人体的抗病能力，若加上全球气候变迁引发动物大迁徙，届时极有可能导致脑炎、狂犬病、登革热、黄热病的大规模蔓延，在人口密集的城市造成的后果会更加惨烈。

1.2　大自然敲响警钟

其实，全球变暖甚至部分地区变热还不是气候变化中最严重的情况。20 世纪中叶以来，伴随着全球经济飞速增长，生态环境也遭受了前所未有的破坏，人类生存和发展面临着空前的危机。中国是这一历史阶段经济增长的"优等生"，也是环境破坏最严重的区域之一。我们面临的是"水、路、空"立体污染治理难题。

美国、中国、俄罗斯、加拿大、英国、澳大利亚等主要国家或地区近百年的观测资料显示，气候变化的总体趋势是温度上升，降水增多，极端天气情况频繁出现。气候变化的强烈程度以北半球最甚。

由世界上多个国家数以百计的科学家组成的"政府间气候变化专门委员会"（IPCC）先后于 1990 年、1995 年、2001 年、2007 年和 2014 年对全球气候变化状况进行了评估。2014 年 11 月 IPCC 发布的第五次评估报告明确提出，人类对气候系统造成的影响在不断增强。如果任其发展，气候变化将会增强对人类和生态系统造成严重、普遍和不可逆转影响的可能性。该报告指出，2003—2012 年间，全球平均温度竟然比 1850—1900 年提高了 0.78℃。自 1971 年以来，全球冰川普遍出现退缩现象，格陵兰冰盖和南极冰盖的冰储量减少，北极海冰面积以每 10 年 3.5%~4.1%的速率缩小。自 20 世纪以来，全球海平面上升了 19 厘米，平均每年上升 1.7 毫米。

在 21 世纪，气候变暖已不再是一种假说，而是对人类生存环境构成了非常严重的威胁，人类不得不应对气候变化。尽管自然因素也是气候变化的影响因素之一，但是与人类活动——如通过燃烧化石能源排放温室气体——息息相关。

以全球变暖为主要特征的气候变化问题越来越严峻。在人口增长、经济规模不断扩大、能源使用不断增多的背景下，人们不仅逐渐认识到了环境问题，如酸雨、光化学烟雾等，而且温室气体导致全球变暖这一结论得到了证实。

根据有关研究报告，雾霾的形成过程与温室气体①排放及其之后发生的复杂化学反应有密切关系。中国的雾霾不仅是经济发达地区的问题，而且已经严重影响到了"胡焕庸线"以西不发达地区的城镇。人类健康生存需要阳光、净水和清新的空气，而被严重雾霾污染的城市，不仅影响这一代和下一代人的生活，长时间会造成基因变异，成为各类癌症和慢性病的温床。

人类经济活动正在导致生态系统和气候产生一些"突然的和不可逆的"变化，人类生命、财产损失正在加速累积，社会变得十分脆弱。中国粗放式经济增长给环境造成了极大的压力。2013 年以来持续爆发的全国性雾霾天气，暴露了中国环境污染的严重程度和生态的极端脆弱性。

在 2013 年遍及全国的雾霾中，北京空气质量监测数据（2013 年 3 月）显示，无论城区、郊区还是交通环境评价点，全部区域被意味着最严重污染的"深褐色"覆盖，PM2.5 指数在 340~446 之间，属六级严重污染。在全国 74 个监测城市中，有 33 个城市的部分检测站点检测数据超过 300，即空气质量达到了严重污染程度，北京甚至口罩销售一空，山东、湖北等省份的高速公路因雾霾封闭，北京至武汉的动车被雾霾"拦停"……对此，外媒将其称为"最严重雾霾""雾情令人窒息"。

随着中西部地区加大开发力度，低端产业向中西部转移，在经济快速

---

① 温室气体主要包括二氧化碳、甲烷、氧化亚氮、氢氟碳化物、全氟碳化物、六氟化硫等，而其中二氧化碳是最主要的温室气体。

增长的同时，环境污染已经从经济发达的东部地区和南部地区向中西部地区和北部地区迅速蔓延，"胡焕庸线"以西地区的环境污染问题也日益凸显。环保部门数据显示，从东北到西北，从华北到黄淮、江南地区，都出现过大范围的重度污染。当清新的空气、洁净的水源、蓝色的天空都成为民众的奢望时，我们对环境污染问题就不能再置若罔闻了。

1.3 难以承受的"城市病"

走遍神州大地，从南到北，从东到西，从发达地区到落后地区，只要是城市，都出现了普遍的"城市病"——交通拥堵、排水不畅、垃圾围城、空气水质土壤污染、绿色空间被挤压占用等。这些典型的"城市病"特征，以前主要出现在大城市里，现在已经广泛蔓延到了中小城市。

交通是城市的动脉。近年来，许多城市患上了"肠梗阻"，导致事故增多、污染加剧、经济低效，生活和工作严重不便。"30米的路，车走了半小时""下班在路上堵了5个多小时"……这类事情已经司空见惯，透出多少城市人的无奈。城市基础设施老化及严重不足，对自然灾害抵御的能力低得令人担忧。许多城市遇雨即淹、逢雨必涝。

据媒体报道，在被检测的118个城市的数据指标中，发现约64%的城市水体属于重度污染，33%的城市水体属于轻度污染，只有3%的城市水体属于基本清洁。生态环境部公布的数据也表明，我国一半城市市区地下水污染严重，57%的地下水监测点水质较差甚至极差。东部沿海地区的多个饮用水源地已经因水质不达标而被弃用，比如，太湖沿岸城市已经放弃了就近取水，无锡等地实施了长江引水工程。而作为饮用水源地的一些欠发达地区，由于矿山开采和冶炼、石化和化工等高污染行业"遍地开花"，管理粗放、执法不严，导致水源污染物排放总量远远超过环境容量。

近年来，作为百姓"米袋子""菜篮子"的土壤正在承受越来越多的污染，以致一些地方农产品质量告急，"镉大米""毒蔬菜"事件屡见报端。2014年，环境保护部和国土资源部发布的《全国土壤污染状况调查公报》显示，全国土壤环境状况总体不容乐观，部分地区土壤污染较严重，耕地土壤环境质量堪忧，工矿企业废弃地土壤环境问题突出。我国耕地土壤污染物超标率为19.4%，由于使用受工业污染的水源浇灌，造成镉、镍、铜、砷、汞、铅等污染物残留。

一些大中城市雾霾不断出现，不但冬天有，夏天也时常出现，尤其是京津冀、长三角、珠三角出现的频次最高和程度最为严重。从分析来看，这三个区域都是近年经济增长最快的地区，虽然国土面积仅占我国国土面积的8%左右，却消耗了全国42%的煤炭、52%的汽柴油，同时生产55%的钢铁、40%的水泥，二氧化硫、氮氧化物和烟尘的排放量均占全国的30%，单位平方公里的污染物排放量是其他地区的5倍以上。这些污染物的大量排放，既加剧了PM2.5的排放，又加重了霾的形成。监测表明，这些地区每年出现霾的天数在100天以上，个别城市甚至超过200天。2016年11月，北京雾霾中发现了超级耐药菌。

比遭受雾霾更严重的威胁来自城市垃圾。2010年，中国城市环境卫生协会统计，中国每年产生近10亿吨垃圾，其中生活垃圾产生量约4亿吨，建设垃圾5亿吨。人口较多的城市周边地区早已变成了垃圾堆放和填埋场。《人民日报》曾报道北京日产垃圾1.84万吨，上海每天生活垃圾清运量高达2万吨，广州每天产生的生活垃圾多达1.8万吨。这只是增量，中国城市生活垃圾堆存量已经超过80亿吨。住建部的一项调查数据表明，中国2/3以上的城市被垃圾包围，1/4的城市已没有合适场所堆放垃圾，垃圾堆存累计侵占土地80万亩。很多人看过纪录片《垃圾围城》，一名北漂青年花了一年时间，在北京周边几百个垃圾场拍摄了5 000幅图片。即便没有身临其境，似乎也能闻到弥漫在空气中的垃圾散发的恶臭。

经济发展进程伴随着城镇化程度的提高，在发展中国家，生活在城市里是很多人的梦想。而揭开这种梦想生活的面纱，情况却并不美妙。中国的城镇化还有一段路要走，根据国家发改委研究人员的估算，还有大约2.7亿人将从农村迁入城市，有近1亿人从小城市迁入大中城市。在这个过程中，已经生活在城市中的六七亿人口的生活质量面临严重下降的风险。这也是现在和未来一段时间的主要社会矛盾来源。

第2章

寻找失落的生存空间

"世界第一座生态城将现身中国。"

"生态城市之父"埃罗·帕洛海莫

"天人合一"本是中国的传统智慧，但在脱贫致富的赶超过程中，被人们有意或无意间忽略了。如今，简单的生活需求已经得到满足，人们追求的是高质量绿色生态生活。

2.1 先污染后治理之路的国际样本

人类在改造自然、发展自身的过程中，对人与自然的关系的认识是逐渐形成的。欧美发达国家大多走过了一条"先污染后治理"的经济增长和社会发展之路。曾经饱受工业污染之苦的伦敦、曼彻斯特、巴黎、底特律等古老的工业化城市，如今早已脱胎换骨，甩掉了"雾都""霾都""锈带之城"的帽子。

英国和德国无疑是代表西欧最先进生产力和经济引擎的两个老牌发达国家，它们都走过了一条"先污染后治理"的发展之路。代表案例是"雾都伦敦"和"上莱茵河边境合作地区"。

英国作为工业革命的发源地和高碳经济模式的开创者，深刻认识到自己在气候变化过程中应该负有的历史责任，率先高举发展低碳经济的旗帜，成为全球发展低碳经济最为积极的倡导者和实践者。英国希望能够率先在碳捕集和封存技术上成为全球商业化规模示范的国家之一，希望在近海风电装机容量方面占据世界领先地位。伦敦最能反映英国低碳经济的面貌。

案例 2-1　　　　　　　　　　　　雾都伦敦

根据资料记载，20 世纪初，伦敦人大部分都使用煤炭作为家庭燃料，因而产生了大量烟雾。这些烟雾再加上伦敦的气候条件，造成了远近驰名的"伦敦雾"。作为世界"雾都"的伦敦，每当春夏之交，经常被笼罩在刺鼻的浓雾之中。当时伦敦的雾霾每年发生高达七八十次，平均 5 天之中就有一个"雾日"。曾经客居伦敦的中国作家老舍将其描绘为"乌黑的、浑黄的、绛紫的，以致辛辣的、呛人的"伦敦雾霾。弥漫的大雾不仅影响交通，酿成事故，还直接危害人们的健康，甚至威胁人们的生命。1952 年 12 月的伦敦恶性浓雾造成 4 700 多人因呼吸道疾病而死亡，成千上万的人患上了支气管炎、冠心病、肺结核等各种疾病。伦敦警察需要使用火炬才能在烟雾中执勤。

在这次"伦敦烟雾事件"之后，英国政府制定了一系列的法规，对环境进行整治，直到 1965 年以后，有毒烟雾才从伦敦销声匿迹。经过 50 多年 4 轮大规模治理，如今的伦敦再也不会回到"世界雾都"的时代，城市上空重现了蓝天白云。伦敦的低碳经济主要有以下表现：

（1）绿色交通

以市场机制推动碳价格生成和制度建立，征收二氧化碳税。例如，为有效降低地面交通运输的碳排放，根据二氧化碳排放水平，对驶入市中心的车辆征收相关费用等；推出了电动车充电站计划，构建电动车充电网络，推动电动车的发展；实施包括自行车出租、专用车道、专用停车位等在内的绿色出行计划，争取到 2025 年使伦敦市民出行的 5% 借助自行车完成。

（2）绿色建筑

2007 年英国皇家污染控制委员会提出"低碳城市"的目标，2016 年所有建筑物均达到零排放标准；推行"绿色家居计划"，向伦敦市民提供家庭节能咨询服务，对社会住宅进行节能改造，给予顶楼与墙面绝缘改造补贴，要求新建建筑优先采用可再生能源；开展"建筑物能效提升计划"，在大伦敦政府100幢建筑物中实施减排措施。

（3）智能电网

推行智能电网，实行低碳及分散的能源供应，尽可能地减少对国家电网的依赖，转而依赖伦敦当地的低碳能源——分布式能源，包括发展冷热电联供系统、小型可再生能源装置、废弃物能源等，减少因长距离输电导致的损耗。图2-1列举了三个生态住宅。

（a）牛津生态住宅　　（b）贝丁顿零耗能、零碳排放住宅　　（c）金斯潘住宅

图2-1 英国生态住宅

2003年，英国政府发表了题为"我们能源的未来：创建一个低碳经济体"的能源白皮书，首次提出"低碳经济"的概念。英国政府为低碳经济发展设立了一个清晰的目标：计划到2050年二氧化碳排放量在1990年水平上减少60%，到2050年建立低碳经济社会。

通过激励机制促进低碳经济发展是英国气候政策的一大特色。英国应对气候变化的政策措施包括：实施气候变化税制度、推出气候变化协议、启动温室气体排放贸易机制、使用可再生能源配额等。各种政策措施形成了一个相互联系的有机整体。

（1）实施气候变化税（CCL）制度

气候变化税于 2001 年 4 月 1 日开始实施，不同的能源品种，征收税率不同。政府将气候变化税的收入通过三个途径返还给企业：一是将所有被征收气候变化税的企业为雇员缴纳的国民保险捐（National Insurance Con-tributions，NICs）调低 0.3 个百分点。二是通过"强化投资补贴"项目鼓励企业投资节能和环保的技术或设备。三是成立碳基金，为产业与公共部门的能源效率咨询提供免费服务、现场勘查与设计建议等，并为中小企业在促进能源效率方面提供贷款。在英国，气候变化税一年大约筹措 11 亿~12 亿英镑，其中 8.76 亿英镑以减免国民保险捐的方式返还给企业，1 亿英镑成为节能投资的补贴，0.66 亿英镑拨给了碳基金。

（2）推出气候变化协议（CCA）

为了减轻征收气候变化税可能带给能源密集型产业的负担，英国推出了气候变化协议制度。能源密集型产业与政府签订气候变化协议，如达到规定的能源效率（温室气体减排）目标，则政府可减少征收其应支付的气候变化税的 80%。在英国气候变化协议的第一阶段目标期间（2001 年 4 月 1 日—2003 年 3 月 31 日），88% 的减排目标单位通过了认证，相当于每年减排 350 万吨二氧化碳；第二阶段目标（2003—2005年）期间，有 95% 的减排目标单位通过了认证，相当于减排 510 万吨二氧化碳。

（3）启动温室气体排放贸易机制

如果企业不能兑现约定的温室气体减排目标，英国政府亦允许这些企业参与英国排放贸易机制，以买卖各企业允许排放配额的方式来满足气候变化协议的要求。英国是最早实施温室气体排放贸易机制的国家。该机制有四种方式，即直接参与、协议参与、项目参与及开设账户。英国环境、食品和农村事务部（DEFRA）开设排放量交易登记处，所有承诺减排目标的参与者，必须按相关条例严格检测和报告企业每年的排放状况，并经过有职业资格的第三方独立认证机构的核实，只有通过排放量与信用额度验证方能获得登记。为方便交易，英国还开发了一套温室气体排放贸易的电子注册系统和实时交易平台。①

（4）使用可再生能源配额

可再生能源配额指的是所有注册的电力供应商有一定的可再生能源法定配额，生产的电力中有一定比例必须来自可再生能源，配额逐年增加。

实施配额政策的主要方式是向可再生能源发电商购买电力的同时购买可再生能源配额证书，或是从发电商、独立供电方那里只购买可再生能源配额证书。购买证书这项政策，目的在于鼓励企业更多地使用可再生能源。

案例2-2　　　　　　　　　上莱茵河边境合作地区

举世闻名的莱茵河②有"德国父亲河"之称。19世纪早期开始的工业化大发展，使得莱茵河流域遭受了严重污染。特别是第二次世界大战后，以冶炼、煤炭和钢铁为主业的大规模战后重建，鲁尔工业区、法兰克福美因河工业区、莱茵河三角洲工业区大量废水排入河中。莱茵河的鱼虾曾一度绝迹，甚至有"欧洲的下水道"的恶名。深受污染之痛的德国，花了30多年的时间和精力，终于让莱茵河污水变清、鱼儿重现。

上莱茵河地区涉及德国、法国和瑞士3个国家，包括德国的莱法州、巴登州，法国的阿尔萨斯地区（上莱茵省和下莱茵省）以及瑞士的巴塞尔5个地区，集中了三国的经济发达区域，位于欧洲南北经济中心轴，上莱茵边境区处于欧洲工业核心区的枢纽位置。

上莱茵河地区的跨境合作始于1963年，1975年德、法、瑞士三国政府签署了《波恩协议》，成立了德、法、瑞三国政府委员会。2000年9月，上莱茵河地区联席会议成立，并签署了《巴塞尔协议》。上莱茵河地区联席会议作为该地区最大的政府组织的活动，每年举行两至三次例会，下设交通规划、健康卫生等三个由相应领域的跨国专家组成的工作小组，随时

---

① 为与欧盟气候政策相协调，英国排放贸易机制于2006年12月31日结束。

② "莱茵"一词在古德语中有"清澈纯净"之意。莱茵河发源于瑞士的阿尔卑斯山，流经列支敦士登、奥地利、法国，纵贯德国南北，且荷兰入海。它不仅是欧洲的风景线，还是欧洲最繁忙的运输大动脉。

讨论协商合作项目以及解决出现的具体问题。上莱茵河地区还有许多行业协会，区域内企业不分国籍而分行业管理，帮助企业解决行业协作、法律、维权等许多发展性问题。

清晰的合作模式、充分的协调机制、顺畅的信息沟通、健全的法律法规，是上莱茵河地区边境合作成功的必要条件，对跨区域合作的机构设立，具有重要的借鉴意义。

1950年，法国、德国、卢森堡、荷兰和瑞士在瑞士巴塞尔建立了保护莱茵河国际委员会（ICPR），该委员会下设若干工作组，分别负责水质监测、恢复莱茵河流域生态系统、监控污染源等工作。现在，ICPR是一个非常有效的政府间机构，意大利、奥地利、德国等9个国家通过ICPR协调莱茵河的治理和保护工作。

水治理是上莱茵河跨境合作的亮点。从1980年到2005年，相关国家为莱茵河流域治理投入了200亿~300亿欧元。2001年，《莱茵河可持续发展2020规划》获得通过。从2005年到2020年，有关治理投入约100亿欧元。

各国根据欧盟规定处理污水，环保机构每隔6分钟就从莱茵河不同地点取水样进行抽样检测，实现全程监控；在莱茵河水域行驶的多国船只，如发现有油污等污染情况，警察无须搜查证，可以直接上船扣留、没收，进行各种处罚。流域范围内的大型制药、化工企业积极开发环保技术，提高环保标准。如德国拜耳公司将其开发的污水处理技术出售，成为该企业新的利润增长点。以此为发端，德国发展了新的生态工业，创造了新的就业和新的经济增长点。

1992年，莱茵河所有污染物实现了削减率50%以上的目标，部分污染物排放减少了90%。1990年，鲑鱼出现在莱茵河支流；1994年，鲑鱼鱼卵在同河段被发现。2003年，河水基本清澈。莱茵河"死而复生"，完全符合饮用水源标准。

2.2　提前规划及早动手的国内成功案例

在我国，低碳城市理念已于近几年蓬勃兴起，在全国范围内出现了建设低碳试点城市热潮。2008 年 1 月，国家发改委和世界自然基金会（WWF）共同确定上海和保定作为中国低碳城市发展项目（Low Carbon City Initiative in China，LCCI）的两个试点城市。2010 年 8 月，国家发改委宣布首先在广东、辽宁、湖北、陕西、云南 5 省和天津、重庆、深圳、厦门、杭州、南昌、贵阳、保定 8 市开展低碳试点工作。2017 年 1 月又宣布了第三批 45 个国家低碳城市试点名单。

目前各地城市都纷纷将低碳发展纳入相关规划中，并开展了各种形式的低碳示范工程，以挂动低碳城市建设。我们节选了其中部分低碳城市建设的模式和策略，见表 2-1。

表 2-1　　　　　　　　　国内"2+8"低碳城市建设方案

城市	低碳理念与模式	规划策略与概况
上海	强调综合型低碳城市建设，规划建设崇明岛东滩生态城和临港新城	重点发展新能源、氢能电网、环保建筑、燃料电池公交，崇明岛东滩生态城和临港新城为其低碳城市建设的亮点
保定	以产业为主导进行低碳城市建设	以"中国电谷"和"太阳能之城"计划为依托，规划形成风电、光电、节电、储电、输变电和电力自动化六大产业体系，并从城市生态环境建设、低碳社区建设、低碳化城市交通体系建设等方面入手进行低碳城市构建
天津	以中新天津生态城为契机，进行新区低碳生态城市建设	构建循环低碳的新型产业体系、安全健康的生态环境体系、优美自然的城市景观体系、方便快捷的绿色交通体系、循环高效的资源能源利用体系以及宜居友好的生态社区模式

城市	低碳理念与模式	规划策略与概况
深圳	强调综合型低碳城市建设，以光明新区为试点	始于光明新区低碳建设，从优化城市空间结构、完善绿色市政规划、引导产业低碳化发展、建立绿色交通系统、发展绿色建筑等方面入手，以绿色建筑为重点，与住房和城乡建设部共建"低碳生态示范市'
武汉	强调综合型低碳城市建设	探索低碳能源、低碳交通、低碳产业发展模式，建立促进资源节约、低碳经济发展的政策体系
重庆	以产业结构转型为重点	降低高能耗产业比重，形成以现代服务业和先进制造业为主的产业结构，逐步形成低碳产业群
珠海	以低碳建筑和低碳社区为重点进行低碳城市建设	以引进技术、开发低碳建筑作为低碳城市建设的突破口，同时推进"绿色社区"建设，普及低碳生活理念，实施"山体复绿"工程，增加碳汇
厦门	强调综合型低碳城市建设	从交通、建筑、生产三大领域探索低碳发展模式，重点发展 LED 照明、太阳能建筑
杭州	强调综合型低碳城市建设	提出 50 条"低碳新政"，打造低碳经济、低碳建筑、低碳交通、低碳生活、低碳环境、低碳社会"六位一体"的低碳城市
南昌	以产业为主导进行低碳城市建设	构建低碳生态产业体系，发展半导体照明、光伏、服务外包三大产业，力图将南昌打造成为世界级光伏产业基地

目前，国内也有一些地方开始初步探索低碳城、生态城等新型城镇化模式，虽然积极性很高，但是存在目标模糊不清、规划建设水平不一、产业发展支撑不足等问题。我们从中选取几个进展较好而且值得借鉴的案例。

案例 2-3　　　　　　　　　　青岛中德生态园

青岛中德生态园位于胶州湾西海岸的经济技术开发区，远景规划面积70平方公里。园区规划面积11.6平方公里。2011年12月6日，中德两国在中德生态园现场举行了奠基仪式。2013年7月，生态园全面启动建设，建成区面积约2平方公里，50%的基础配套工作基本完成；2015年达到5.88吨CO_2/万元地区生产总值（如图2-2所示）。

图2-2　青岛中德生态园

启动区10平方公里由德国GMP建筑设计事务所高标准编制了园区概念规划、控制性详细观划及产业、交通、市政、能源、城市设计、生态景观、绿色建筑、道路交通解决方案等20余项规划。规划容积率为0.65，总人口约6万人。其中，产业用地45%，道路及生态绿地30%，居住及公共设施用地25%。借鉴德国莱茵模式、DGNB评估体系①及节能环保技术政策体系（4大类40项具体指标），积极探索、推行绿色发展模式。

根据中德两国洽炎确定的中德生态园预定发展目标，中德双方计划在10年内将中德生态园建设成为世界范围内具有广泛示范意义的高端产业生态园区、世界高端生态企业国际化聚集区、世界高端生态技术研发区和宜居生态示范区。重点发展节能环保、环保建材等绿色产业；高端装备制

———————————

① DGNB是目前世界最为先进、严格、完整的可持续建筑评估体系，共包含6大领域、40项标准。该体系关注建筑全生命周期，也就是建筑从规划设计到施工，再到运营维护，直至拆除为止的全过程对环境的影响、对社会文化的影响以及对质量和成本的控制，根本目的是降低建筑在社会资源方面的消耗比例、降低碳排放量。

造、新能源应用、数字科技、智慧系统等新兴产业；科技研发、规划设计、教育培训、金融医疗、文化体育等现代服务业。

在实施阶段，中德生态园提出了"100%绿色建筑、100%绿色施工"的建设要求，智能控制、分布式能源、高效照明等20余项绿色建筑技术被应用到园区的建设过程中。经测算，园区能源系统建成后，园区地区生产总值能耗将达到0.23吨标准煤/万元，清洁能源利用率达到84.6%，可再生能源利用率达到20.6%，综合节能率为50.7%，碳减排率为64.6%，达到发达国家水平。

该园区大力推广以"被动房技术"为代表的绿色建筑，目前已经取得显著成果，建成了总面积1.4万平方米，亚洲体量最大、功能最复杂的通过德国PHI权威认证的单体被动式建筑。整幢建筑不耗电，却四季如春。不仅恒温，还恒湿，先进的通风技术让室内的PM2.5始终保持在个位数。仅用8%的能源消耗，就能满足整幢建筑所需，每年可节电168万度，节约运行费用114万元，减少碳排放664吨，与现行国家节能设计标准相比，节能达92%以上。

中德生态园不仅是建筑，道路也同样"低碳"。踏在富源二号路上，与站在其他柏油路面上无异，但道路运用了OGFC路面、缺口式路沿石、息壤、下凹式绿地、透水铺装人行道、智慧路灯六大技术。雨水渗进地砖，经过四层过滤，净水流向了蓄水池和邻近的湖里。

德国企业中心项目2015年12月建成投入使用，建造、能耗及运营的生态标准和质量标准均参照德国可持续性建筑评估体系进行，同时依照国家绿色建筑三星级标准建设，是中国首个获得DGNB及绿色建筑三星认证的建筑项目。德国企业中心运用了先进的节能技术和环保建筑材料，优化了运营策略，制订了节能、节水、清洁及维护等10个专业方案。据测算，该项目每年可减少向大气排放二氧化碳5 580吨，减排率达60.8%；实施的一次能源解决方案，实现了冷热电三联供、太阳能光伏发电、太阳能提供热水，每年可节能约157万度电，与国家标准相比，节能率提高61.01%；采用雨水收集系统、中水回用系统、末端节水器具等技术，节水率达到27%；严控建筑装修材料的VOC（挥发性有机化合物）及甲醛含量，使项目建成后室内空气质量达到欧洲最高标准。

目前，已有来自德国、韩国、日本、芬兰、新西兰、印度等10余个国家和地区的百余个项目落户园区，其中包括辛北尔康普压力机械、欧博迈亚、阿普利特实验室等16家隐形冠军企业，以及西门子、大陆、塔塔等7家世界500强企业。

案例2-4　　　　　　　　　　曹妃甸国际生态城

唐山曹妃甸国际生态城，总体规划面积150平方公里，位于曹妃甸新区东部；毗邻京津冀城市群，距北京220公里、天津120公里、唐山80公里、秦皇岛170公里；曹妃甸港口通向全国及世界各地；随着北京—天津—唐山的城际铁路建设，曹妃甸国际生态城将融入北京、天津、唐山30分钟城市圈，形成方便迅捷、成本低廉的交通体系。

曹妃甸国际生态城涉及与两国的合作：瑞典和日本。与瑞典的合作主要从规划、产业、培训3个方面展开。从2008年2月到2010年11月，中瑞双方提出要把曹妃甸国际生态城建设成充分体现瑞典可持续发展理念和环保生态技术的生态社区，复制马尔默"明日之城"项目（稍后有更详细的介绍）。

2008年2月，曹妃甸国际生态城起步区内0.4平方公里的试验性造地进场施工。2009年3月，曹妃甸国际生态城举行开工奠基仪式。按照瑞典SWECO公司和北京清华规划设计院设计完成的规划要求，围绕生态城"内湖外海、水系循环、绿色交通、桥岛相间"的布局理念和"低碳宜居、清洁能源、生态自然、知识经济"等突出特点，将7大类141项生态指标落实于生态城建设之中，让每一处、每个细节都体现生态特色。这个体系要达到100%绿色建筑和95%可再生能源目标；小汽车占通勤出行量的比例低于10%；城市垃圾作为资源充分回收利用，按照欧盟标准进行安全环保的处理；建立健康的卫生标准和水环境，废水、雨水得到充分回收利用；建设高品质的自然生态和人工绿化环境。

与日本的合作是从2011年6月开始的，日方主要从曹妃甸的都市设计以及引入环境技术先进的日本企业的角度提供协助。环境方面包括风电互补的环保路灯、没有红绿灯的畅通交通、透水性好的绿色建筑材料构成的路面等。曹妃甸国际生态城的跨国合作定位清晰，合作动机明确，并且与国家的指示密切衔接，值得借鉴。

案例 2-5   **天津中新生态城**

  天津中新生态城位于天津滨海新区、距离天津市中心区45公里处，占地面积为30平方公里。天津中新生态城是中国、新加坡两国政府的战略性合作项目。天津中新生态城作为海绵城市试点，取得了许多成功经验，雨季的雨水集中储存在清净湖，让城市管理中非常难以驯服的积水排涝区域，变成城市美化绿化的漂亮景观，变害为利，变废为宝。

  天津中新生态城有以下特点：是第一个国家间合作开发建设的生态城市；选择在资源约束条件下建设生态城市；以生态修复和保护为目标，建设自然环境与人工环境共融共生的生态系统，实现人与自然的和谐共存；形成以绿色交通为支撑的紧凑型城市布局；以指标体系作为城市规划的依据，指导城市开发和城市建设；以生态谷（生态廊道）、生态细胞（生态社区）构成城市基本构架；以城市直接饮用水为标志，在水质性缺水地区建立中水回用、雨水收集、水体修复为重点的生态循环水系统；以可再生能源利用为标志，加强节能减排，发展循环经济，构建资源节约型、环境友好型社会。

  "低碳体验中心"项目有约28%的能源利用来自可再生能源，比天津同类建筑少消耗30%的能源，每年节省171吨煤，减少427吨二氧化碳排放。该中心使用了约30%的可循环利用材料，非传统水源利用率达50%，雨水不外排率达80%。全年雨水收集量提供了5%的建筑用水需求，年节约水量相当于4个奥林匹克游泳池（水立方）的水量。高效空气过滤器的新风系统，有效过滤PM2.5达90%以上。

2.3 绿城生活是值得拥有的"奢侈品"

  绿色田园生活的人居梦想，自古以来就深深植根于每个中国人的血液之中，陶渊明的"采菊东篱下，悠然见南山"，王维的"明月松间照，清泉石上流"，孟浩然的"绿树村边合，青山郭外斜"，苏轼的"林断山明竹隐墙，乱蝉衰草小池塘"，就是这种栖居生活的诗意写照。

许多城市人都希望拥有一片绿茵。从城市居民购房倾向就可以看出，人们具有明显的"向绿、趋蓝"的偏好。根据有关数据，住房到最近公园、河流、绿地、广场的时间每缩短1分钟，房价平均会分别上升1.4万元、1.6万元、0.9万元和0.7万元。

在国内居住环境由于经济粗放快速增长而日渐恶化的今天，人们更加看重绿色生活的价值。绿色生活不仅仅意味着人们的生活环境充满绿色、阳光、洁净空气和水，更包含了节约资源和能源，减少不必要的温室气体排放，是一种环境友好、健康的生活形态。

中国是一个人口众多、人均可分配资源量较少的国家。国内经济发达地区不断聚集越来越多的人口，如果人们继续保持高消耗、高排放、不环保、不节约的生活方式，城市很快就会失去承载能力，面临被雾霾、垃圾、污水包围，社会矛盾恶化，群众生活质量和安全急转直下的糟糕局面。

生活在城市里的人们容易出于经济动机而忽视大自然，过度开发大自然。而人类得到的教训实质上都是人类对自己的惩罚，大自然只不过把它不能承受的人为破坏变相还给了人类而已。人们向大自然排污，大自然还污于生长于斯的人；人们对自然的馈赠无节制地索取，大自然让生长于斯的人食无所依；人们对大自然进行破坏性改造，大自然让生长于斯的人不可再居。一言以蔽之，大自然是生长于斯者的家园，攫取者、破坏者可以一时逃离，但生长于斯的人最终无处可逃。

我们应该明白破坏环境就是破坏我们赖以生存的家园。我们必须从衣食住行各个方面践行低碳生活方式。这是因为低碳消费是可持续发展的基础，也就是从低能耗、低污染、低排放角度全面改进我们的生活质素。

城市是化石能源消耗的主要场所。有关研究表明，城市能源消耗占全球总体能源消耗的75%，同时产生大致相同百分比的碳排放量。工业革命以后，人类对诸如煤炭、石油等化石能源的开采利用，使得大气中二氧化碳的浓度快速提升，提升速度也达到前所未有的程度，因而导致了全球急剧变暖、气象灾害频发现象，引起了全球对气候变化的关注。二氧化碳也成为气候变化的最重要元凶。

研究报告表明，18世纪中叶以来，人类向大气层总共排放了约1万多亿吨二氧化碳。因此，减少二氧化碳的排放刻不容缓。城市应充分利用天然气、太阳能、生物质能等清洁能源，不断提高清洁能源比例。在有条件的城市试点智能电网，以便可再生能源能够并网发电和输送给终端用户。同时加快推进结构节能、技术节能、管理节能应用，加大工业、交通、建筑、公共机构的节能降耗力度，减少资源能源消耗，提高能源利用效率。

城市交通系统是耗能和温室气体排放大户。首先应大力推进轨道交通建设，建成健全的轨道交通网络。在轨道交通站点科学规划公交、自行车及停车换乘接驳设施。改善步行和自行车出行环境，构建系统、连续、舒适的慢行系统。鼓励公共交通工具出行、自行车出行、步行等低碳出行方式。在道路建设中优先布设公交、步行和自行车道，推广透水砖、降噪透水路面、LED路灯等的应用。加快建设城市智能交通系统，提高交通运行效率。鼓励使用新能源汽车，开展载重车辆液化天然气（LNG）改造，加快配套充电站、加气站、充电桩建设。

城市建筑物是城市主要耗能设施，应该向节能建筑和绿色建筑转变，营造低碳生态的宜居环境。在规划设计阶段贯彻绿色建筑理念，推行适宜本地条件的建筑材料。新建建筑须100%严格符合节能标准，积极推进现有建筑节能生态化改造，尤其是政府机关及大型公共建筑。

城市绿色环境来自绿道和绿地水系建设的投入。以绿道为例，研究表明约75%的城市绿道使用属于休闲功能，20%的使用兼有休憩和通勤功能，仅有少于7%用于通勤。这说明绿道的大部分价值在于向市民提供绿色休闲功能。

此外，绿色生活环境还要求城市积极推进自然保护区、森林公园、郊野公园、城市公园、湿地公园、社区公园和街头小游园建设，保护河湖水系，广泛开展立体绿化，提高绿地分布的均衡性，增加生态绿量，降低城市热岛效应。绿色屋顶、下凹式绿地还有助于雨水收集。

城市应开展以水生态保育为主的环境改善工作，推进污水处理厂、污水收集管网、污泥处理厂建设，减少入河污染物。积极推进雨洪利用、再生水等非传统水资源开发利用。为缓解垃圾围城问题，应采取源头减排、分类收集、无害处理、综合利用、环境园建设等措施，减少固体废弃物焚烧、填埋和污水处理过程中的碳排放。大力推进建筑废弃物、生活垃圾和工业固体等各种废弃物的资源化利用。规范再生资源回收点建设，开展建筑废弃物、餐厨垃圾资源化利用示范工程建设。

"美丽中国"是一项长期国策，2013年底召开的"中央城镇化工作会议"和2014年出台的《国家新型城镇化规划（2014—2020年）》，就描绘了一幅依托现有山水脉络等独特风光，让城市融入大自然，让居民望得见山、看得见水、记得住乡愁的美丽画卷。这也是中国数亿城镇居民的梦想。

阅读资料2-1 《国家新型城镇化规划（2014—2020年）》
绘制的"美丽中国"蓝图

《国家新型城镇化规划（2014—2020年）》第十八章重点勾勒了通过推动新型城市建设"美丽中国"的蓝图。我们摘其要点如下：

顺应现代城市发展新理念新趋势，推动城市绿色发展，提高智能化水平，增强历史文化魅力，全面提升城市内在品质。将生态文明理念全面融入城市发展，构建绿色生产方式、生活方式和消费模式。严格控制高耗能、高排放行业发展。节约集约利用土地、水和能源等资源，促进资源循环利用，控制总量，提高效率。

加快建设可再生能源体系，推动分布式太阳能、风能、生物质能、地热能多元化、规模化应用，提高新能源和可再生能源利用比例。实施绿色建筑行动计划，完善绿色建筑标准及认证体系，扩大强制执行范围，加快既有建筑节能改造，大力发展绿色建材，强力推进建筑工业化。

合理控制机动车保有量，加快新能源汽车推广应用，改善步行、自行车出行条件，倡导绿色出行。实施大气污染防治行动计划，开展区域联防联控联治，改善城市空气质量。

完善废旧商品回收体系和垃圾分类处理系统，加强城市固体废弃物循环利用和无害化处置。合理划定生态保护红线，扩大城市生态空间，增加森林、湖泊、湿地面积，将老村废弃地、其他污染土地、工矿用地转化为生态用地，在城镇化地区合理建设绿色生态廊道。

　　统筹城市发展的物质资源、信息资源和智力资源利用，推动物联网、云计算、大数据等新一代信息技术创新应用，实现与城市经济社会发展深度融合。强化信息网络、数据中心等信息基础设施建设。

　　促进跨部门、跨行业、跨地区的政务信息共享和业务协同，强化信息资源社会化开发利用，推广智慧化信息应用和新型信息服务，促进城市规划管理信息化、基础设施智能化、公共服务便捷化、产业发展现代化、社会治理精细化。增强城市要害信息系统和关键信息资源的安全保障能力。

　　表2-2列示了绿色城市建设重点，表2-3列示了智慧城市建设方向。

表2-2   绿色城市建设重点

01	绿色能源 推进新能源示范城市建设和智能微电网示范工程建设。依托新能源示范城市建设分布式光伏发电示范区，在北方地区城镇开展风电清洁供暖示范工程。选择部分县城开展可再生能源热利用示范工程，加强绿色能源县建设
02	绿色建筑 推进既有建筑供热计量和节能改造，基本完成北方采暖地区居住建筑供热计量和节能改造，积极推进夏热冬冷地区建筑节能改造和公共建筑节能改造，逐渐提高新建建筑能效水平，严格执行节能标准，积极推进建筑工业化、标准化，提高住宅工业化比例。政府投资的公益性建筑、保障性住房和大型公共建筑全面执行绿色建筑标准和认证
03	绿色交通 加快发展新能源、小排量等环保型汽车，加快充电站、充电桩、加气站等配套设备建设，加强步行和自行车等慢行交通系统建设，积极推进混合动力、纯电动、天然气等新能源和清洁燃料车辆在公共交通行业的示范应用。推进机场、车站、码头节水改造，推广使用太阳能等可再生能源。继续严格执行运营车辆燃料消耗量准入制度，到2020年淘汰全部黄标车
04	产业园区循环化改造 以国家级和省级产业园区为重点，推进循环化改造，实现土地集约利用、废物交换利用、能量梯级利用、废水循环利用和污染物集中处理
05	城市环境综合整治 实施清洁空气工程，强化大气污染综合防治，明显改善城市空气质量，实施安全饮用水工程，治理地表水、地下水，实现水质、水量双保障；开展存量生活垃圾治理工作；实施重金属污染防治工程，推进重点地区污染场地和土壤修复治理。实施森林、湿地保护与修复
06	绿色新生活行动 在衣食住行游等方面，加快向简约适度、绿色低碳、文明节约方式转变。培育生态文化，引导绿色消费，推广节能环保型汽车、节能省地型住宅。健全城市废旧商品回收体系和餐厨废弃物资源化利用体系，减少使用一次性产品，抑制商品过度包装

　　资料来源：中共中央 国务院《国家新型城镇化规划（2014—2020年）》，2014年第9号国务院公报，http://www.gov.cn/gongbao/content/2014/content_2644805.htm.

表 2-3　　　　　　　　　　　　　智慧城市建设方向

01	信息网络宽带化 推进光纤到户和"光进铜退"，实现光纤网络基本覆盖城市家庭，城市宽带接入能力达到50Mbps，50%家庭达到100Mbps，发达城市部分家庭达到1Gbps。推动4G网络建设，加快城市公共热点区域无线局域网覆盖
02	规划管理信息化 发展数字化城市管理，推动平台建设和功能拓展，建立城市统一的地理空间信息平台及建（构）筑物数据库，构建智慧城市公共信息平台，统筹推进城市规划、国土利用、城市管网、园林绿化、环境保护等市政基础设施管理的数字化和精准化
03	基础设施智能化 发展智能交通，实现交通诱导、指挥控制、调度管理和应急处理的智能化。发展智能电网，支持分布式能源的接入、居民和企业用电的智能管理。发展智能水务，构建覆盖供水全过程、保障供水质量安全的智能供排水和污水处理系统。发展智能管网，实现城市地下空间、地下管网的信息化管理和运行监控智能化。发展智能建筑，实现建筑设施、设备、节能、安全的智慧化管控
04	公共服务便捷化 建立跨部门跨地区业务协同、共建共享的公共信息服务体系。利用信息技术，创新发展城市教育、就业、社保、养老、医疗和文化的服务模式
05	产业发展现代化 加快传统产业信息化改造，推进制造模式向数字化、网络化、智能化、服务化转变。积极发展信息服务业，推动电子商务和物流信息化集成发展，创新并培育新型业态
06	社会治理精细化 在市场监管、环境监管、信用服务、应急保障、治安防控、公共安全等社会治理领域，深化信息应用，建立并完善相关信息服务体系，创新社会治理方式

资料来源：中共中央 国务院印发《国家新型城镇化规划（2014—2020年）》，2014年第9号国务院公报，http://www.gov.cn/gongbao/content/2014/content_2644805.htm.

第3章

绿色低碳生活样本

低碳是各个城市实现可持续发展的基石。

全球城市联盟组织C40执行董事马克·沃茨（Mark Watts）

地处山海之间的深圳，四季草木葱茏，遍布市区的成荫绿道、植被繁茂的公园，使深圳成为中国最美的景观城市之一。这个曾经是南海小渔村的地方，最终发展成经济大市、产业大市、人口大市，同时也是空间小市、资源小市、环境容量小市。

如何在不牺牲经济增长速度和质量的情况下，借鉴国内外相关经验，建设蓝天白云、青山碧水的美丽深圳，深圳通过绿色创新发展已经给出了部分答案。

3.1 点对点绿色智慧交通网

早上七点起床，半小时后从家出发坐地铁到市中心，八点左右到运公司；下午六点下班，再坐地铁，六点四十分左右到家……这是居住在较远的原深圳关外，白天在市中心上班的深圳打工一族的时间表。这是"公交都市"的一个缩影。不仅国内一线城市没有这样便捷的交通，一些二三线城市也很少有。

在低碳交通方面，纽约、哥本哈根、东京、弗赖堡、阿姆斯特丹、西雅图等城市均着力推广使用清洁能源汽车及 BRT 等环保交通方式，波特兰、弗赖堡、斯德哥尔摩等城市均开展了自行车专用道建设等。总结深圳的"公交都市"建设，其主要特点在于以公共交通为导向，发展绿色低碳交通。具体举措包括：

（1）以公共交通为导向，加强公共交通体系建设

在城市交通中，优先发展城市公共交通，逐步建立以公共汽（电）车和轨道交通为主体的城市公共交通体系。合理进行城市（际）功能区快速公交设施（包括轨道交通）的规划和建设。大力发展综合运输体系，努力实现各种运输方式之间的零距离换乘。

（2）大力推广应用节能与新能源汽车

加快淘汰老旧、高耗能、高排放汽车，严格执行道路运输车辆燃料消耗量限值标准，鼓励发展节能环保型交通工具，有效降低机动车能耗，实现交通运输碳排放量的降低。积极协调液化石油气、压缩天然气、液化天然气、生物柴油以及纯电动、混合动力等代用燃料和清洁汽车的推广应用。

（3）发展智能交通，推动交通节能

大力推进智能交通管理系统和现代物流信息系统建设，提高交通运输组织管理的现代化、智能化、科学化水平，促进各种运输方式之间的协调发展，降低因交通拥堵造成的碳排放。加强重点公路工程建设和大型运输企业的能耗管理，对交通运输行业重点用能单位开展节能目标管理。推进城市（际）和快速公交设施（包括轨道交通）的规划和建设，严格实施交通运输业燃料消耗量限值标准。加大交通运输节能减排技术开发和推广应用力度，推动节能与新能源汽车示范推广应用，完善新能源汽车配套基础设施建设，推广使用电动公交车、电动出租车。从源头上控制高耗能、高排放车辆进入运输市场，强制淘汰部分污染严重的车辆，及时更新公交车辆。

（4）构建慢行交通系统和网络，鼓励低碳出行

规划建设自行车道和人行步道等慢行交通系统，包括流水休闲步行系统、山体健身路径、自行车绿道等，加快智能自行车亭规划建设，完善城

市慢行网络；增加非机动车隔离设施，保障慢行出行空间。倡导市民少开私家车、多乘公交车、多骑自行车，积极参与低碳出行、绿色出行。

轨道交通作为大运量的交通工具，具有准时、高效、环保的特点。深圳通过持续建设轨道交通，建立了覆盖全市主要交通走廊、生活区、商业区、车站、码头、机场、口岸的轨道交通网络，确立了轨道交通在中心城区和城市主要发展轴线上客运出行的主体地位和在城市客运体系中的骨干作用，有力地支撑了国际水准的公交都市建设，并且促使市民生活半径不断扩大。

案例 3-1   **深圳公交巴士线网规划**

近年来，深圳以新加坡、中国香港等城市的公共交通为标杆，除了建设线路日益繁密的地铁外，还在国内率先启动了"快线公交—干线公交—支线公交"三层次公交网络规划研究，逐步实现"网络分层次、线路分等级、车辆分颜色"，形成"三个层次、三级线网、三种颜色"的多层次多模块公交体系，使居民的不同出行需求得到满足。其中快线为出行距离较长的市民提供快速交通服务；干线为城市主要干道的客流提供中快速的交通服务；支线主要是为短距离的乘客提供中速服务，并同时承担起加密网络覆盖和为快线、干线提供接驳换乘的功能。

线网的规划主要是通过改变目前形式少、每站皆停的公交服务模式，对有不同需求的客流群提供针对性更强的多层次公交服务，从而减少客流等待与出行时间。其特点是：在公交需求数据的基础上，通过客流集散点来确定公交枢纽；然后以枢纽为核心，布置具有点到点特点的快线；依托枢纽和客流走廊，布设覆盖走廊的"大站快车"干线；围绕公交服务区，以使公交分布能合理运载客流为目标，建成路程短、覆盖宽的支线网络。

1. 三层次公交线网规划

三层次公交线网规划的总体原则是：快线快速直达，干线大站快车，支线密集覆盖。在三条线路的合理规划下，最后形成"功能明确"、"快慢结合"、多样化、一体化的城市公共交通网络。

快线规划思路是满足城市各个枢纽之间的长距离快速出行需求，在此基础之上，满足组团与组团之间的长距离出行需求；为使其具有快速服务的特性，快线行驶尽量避开交通压力较大的道路，主要选择城市高快速路和部分设置了公交专用道的城市主干道路。

干线规划思路是干线主要提供大运量中快速服务，其停靠站以公交换乘枢纽和大型客流集散点为主，旨在满足城市发展轴、主要客流通道上的沿途出行需求；干线路径一般避免过度绕行，尽量为走廊客流提供更加顺直快捷的服务。

支线规划思路是支线主要服务于中小运量的短距离出行需求，停靠沿途经过站点，以满足短途乘客的出行需求，同时还能为上述层次线路提供接驳服务。

在参考国外做法的基础上，深圳逐步建立自己的公交专用道。深圳公交专用道始建于1997年，一次性布设了专用道80公里；2006—2010年，伴随深南大道、梅龙路、龙岗大道等道路改造的实施，深圳公交专用道里程增至366公里；2011—2013年，随着市交委公交专用道5年规划及年度实施方案的逐步实施，深圳近3年公交专用道新增了376公里。公交专用道已初步形成网络。

2.设置公交专用道

深圳公交专用道在设置上，一方面参照了国内外其他城市的设置标准，另一方面结合深圳公交专用道现状及实际经验，坚持"公交路权优先保障"原则，实行以道路单向公交客流规模、公交车流规模、道路条件作为路权分配依据，制定可量化的深圳公交专用道设置标准。如单向2车道及以上的，当公交载客量超过通道客流的50%，且单向客流量超过3 000人次/小时，公交车流量超过120辆/小时时，则设置公交专用道；而当公交载客量小于通道客流的50%，公交车流量不超过90辆/小时的3车道以上的道路，通道交通已饱和时，则不设置公交专用道。

目前部分或全部在专用道上运行的公交线路占全市90%以上；高峰期有183万人次乘车，占全市高峰公交载运量的68%；专用道上公交运营里程达到6 400公里，占到全市公交总运营里程的35.5%，公交乘客受益，公交可靠性得到加强。

针对深圳中部轴线道路交通拥堵的情况，深圳市特意规划建设"3快速公交"的公交网络，"3快速公交"指的是彩田路—民治大道、皇岗路—五和大道和拟建的坂银通道—坂雪岗大道，以便支撑中部高强度客流需求。借着新彩通道开通的契机，深圳开始建设第一条快速公交走廊彩田—民治快速公交走廊（快速公交系统是一种大运量交通方式，又被称为"地面上的地铁"，英文简称BRT），成为治理并缓解中部地区梅林关交通拥堵的重要抓手。"快速公交走廊"中对公交专用道的路权保障，将有效提升公交效率。

目前深圳在皇岗路、深南路、深惠路、宝安大道等主要通道，华强北、车公庙、福田中心区、科技园等主要区域，增加快线公交和高峰专线公交的数量并扩大服务范围，到2015年新增约50条，缓解主要客流通道运力供给紧张的矛盾；实施深南通道、笋岗通道、留仙通道、皇岗通道等主要客流走廊的公交快速化改造，打通交通瓶颈，提高中心城区和关键路段的公交运行速度，提升整体运行效率。

根据测算，深圳公交专用道的设置，使得高峰期间公交行程车速由每小时15.9公里提高到每小时18.5公里，将既有运力的单位运输效率提升了16.4%。在车辆配置不变的情况下，相当于增加运力2 216辆，高峰期增加运能13.3万人次。

阅读资料3-1   公交专用道的国际经验

"公交优先"的概念首先产生和应用于法国巴黎。由于私家车急剧发展，20世纪60年代末70年代初，巴黎市区交通几乎瘫痪。为此，巴黎市政府决定采取公交先行的对策。据统计，目前巴黎已设置大约500条全天或部分时间只让公交车使用的公交专用道。有资料显示，专用道上巴黎公共汽车的运营服务质量得到显著改善，运营速度提高了20%~30%，节省油耗6%~7%，并减少了20%~40%的废气污染。

世界上公交专用道的设置由来已久，并且在中外公交发达的大中型城市广为应用，世界各大城市都制定了与其城市相适应的公交专用道设置标准，如巴黎、首尔、库里提巴、新加坡、台北、香港、北京、上海、广州、成都、昆明等。

从20世纪90年代开始，韩国首尔道路已无法满足日益增长的交通需求，公交线路运营变得十分困难，为此，首尔设置中央公交专用道16条，总长度达191.2公里。在公交专用道实施后，选择此方式出行的乘客数量在前一年的基础上上升11%，公交分担率超过75%，与公交车相关的交通事故减少了26.9%，燃油耗费和空气污染也有不同程度的降低。

巴西库里提巴有世界"环保之都"的美誉，其交通系统的典型特点是高效率、低成本。1991年5条轴线BRT（全封闭式公交专用道）全部建成，后来又在南部增加2条联络线将两条轴线连接起来，BRT线网总里程达到72公里。1974—1991年，公交在通勤出行中所占的比例从8%上升到70%。

新加坡是世界上设立公共汽车专用道最早的国家之一，设有公交车专用道、公交车专用街、公交车专用弯道等。新加坡陆路交通管理局从1997年起为每一辆公交车安装一部特制的照相机，公交车司机可对闯入公交专用道的私家车进行拍照留存，照片交由陆路交通管理局对违规的私家车司机进行处罚。覆盖全城、严格监控的公交专用道系统，使公交车的平均运营车速达到20公里/小时，公共交通承担客流占机动化出行总量的66%。

案例3-2　　　　深圳地铁成为低碳绿色新动脉

关于轨道交通的梦想，可以追溯到特区建立初期。建市前的深圳，是宝安县的一个小镇。当时全镇有2.6万人、汽车7辆。两条水泥路穿过小镇，一条是人民路，一条是解放路，全长不到2公里。1979年，深圳建市。来自陆丰的600名壮汉硬是用铁锹和镐头一寸一寸地挖出了一条从蔡屋围到上海宾馆的路，全长2.1公里，宽7米，仅够两辆卡车对开，这是最早的深南大道。1983年底，时任深圳市长的梁湘率队赴新加坡考察，深受启发，回到深圳，市委市政府决定在深南路两侧各留出30米的绿化带，并在深南路中间的绿化带中预留16米以备今后修建城市轻轨。当时的深圳仅约30万人，这两个极富远见的决策成就了今天深南大道的美丽和气派，为这个城市的后来者造福无限。

1.深圳地铁建设步伐

深圳地铁第一条线路于2004年12月28日正式开通运营，使深圳成为中国内地第5个拥有地铁系统的城市。尽管深南大道并没有建设轻轨，但地下行驶的一号线已经成为深圳公交的支柱，尤其是在深圳机动车保有量突破300万辆的当下，极大地缓解了深圳交通拥堵问题。地铁缓解交通拥堵的效用有目共睹。管理部门的数据显示，部分主干道车流量较地铁全网开通前下降20%左右。

深圳地铁从单线到"十"字，再到7条线交织成网，如今已经形成了总里程达到285公里，以8条轨道交通为骨架，地铁、高铁、机场无缝接驳的立体快速客运网。中心城区基本实现了市民出门500米内有地铁。

2007年6月28日，为配合当年8月15日开通的福田口岸边境检查站，4号线福田口岸站开通运营，并结束了单轨运行的历史，实现双线运行，深圳地铁形成十字结构。2009年9月28日，1号线向西延伸，又开通了3个站点——白石洲、高新园、深圳大学。2010年12月28日，长15公里的2号线一期（赤湾—世界之窗）及长25公里的3号线高架段（双龙—草埔）开通试运营。

而3号线更是首次来到了位于原特区之外的龙岗区，并先期脱网运营。这得益于2011年8月在深圳举行的世界大学生运动会。深圳明确提出办赛事也是办城市、惠民生。地铁的规划是妙笔。深圳原来有条特区管理线，这条"二线"一度将深圳分成"关内""关外"，发展水平的差异让原"关外"远逊"关内"。大运会体育中心放在哪里？深圳在申办成功后选择了北上，规划的妙笔成功地将特区拉宽。地铁直通龙岗区，大运会让龙岗的现代化建设提前了10年。

2011年可谓深圳地铁井喷式增长的一年。2011年6月30日，5号线、3号线（水贝—益田）以及1号线（桃园—机场东）开通运营。2011年7月28日，深圳市轨道交通二期工程最后一段——2号线二期（侨城北—新秀）开通运营。至此，深圳市轨道交通二期工程155公里的线路全部运营。城市轨道建设迅速，一二期工程结束后形成了总长178.1公里、118个站点的城市轨道交通运营网络。

2019年初，深圳地铁385个工程开工，工程包括14条线在建，合计总长度将超过400公里；其中中心城区里程约194公里，线网密度为1.03

公里/平方公里。到 2018 年，深圳市轨道交通承担客运量占公共交通客运量的比重达到 48%，形成了比较完善的城市轨道交通网络。

根据《深圳市轨道交通规划（2007—2030）》，深圳将构建包含 16 条线的城市轨道交通网络，线路规模约 597 公里、车站 371 个。可以说，深圳地铁构建了都市公交的主框架，挺起了绿色出行的脊梁。

2.低碳绿色的公交大动脉

地铁是一种用电力牵引的快速大运量城市轨道交通模式，其线路通常敷设在地下隧道内，是城市公共交通系统的一个重要组成部分。由于具有速度快、容量大的基本特性，因而特别适用于市内和城郊之间大规模、集中性的定时、定向的出行需求，成为现代城市公共客运交通体系的骨干，起着客流组织的主导作用。地铁较地面常规的公共交通而言有明显的低碳经济特征。表 3-1 比较了城市几种交通方式的能耗和尾气排放情况。

表 3-1　　　　　城市几种交通方式的能耗和尾气排放情况

污染物	私家车	出租车	普通公交	地铁
二氧化碳（吨）	140.2	116.9	19.8	7.5
氮氧化物（千克）	746	662	168.5	17.5
油耗（吨）	49.2	41	6.9	2.6

资料来源：美国能源基金会。各交通方式按每 100 万人/公里的能耗与尾气排放数据进行统计。

《世博绿色出行指南》指出，不同的交通出行方式能耗与尾气排放存在较大差异，地铁的人均碳排放明显低于飞机、汽车等。在欧盟，公路交通碳排放占交通领域碳排放的 72%，铁路则以 1.6% 的碳排放完成了 10% 的运量。目前，我国机动车保有量已达到 1.92 亿辆，成为重要的碳排放源。发展轨道交通，转变出行方式，对降低二氧化碳排放水平具有重要意义。

地铁交通减少了环境污染。交通工具产生的环境污染主要包括震动干扰、尾气排放、车辆噪声等，而汽车尾气排放是最严重的影响因素。目前，我国汽车尾气已经成为城市废气的最大来源；城市道路两边的噪声污染愈发严重，全国只有不到20%的大城市交通干线噪声达标。但是地铁通常通过电力牵引，无粉尘、油烟与其他废气的排放；其还具有在地下运行、昼行夜停等特点，对声环境的影响较小。

地铁还可以降低能源消耗。在交通领域，节能有结构节能与技术节能两种手段。地铁具有能耗低、效率高、技术水平领先的特点，相对于其他交通工具而言，具有节能优势。以人/公里消耗能源为1个单位计算，小汽车为8.8，飞机为9.8，高速铁路为1.3，公共汽车为1.5。加大推广使用地铁，可以降低能耗。

此外，地铁在能源技术上具有可替代性的优势。对于公路、铁路等传统交通方式，其主要能源是石油，消耗不断增长与化石燃料不可再生之间的矛盾日益尖锐。地铁把电气化技术作为发展方向，其动力来源较广泛，如风电、核电等。所以以地铁作为公共出行方式、以可再生能源作为动力支持，能够降低对石油资源的依赖。大力发展城市地铁将很好地满足低碳城市建设对交通的要求。

案例 3-3　　　　　深圳推广新能源车的创新做法

2014年5月24日，国家主席习近平在上海调研时强调，发展新能源汽车是我国从汽车大国迈向汽车强国的必由之路，要加大研发力度，认真研究市场，用好用活政策，开发适应各种需求的产品，使之成为一个强劲的增长点。

2014年9月22日，纽约举行全球城市联盟C40"全球城市气候领袖奖"颁奖典礼，深圳因为在运营新能源车上的创新模式，击败了多个知名城市，拿下"全球城市交通领袖奖"。深圳的新能源车推广模式让全球看到，大城市可以通过城市公交电动化来实现"低碳"目标。C40组委会称："我们鼓励全球城市仔细研究深圳的创新做法。"

新能源汽车的推广，是深圳建设公交都市的重要特点。绿色城市，从绿色公交起步。公交都市是国际大都市发展到高级阶段，在交通资源和环境资源紧约束的背景下，为应对小汽车高速增长和交通拥堵以及空气污染问题所采取的一项城市战略。新能源汽车推广如何突破？深圳用自己的实践给出了回答，并且成为全球应用新能源公交规模最大的城市。

近年来，深圳在公共交通、公务车、私家车三大领域逐步开展新能源汽车示范推广工作，新能源汽车示范推广规模居于全国前列。截至2018年，深圳已经推广新能源汽车超过27万辆。其中新能源公交车16 359辆，纯电动出租车21 485辆，纯电动货车61 857辆，新能源租赁车21 912辆，新能源私家车及其他车辆148 256辆。

深圳公交车是一个重要的推广领域，2016年保有量达15 000多辆，其中2 000多辆是插电式混合电动车，在2017年底之前实现了所有公交车的纯电动化。深圳作为物流之都，新能源货车约60 000辆，在全国处于领先水平。此外，深圳新能源汽车推广将延伸到环卫车和通勤旅游车领域。在私家车领域，目标是2020年深圳的新能源私家车数量达到汽车保有量的5%；还将实现出租车100%电动化。

1.试点缘起

2013年，深圳碳排放水平绝对量下降了10%，而规模以上工业增加值5 695亿元，增长9.6%。在工业碳排放总值下降的同时，深圳交通碳排放则开始上升，遏制燃油车数量的增长成为摆在深圳面前的一个课题。

近年来深圳小汽车数量增长迅猛。随着经济社会快速发展和特区一体化进程加快，个人购车需求持续旺盛，小汽车增长势头居高不下。仅2013—2014年，全市新增机动车近100万辆，相当于香港机动车总量的1.5倍。2014年11月份机动车上牌6.8万辆，同比增长63%，12月1日至20日，机动车上牌4.2万辆，同比增长132%。不断增长的机动车和日益严重的交通拥堵对大气环境造成了严重污染。据测算，机动车尾气排放占深圳PM2.5本地排放源的41%，已形成主要大气污染源，成为导致灰霾天气的重要原因。持续增加的尾气排放严重影响了城市环境和市民生活质量。

尽管政府不断加大投入，不断加强交通资源供给，但依然远远跟不上小汽车快速增长对道路交通设施的需求，交通拥堵、尾气排放污染等问题日趋严重。为解决深圳市机动车增长迅速以及尾气排放污染严重问题，深圳市出台了限购政策。深圳市从2014年12月29日18时开始实施汽车限购，有效期暂定 5 年。每年暂定指标 10 万个，按月分配。其中，2 万个指标只针对电动小汽车，采取摇号方式；8 万个普通小汽车指标，50% 采取摇号，50% 采取竞价方式。

从中不难看出，政府为缓解小汽车尾气污染以及增长过快的严重问题，确保了电动小汽车的配额。科技进步、环境需要、国家政策等各个方面的趋势都说明，电动汽车取代传统燃油汽车不仅是产业任务，也是发展倒逼的结果。

2. 政府干预和市场驱动策略，创新公交电动汽车推广模式

深圳新能源汽车推广实施政府和市场双驱动战略。在政策制定方面，深圳同中央政策步调一致，跟随国家政策取向，也逐步过渡到积分制，实施环保奖励和非货币化政策。同时，为营造新能源汽车使用环境，深圳从 2010 年开始先后出台了从充电设施到汽车后市场等一系列 30 多项地方性标准。深圳市还发布了 2016—2020 年充电规划。

深圳在国家第一轮示范推广中成绩斐然，成为全球新能源汽车最大规模应用于公共交通领域的城市。实现领跑，得益于新能源汽车推广的模式创新。以"融资租赁、车电分离、充维结合"的模式，拉开了新能源汽车在深圳市场化运营的大幕。

我国新能源汽车推广的首要问题是价格偏高，因此，公交车和出租车领域就成为最具潜力的市场。2008 年初，深圳市完成公交资源整合和公交乘运价格下调后，深圳市西部公汽、巴士集团和东部公交三大巨头均陷入资金短缺的窘境，需政府支援解困。在这种情况下，面对新能源公交车偏高的售价，即使有示范城市的国家和地方双重补贴，公交公司也面临着"欲购乏力"的困窘。

在当前发展阶段，车价贵是新能源汽车难以普及的瓶颈因素。为解决这一问题，深圳提出了解决方案：由中国普天信息产业集团有限公司出面担保，公交公司向交通银行下属的金融租赁公司贷款，支付新能源购车费用，政府将同样行驶里程下的燃油汽车所需运营费用直接转入普天账户，帮助公交公司先实现新能源公交车的购置，即融资租赁。深圳用融资租赁打开了新能源公交的市场化之路，"深圳模式"中的融资租赁方式很好地

解决了公交公司无法一次性支付巨额购置资金的问题。

　　针对新能源汽车上最贵的零部件——电池，深圳采取了"车电分离"模式。此模式为公交公司可支付65万元的裸车价格，中国普天支付其余的35万元电池费用，将车辆和电池的所有权分离。在"车电分离"基础上实施"充维结合"的运营模式，由充维服务商中国普天购置动力电池，并为新能源车提供充电服务，负责动力电池的维护和回收。向公交企业提供充维服务的总成本，原则上不高于同类燃油车的燃油成本。3年来，深圳市新能源汽车累计实现安全行驶里程9 595万公里，其中公交车达8 947万公里。新能源汽车推广数量超过9 000辆，一举成为全国乃至全世界新能源汽车应用最多的城市。

　　2011年，深圳成功举办了第26届世界大学生夏季运动会，来自世界152个国家和地区的近万名大学生运动员参加。为了践行"科技大运、绿色大运"的理念，深圳共投入3 810辆交通车辆，其中新能源汽车2 011辆，占总数的52.8%。开通了77条大运会新能源公交专线，新建改建57座公交充电站。通过大运会，深圳新能源汽车产业一路快跑。深圳市同时还兴建了配套的智能充换电网络，由57座充换电站组成，共850个充电位，分布在全部44个比赛场馆周边，覆盖77条新能源公交专线，设计服务能力为纯电动大巴260辆，混合动力大巴1 750辆，纯电动中巴26辆，纯电动出租车300辆。这是目前国内城市中最大规模的智能充换电网络。

　　大运会期间，2 011辆大运会新能源汽车共实现安全行驶里程超过400万公里，载客量达到604万人次，未发生安全事故，圆满完成了大运会新能源汽车示范运行任务。据初步统计，深圳市新能源汽车在会议期间累计实现碳减排量约12 740吨（1公升柴油排放约3.1863千克二氧化碳），节约燃油4 000余吨。这些在大运会上投入的新能源汽车，在大运会结束后被纳入深圳市常规公共交通体系中。

　　3.借机加快新能源汽车产业链发展

　　深圳的优势是产业基础。早在1995年，比亚迪就开启了锂电池的研发，并于2003年进入汽车制造业，由此扛起了中国新能源汽车的大旗。得益于深圳特殊的产业环境，这里聚集了一大批新能源汽车及相关配套企业。2001年，深圳市就开始了混合动力客车的研发、生产、销售。2005年，深圳市承担了国家863计划新能源汽车试验课题，开通了第一条混合动力大巴公交示范线。2009年1月，深圳市被科技部选定为"十城千辆"新能源汽车示范市。作为首批新能源汽车示范推广试点城市和首批私人购买新能源汽车补贴试点城市，深圳被寄予厚望。

深圳按照"基础设施先行、建设适度超前、统筹规划、全面布局"的原则，多举措扶持新能源汽车产业发展。《深圳市新能源汽车发展工作方案》《深圳市新能源汽车推广应用若干政策措施》《深圳市新能源汽车推广应用扶持资金管理暂行办法》以及延续新能源乘用车地方财政补贴政策、新能源公交车示范推广期运营补贴办法、新能源小汽车增量指标配置有关事项等一系列政策措施的实施，从资金扶持到消费刺激，从科技研发到推广应用，全方位全链条为新能源汽车产业的发展"添柴加火"，全力"加持"。同时，深圳从2010年起先后出台了30多项地方性标准，涉及充电技术、建设和布局等方面，大力营造新能源汽车使用环境。

《深圳市新能源汽车发展工作方案》提出将进一步推动新能源汽车产业的创新能力，支持深圳高等院校、科研机构和企业建设新能源汽车领域的创新载体。2013—2015年，新建或提升5家以上市级重点实验室、工程实验室、工程（技术）研究中心、企业技术中心；加快突破关键技术，向国际先进水平迈进，动力电池模块比能量①达到150瓦时/千克以上，成本降至2元/瓦时以下，循环使用寿命稳定达到2000次或10年以上，电驱动系统功率密度达到2.5千瓦/千克以上；依托高等院校、科研机构等，建设若干个新能源汽车共享测试、产品开发数据库等公共服务平台。

新能源汽车主要由"三大件"（电池、电机、电控）和"三小件"（电空调、电刹车、电助力）构成。深圳在这些领域形成了较为完整的产业链。如比克电池、航盛电子、星源材料、大地和电气、蓝海华腾电控、普天充电以及贝特瑞、特尔佳、长河、汇川等一大批新能源汽车关键零部件

---

　　①　比能量是指单位质量能容纳的电池容量，单位为瓦时/千克——编辑注。

和核心材料企业迅速成长，形成了深圳特点鲜明的新能源汽车产业体系。

来自发改部门的信息则显示，深圳通过推进创新载体建设、突破关键技术、扶持龙头企业等方式引导和培育了一批自主品牌的龙头企业，打造了具有国际竞争力的新能源汽车产业集群。深圳新能源汽车产业规模自2009年以来年均增幅高达100%。在2009—2012年新能源汽车示范推广期间，深圳市场投放的数千辆新能源汽车、整车及其核心零部件，基本上都由深圳本土企业提供。2013年10月1日，深圳市新能源汽车核心零部件产业技术创新联盟成立，致力于在新能源汽车企业与科研机构、高等学校之间，上下游产业之间建立有效运行的产学研合作新机制，实现联盟成员的共同发展。

2016年深圳新能源汽车产业总产值突破千亿元，在新能源汽车整车、三大关键零部件、配套充电设备、关键材料等领域不断涌现代表企业，还形成了较为完整的产业集群，进入了快速发展期。图3-1展示了2011—2016年深圳新能源汽车产业发展情况。

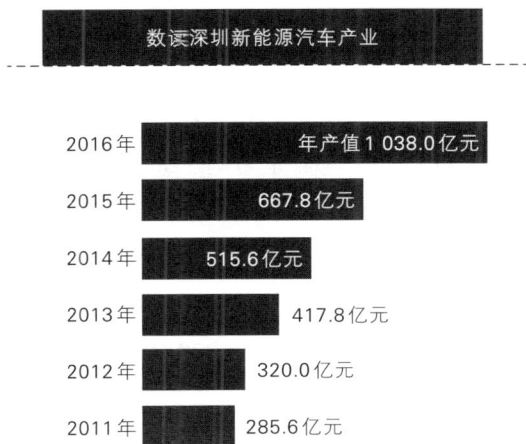

图3-1　2011—2016年深圳新能源汽车产业发展情况

在产业集聚的同时，深圳新能源汽车企业具备较强的自主创新能力。根据深圳市发改委的不完全统计，深圳市相关企业拥有新能源汽车专利超

11 778 项，其中发明专利超 350 项。在国家设立的 25 个新能源汽车专项创新工程中，比亚迪公司、五洲龙公司、沃特玛电池及比克电池等深圳企业占比达 16%，居全国之首。深圳的第一批新能源大巴充满电的续航里程最多只有 180 公里，目前续航里程已达到 250 公里，继续改进下去新能源汽车的性能会越来越接近普通燃油车。

政府与企业"唱双簧"，是支持地方产业发展的体现。深圳市不断完善配套扶持政策体系，通过从购买环节延伸至使用环节，解决基础设施存在的软肋问题；通过在停车、充电、检测等方面给予优惠补贴的方式，扩展新能源私家车补贴范围。例如，为了推动纯电动出租车运营，深圳相关政府部门给予了大力支持。深圳运营车牌照是出租车运营的最大成本，费用一般为 50 万~60 万元，有的拍卖价格甚至在 70 万~80 万元，而深圳市给予纯电动出租车免费上牌的优惠措施。深圳用地非常紧缺，深圳市政府在出台城市改造项目时，规定城市改造每 3 万平方米必须留有 700 平米以上充电设施用地，老旧区则按照不低于 10% 的比例加桩。为了鼓励社会资本积极投资充电设施，深圳出台了新的充电服务标准，从 2013 年的不低于每千瓦时 0.45 元提升到了 1 元。

此外，深圳以规划政策为先导，加大新能源汽车产业扶持力度，先后设立总规模 35 亿元的新能源产业专项资金与 21 亿元的示范推广扶持资金，建成快速充电站 81 座，慢速充电桩近 3 000 个，初步形成了覆盖全市的充电网络。深圳制定完善充电站（或充电桩）建设标准及配套政策，加快充电站等配套基础设施建设，基本已经形成满足新能源公交车运行需求的充电网络。深圳现已建成集中式的供电站 1 666 所、社会快速充电桩 2 365 个、慢充电桩 19 232 个，参与深圳充电桩建设的企业已经超过 32 家。政府这些助力举措为新能源汽车推广应用创造了有利条件。

与此同时，搭建新能源公交车应用服务平台。深圳依托福田交通枢纽、深圳市公交行业新能源汽车应用示范基地和侨城北深圳市电动出租车应用示范基地建设，完善公交行业新能源汽车应用服务平台，探索新能源公交及出租车先进运营模式。2010 年 5 月 1 日，深圳市首批电动出租车正式投入使用，所有车辆均采用纯电动车型，实现了零排放。

随着新能源汽车产业优势均放大，政策扶持力度也在加大。深圳不断加大新能源公交车辆投放的力度，继续发挥公交行业新能源汽车应用的示范引领作用，使深圳继续成为全球新能源汽车投放最多、运行效果最好、管理最规范的示范城市。深圳还不断完善购车补贴等优惠政策，重点在校车、公务车、警务车、单位班车中逐步推广电动汽车。

根据《深圳市新能源汽车产业基地"十二五"规划》，市政府在坪山新区建设新能源汽车产业基地。到2020年，产值达到800亿元，实现20万辆新能源汽车整车、60万套电动汽车动力总成的产能规模，使深圳成为全国乃至全球重要的新能源汽车整车与关键零部件研发、测试、制造中心之一。

在新能源电动车之外，深圳还在大力推广应用其他清洁能源汽车。例如，在道路客货运行业大力推广液化天然气（LNG）等清洁能源汽车。2015年，推广使用LNG货车1万辆。其中港口内拖车600辆，使用率达到50%以上；道路集装箱拖车及其他货运车辆9 400辆，使用率达到30%以上。与此同时，深圳出台了清洁能源车辆推广应用政策。研究出台LNG相关补贴政策，加大中央及地方财政支持力度，在车辆购置、使用、气站建设等环节给予一定补贴。研究简化加气站审批手续，完善LNG气价定价机制。

案例3-4 慢行交通系统——城市最后一公里解决方案

公交的快速和便利离不开慢行交通系统的支持。在交通规划专家的眼里，公交都市其实就是TOD+POD的城市，TOD（以公共交通为导向的开发，transit-oriented development）是轨道交通引领的城市，POD（以公用设施为导向的开发，public-oriented development）是有利于步行的城市。

"慢行交通系统"指的是为步行、自行车等慢速出行方式创造条件，引导居民采用"步行+公交""自行车+公交"的出行方式来缓解交通拥堵的现状，减少汽车尾气污染，从而营造舒适、安全、便捷、清洁、宁静的城市环境。

公交的发达，离不开步行交通、慢行交通的发达，因为公交与小汽车相比最大的问题是没有办法做到门到门。很多欧洲城市每个公交站点周边都打造了伸向社区楼宇的慢行通道，慢行交通的发达和延伸可以大大提高公共交通的竞争力。

1.他山之石，为我所用

城市慢行交通通常有两种方式：步行与自行车，这两种交通方式有相同之处。它们都主要承担终端距离出行和公交接驳；同时都具有休闲、健身功能。例如，人们会散步、会骑自行车健身等。但这两种交通方式对设施的需求是不一致的，应该结合城市交通发展目标，为它们在城市交通体系中找准功能定位。

世界城市交通问题处理得比较好的城市，如丹麦哥本哈根、中国香港、韩国首尔等，都重点改善了慢行交通系统。

（1）步行交通

从古至今，交通工具无论如何改变，其能够改变的就是速度，人类行走的需求与愿望却从未被取代。步行交通一直都是人们日常生活的重要内容。步行交通一般速度是每秒钟0.5~2.5米，最佳出行距离在1公里以内。一般市民可接受的步行距离为400~600米。

在步行可接受距离400~600米范围内，方便换乘城市公交系统，并提供宜人的步行环境，是城市交通发展目标的主要内容，这也是国内外城市交通发展的主要经验。

深圳市将步行交通确定为人们日常生活的重要组成部分，是城市公共交通系统的主要接驳方式。

（2）自行车交通

自行车交通优势出行距离在5千米以内。自行车交通具有门到门、经济适用、灵活方便、环保节能以及强身健体等一系列优点。

借鉴国内外城市发展经验，城市中自行车交通发展主要有三种模式：①香港模式，仅将自行车作为休闲、健身工具。②阿姆斯特丹模式，将自行车作为主要交通出行工具。③巴黎模式，即合理引导自行车发展，将自行车作为服务于短距离出行及与公交接驳的辅助交通工具。

深圳扬长避短，借鉴符合自身需求的巴黎模式，将自行车交通定位于主要服务中短距离出行，以及公交系统的辅助接驳方式，积极引导"公交+自行车"的绿色出行方式，让自行车交通承担一定的休闲与健身功能，满足人们骑自行车休闲、健身的需要。

2.慢行系统成为"绿色出行一揽子计划"中的一部分

深圳市在 2012 年 4 月 24 日提出的"完善慢行系统"让人眼前一亮——通过重新审视慢的一面，打造快城中的慢行系统，力图构建更完整的交通体系。

根据《深圳市发展公共自行车若干指导意见》《深圳市公共自行车运营模式方案》《深圳市轨道站点周边自行车接驳规划》，深圳在以站点为中心的 3 公里（15 分钟自行车行程）半径范围内，构建自行车接驳通道；以公交站点为基点构建慢行接驳网，在以站点为中心的 500 米（5 分钟步行行程）半径范围内，构建步行接驳通道。

深圳按照"连续成网、便捷接驳、互相分离、环境提升"的原则，推进慢行交通建设，构建连续通达、覆盖全市的步行和自行车通道网络；加强步行和自行车交通与轨道、地面公交等公共交通方式的衔接；合理分隔行人、自行车和机动车，以保障步行和自行车交通安全，营造出了具有吸引力与活力、富有特色的步行和自行车交通出行环境。

建立配套的自行车停车区，在轨道、公交站点和枢纽周边以及商业、办公、居住、旅游等地区，合理规划和建设自行车停车区域，提高公共交通与自行车交通接驳换乘的便捷性。由政府与企业共同推动，在轨道站点周边、商业区、旅游区试点推行自行车租赁系统。

重点完善轨道站、公交枢纽站周边的步行和自行车通道。在以轨道站点为中心的 500 米半径范围内，完善步行通道；在以轨道站点为中心的 3 公里半径范围内，完善自行车通道。完善行人过街设施。扩大过街信号灯和安全岛的设置范围，行人过街信号应保证充分的过街时间，适当延长地铁站点通道的开放时间，为夜间行人过街提供方便。

深圳加强了步行交通辅助设施建设。在人流量较大的地铁站出入口和人行天桥设置自动扶梯、直升电梯等设施；在人流集中的商业区、旅游区及长地铁通道内设置自动人行道；加强步行遮阴挡雨设施建设。在衔接地铁站出入口与重要人流吸引点的步行通道上建设连续的风雨连廊系统。

大力营造安全舒适的步行和自行车交通环境，中心城区主干路原则上采用护栏或绿化带等设施分隔机动车道与非机动车道，有条件的道路设置相对独立的人行道和自行车道；保证道路两侧人行道和自行车道的有效宽度、连续性和路面的平整性，改善步行和自行车交通的通行条件。

具体说来，就自行车专用道而言，深圳现已完成了新彩通道、国道107宝安段兴围、黄田掉头匝道桥工程，永安路、翔鸽路、丹荷路市政工程D、M匝道等项目，坂澜大道道路工程、蚝乡路（环镇路—中心路）市政工程、环观南路（平大—外环）、吉华路（坂田段）、葵坝路工程等专用道项目的建设也接近完成，总里程达32公里。目前深圳还在推进坪盐通道、东湖立交、五和大道新建工程、香蜜湖路—红荔路节点改造工程、S358惠庙线公明—黄江段道路市政设施工程、石岩外环路（爱群路—华宁路）工程、深华快速路、田贝—大水坑道路工程（龙观快速路北段）、观澜桂香路市政工程、龙岗区坂李大道（含冲之大道）道路工程、葵涌环城西路工程等16个项目，总里程达90多公里。在共享单车出现之前，深圳作为国家住建部推广公共自行车项目试点城市之一，就已在盐田、蛇口、龙岗建设了试点项目，共有服务网点161个，提供公共自行车5 250辆。

案例 3-5   管得高效、走得便捷的智慧交通系统

出门前打开网页查询一下，就可以直观看到城市任一角落的即时交通状况，避开拥堵路段轻松出行。停车前，对目的地停车场的停车状况了然于胸，直奔空地，再也不用担心找不着停车位。拥有这样的便捷生活是否会让你心动不已？深圳正在建设的智能交通系统让这种生活渐渐变为可能。

深圳市开发并运行了智慧交通系统，成立了智慧案件信息处置中心，建立了第一时间发现问题、第一时间处置问题、第一时间解决问题、第一时间评价问题的闭环式案件处理链条。交通运行指数实时发布。目前访问量达13万人次，日均4 000余人次通过该网站查询交通指数和路况信息。GPS监控系统接入车辆7.3万辆。全市交通运输车辆GPS监控系统已覆盖"两客一危"、出租车、重型货车。

1.深圳智慧交通体系

发展智能交通系统，深圳具备天时、地利、人和等诸多有利条件：

GPS（全球定位系统）、GIS（地理信息系统）、IC（智能卡）收费系统、公交自动查询系统、WiFi 覆盖轨道交通等已在深圳公交体系有了初步的应用，为进一步深化和成系统地发展打下了一定的基础；ITS（智能交通系统）的应用发展受到市政府的重视，并有了一个良好的发展前景；实行大交通管理体制，公共交通作为一个完整的体系归运输局管理，这为信息资源共享和一体化建设铺平了道路；毗邻香港，能够较迅速地获得国际最新的相关信息。有了以上这些有利条件，深圳交通的智能化步伐呈现出了加速态势。

深圳以综合交通运行指挥中心为主要载体，打造"智能公交平台、智能设施平台、智能物流平台、智能政务平台"，形成了"一个中心、四个平台（1+4）"的智能交通应用体系框架，初步形成了交通委信息平台、交警信息平台、规划局信息平台三大政府部门业务为基础的智能化的交通指挥中心。2000 年，深圳市交通指挥中心落成并投入使用。在指挥中心大厅建设了大型屏幕墙，应用了交通地理信息系统（GIS），GIS 系统所形成的深圳市道路交通电子地图可以完全显示在大屏幕上。指挥中心以深圳市交通电子地图为基础，实时显示路网通行状况、设备工作状态、警力布置情况及各类交通管理信息，并通过人工决策、计算机辅助决策与专家系统职能决策相结合，实现区域交通的协调控制及快速反应。

深圳智能交通体系的核心硬件系统包括：

*智能型交通流检测器：要实现交通管理的自动化、智能化，必须依赖于交通流量特征参数的自动获取，深圳市 ITS 采用了自行研制开发的 VD-4A 智能型环形线圈车辆检测器。该检测器应用微处理器、专用电子电路、环形线圈组，分时地对多通道行驶车辆的信号进行采集、处理，它不仅具有一般车辆检测器提供交通流量、占有率信息的功能，而且可对车长、车型、车速、行驶方向等参数进行精确判定，为 ITS 提供了理想的车辆检测手段。

*千兆以太网平台：智能的交通管理依托各类交通信息的实时采集、传输、交换及处理。经过不断的升级与改造，深圳市已建立了覆盖全市路网的交通信息与闭路监控传输网络，并在各交通管理职能部门之间建立了主干线 4G、各主要节点 2G 带宽的千兆以太网平台。在控制中心，采用磁

盘阵列建起了高可靠性的数据库，采用高性能的小型机处理各类交通管理业务，并应用集群技术实现对数据库的共享。

*区域交通控制系统：在ITS中，区域交通控制系统占据了重要的地位，深圳采用的是自行研制的STC区域交通控制系统。该系统实时采集路网（包括城市道路、郊区道路、城郊接合部、快速环路、快速路匝道、高速路匝道等）交通流数据（包括流量、占有率、拥挤度、车速等），根据交通控制核心演算法，制订智能决策控制方案，并对区域交通进行合理的协调控制。

STC区域交通控制系统利用交通控制经验模式、方案选择方式与实时计算相结合，依据交通数据（交通流及占有率）来改变交通控制方案。它的控制主导思想分战略控制和战术控制，战略控制是依据安装在路口处的探测器采集的数据，经过优化平滑之后，确定相应控制方案；战术控制是在每一个周期里，根据路口检测器的感应情况，调整各相位绿信比。为了保证系统控制的效果，周期和相位差控制方案在战术控制时保持不变，在战术控制中，根据延长或缩短的时间，同时进行周期修正控制。每个路口最大可进行5个相位状态的绿信比微调控制。整个控制系统将控制范围分为若干个子区，各个子区内部将按上述控制方案进行控制，当相邻的子区周期长度满足一定条件时，它们将自动连接起来，形成一个新的子区，使控制系统能够在更大范围内进行协调控制。

2.智能交通与大数据应用

在移动互联和大数据时代，深圳智能交通工作进行了综合交通的大数据采集、集成与分析、应用与发布，并构建了一套基于云环境的综合交通信息集成与服务系统。而这一系统的信息来源则包括各种车载的GPS、监控录像、手持设备、移动终端等，包括出租车等各类运营车辆的GPS都是这种大数据的采集终端。未来甚至各大运营商的手机都可以为深圳智能交通采集相应数据。

在智能交通的应用和发布方面，深圳成立了国内交通部门少见的专门从事智能交通工作的智能交通处。目前这些大数据应用于运行指挥、应急调度、运营监管、行业监测、组织优化等方面，同时其计算反映的结果还通过移动终端、电视终端、电脑终端等综合交通信息发布终端向社会进行公布。

深圳智能交通系统接入了民航、铁路、公路、水运、公交、轨道、出租车、深圳通等 14 类 75 项交通运输行业静态信息和动态运营信息数据，建立了全市综合交通运行数据资源中心。其中，包括公交、出租车、货运车、泥头车等近 10 万台营运车辆的实时动态 GPS 设备，以及广东省交通厅共享的 37 万台各类车辆的实时数据，共同组成了海量的实时动态交通数据资源库。

这一系统还整合接入了全市快速公路、关键交通节点、三级以上客运站、港口码头、口岸等重要场所 12 575 个视频监控信号。而这些数据汇聚后综合利用了腾讯云、中科院深圳先进技术研究院云等现有的巨型计算存储资源，建立了这套基于云环境的全市综合交通集成应用云数据中心。

目前，深圳智能交通系统已经实现对智慧交通、GPS 实时监测、视频联网监测、公交出租监测、设施养护管理、交通模式支持等功能，并对全市重要场站枢纽、通道等分场进行全面可视化监控，实时掌控运行状况。而在对这些交通数据进行采集分析后，深圳正在对全市道路网的运行状态进行量化评估，为交通改善提供数据支持。未来深圳智能交通系统有望接入三大电信运营商的移动终端 GPS 数据，以更准确地反映道路运行状态。在对一段时间数据的统计监测以及模型化分析后，未来系统甚至可以告诉用户哪段时间哪些路段会堵车。

深圳还建设了交通模型体系，启动了城市交通宏观、中观、微观模型体系构建工作，推出了"深圳市道路交通运行指数"，实现了道路全路网、主干网、交通小区交通畅通的定性描述和定量描述。深圳市城市交通仿真系统已完成原理样机的研制。交通仿真系统用模拟手段，再现真实的交通运行状况。研究人员在特区内设了 94 个数据采集点，整合了全市 3 000 多部出租车的动态运行数据。

目前采集的核心数据准确率可达 80%，未来将增加数据采集点和扩大动态数据采收集范围，最终覆盖全市。此外，这个仿真系统还能为政府交通决策提供技术支持。通过系统，可以了解某一道路、某一片区的车辆行驶特点，便于政府进行交通管理决策。在政府决策未来是否上马某条道路项目前，通过这个系统可科学地对建设可行性、建设期间周边交通如何协调做出决策。

3. "交通在手"说走就走

大数据带来的交通智能化，可以引导车流、减少拥堵；其带来的远程体验，可以减少市民位移的需求，降低整座城市的"流动性"，对节能减排也助益良多。

为方便市民出行，深圳向市民推出了综合交通信息服务项目"交通在手"，打造"一站式"手机交通信息服务平台。通过建立官方权威的公众出行信息服务门户网站"易行网"，汇聚整合海、陆、空、铁等各种交通基础数据，为公众提供一体化、一站式权威、专业、实时、便捷的出行信息服务。

易行网以"快乐出行，e行全程"为理念，以一个交通行业数据中心和七大服务板块为支撑。七大服务板块分别是：交通路况、公交出行、地铁出行、出租出行、铁路出行、公路出行、航空出行等。目前通过网站信息查询、信息订阅、广播电视节目、95000服务热线等方式，以互联网、大屏幕、移动电视等终端为载体，让市民在出行前与出行过程中享受全面的交通信息服务，同时为打造"低碳示范市"、"公交都市"和"出租车示范市"，建设智能化交通城市注入了新的推力。

深圳实现了全区域交通综合信息互联互通，通过互联网、广播、移动通信实时发布道路通行状况，高效利用现有交通设施，达到交通需求和交通供应在不同阶段、不同层次上的适度平衡。加强公共交通信息服务，实时采集轨道交通和地面交通运行信息和客流数据，实现轨道交通和地面公交换乘信息发布，提高公共交通运营效率。整合静态、动态交通数据，拓展交通指挥调度、事故应急处理系统功能，提高交通指挥协调能力和交通智能诱导能力，提升交通管理水平。积极筹建车联网试验基地，研究出台相关标准，实现产品的产业化。

3.2　城市绿肺和慢生活

让我们生活的城市绿起来，让一砖一瓦生绿意，让绿色生活走入千家万户；让城市温度降下来，在热土上搭建一片清凉世界；让人们的步伐慢下来，有空闲放松身心。这些都是可以做到的，深圳有可以复制的成功案例。

漫步深圳大街小巷，满城叶绿花香，处处是风景。城市绿化空间不断拓展，生态细胞不停地染绿整座城市。深圳森林覆盖率超过40%，自然保护区占全市土地面积14%，种植了5万亩生态景观林带，建成区的绿化覆盖率达到45%。深圳被誉为"公园之城"，大小公园总数近千个，人均公园绿地面积16.8平方米，相当于每人拥有一个绿色大客厅。"十二五"期间，深圳建成了2 400公里绿道，为市民提供了绿色出行、休闲游憩的绿色宽敞空间（见图3-2）。

图3-2　深圳福田中心区

资料来源：深圳档案馆。

城市繁华热闹，道路四通八达，高楼鳞次栉比，也带来了一个伴生的环境问题，即热岛效应。这是人们改变城市地表而引起小气候变化的综合现象，具体是指城市中的气温明显高于外围郊区，就像突出海面的岛屿的情况。

　　城市热岛效应主要是由城市人口集中、工业发达、交通拥塞、大气污染严重导致的，特别是城市中的建筑大多由石头和混凝土建成，它们的热容量低，热传导率高，加上建筑物本身对风的阻挡或减弱作用，可使城市年平均气温比郊区高2℃。

　　相关资料显示，日本东京和韩国首尔的城市中心区比外围郊区的平均温度分别高2.2℃和3.4℃。城市居民为了有效降低城市建筑物的室内气温，营造凉爽宜人的人居环境，需要广泛使用空调、电扇等电器，而这些都需要消耗大量的电力，从而增加了城市的建筑物能耗。据统计，2012年美国1/6的电力消费用于降温，为此每年需付电费400亿美元。

　　为了最大限度地弱化城市热岛效应，深圳市主要从城市空间规划入手，采用组团式结构，而在更微观层面，则更重视建设城市生态基础设施。

　　在城市空间规划中，通过组团式结构，增加绿化面积、水体面积，可以有效减轻热岛效应。当城市绿化覆盖率达到40%时，热岛效应明显缓解，如果这个数字达到60%，就可以达到与郊区基本一致的局部温度。这主要是由于绿地通过植被的蒸腾作用与遮蔽，可以降低城市地面与空气的温度，形成较为明显的城市"冷岛"效应，同时绿地与外部温差可以使这种"冷岛"效应辐射到一定的范围。

　　深圳在城市规划和建设中摒弃传统的集中式、带式、放射式、星座式等城市空间结构，依托连绵起伏、自成系统的山水体系，逐步建成了以中心城区为核心，以西、中、东三条发展轴和南、北两条发展带为基本骨架的"三轴两带多中心"网络组团式城市空间结构。这种城市空间结构强调每个组团都是设施齐全、功能完善的独立空间单元，是一种低碳高效的空间组织方式，也是一种紧凑集约与自然生态交融的空间发展模式。城市空间结构的优化，能够使城市发展的规模效应、集聚效应、辐射效应和联动效应达到最大化，从而为城市绿色低碳发展奠定了基础。

　　组团式城市空间布局让绿地与城市形成间隔分布，能够使更多的人在生活和工作中享受它的降温效果。深圳的组团式城市空间结构显著降低了热岛效应，相比一般大城市热岛效应削减40%以上，有效减少了建筑制冷能耗。根据深圳市国家气候观象台在全国首次发布的《深圳城市热岛监测公报》，2013年深圳城市热岛强度为0.81℃，与2012年0.93℃相比有所降低。宝安和大鹏等东西沿海地区以及植被覆盖良好的羊台山、清林径等地区，热岛强度明显偏低。

案例3-6　　通过城市空间布局和城市廊道解决热岛效应

深圳经过30多年发展形成的网络组团式空间结构，由两个以上相对独立的主体团块和若干个基本团块组成，城市用地被分隔成几个有一定规模的分区团块，各个团块有各自的中心和道路系统，团块之间有一定的空间距离，通过高快速交通和轨道交通联系组成一个城市实体。这种网络组团式城市空间结构推动了城市低碳发展。

1.城市廊道自然通风，有效疏解空气污染

在无风、扩散条件差的不利气象条件下，空气污染物容易在城市堆积，严重影响城市中心区的人居环境。城市通风廊道能够利用风的流体特性，将市郊新鲜洁净的空气导入城市，市区内的原空气与新鲜空气经湿热混合之后，在风压的作用下导出市区，从而有效加快城市内外空气循环、促进污染物稀释扩散。

城市通风廊道并不是由城市自发形成的，而是在城市规划中先行考虑、在城市建设中逐步落实的结果。实际上，国内很多城市在规划设计中都有预留城市通风廊道的考虑。例如，20世纪90年代北京的城市规划中，四环至五环区域为连贯的绿化隔离地区，但是由于城市的快速扩张，特别是城市中心区土地价格的快速上升，原有的保留用地绝大多数都被更改土地性质、转作他用。为有效控制北京的雾霾污染，利用自然空气流动增强通风潜力，北京城市规划设计部门想要把"等风来"变为"引风来"，提出了建立"植物园—昆明湖—昆玉河—玉渊潭"等6条主要通风廊道的设想，通过对主通风廊道沿线区域严格规划控制，打通障碍节点，以提升环境品质并减少污染物排放。虽然北京计划在最新修订版的城市总体规划中以专门章节阐述城市通风廊道的内容，但是"摊大饼式"的城市空间结构决定了规划中的通风廊道绝大多数已经是城市建成区，事后进行"大拆大建"将意味着极为高昂的建设成本。

城市通风廊道与盛行风向越一致，城市气候调节效果就越好。深圳在规划建设的过程中，一开始就全面评估城市可利用的风环流系统。深圳夏季的主导风向以东南季风为主，冬季以东北季风为主，因此深圳进行城市组团式空间结构设计时，在盛行风向上保留和建设大量的绿地，形成一定数量东南或西北方向的"绿色风廊"，将南海和珠三角地区的清新空气引入城市建成区，以缓解空气污染问题。

此外，由于在静风的夜晚，温度低、密度高的空气会从地形高的地方向下流动，深圳对这种重力引发的空气流动高度重视，依托山势和生态廊道建设，将大量的绿化用地集中布局在较高的坡地上，用它们提供的清洁冷空气取代那些低水平面城市建成区上空的气体，用无障碍的绿化走廊连接冷空气源和高密度建成区。

2. 降低城市热岛效应，削减城市建筑能耗

深圳的组团式城市空间结构，完全适应了亚热带海洋性气候特点，显著降低了城市的热岛效应，较一般大城市的热岛效应削减40%以上，有效减少了建筑制冷能耗。

与全国其他城市一样，深圳较早开始推进节能建筑全覆盖。2001年，深圳开始启动建筑节能工作。2006年发布实施国内首部建筑节能地方性法规《深圳经济特区建筑节能条例》后，新建建筑达到建筑节能标准要求的达标率从过去的不到10%，迅速提高到现在的100%，强制推行建筑节能，对新建民用建筑实行节能专项验收，确保所有新建民用建筑都符合节能标准。截至2013年11月，全市新建的节能建筑面积已达7 807万平方米，每年可减排二氧化碳76万吨。

深圳还提高了建筑节能的要求。[1]2008年后，深圳市政府出台了《深

---

① 节能建筑和绿色建筑从内容、形式到评价指标均不一样。具体来说，节能建筑符合建筑节能设计标准这一单项要求即可，而绿色建筑涉及六大方面，涵盖节能、节地、节水、节材、室内环境和物业管理。在我国，节能建筑执行节能标准是强制性的，如果违反则面对相应的处罚；绿色建筑目前在国内是引导性质，鼓励开发商和业主在达到节能标准的前提下做诸如室内环境、中水回收等项目。

圳生态文明建设行动纲领（2008—2010）》及《关于打造绿色建筑之都的行动方案》等9个配套文件，第一次以市政府文件形式，提出了"打造绿色建筑之都"的目标，把绿色建筑上升到城市建设发展战略的高度。市政府提出自2010年起所有新建保障性住房一律按照绿色建筑标准建设，2013年《深圳市绿色建筑促进办法》的要求大大提高，分三个层面：一是所有新建民用建筑，应当依照本办法规定进行规划、建设和运营，遵守国家和深圳市绿色建筑的技术标准和技术规范，至少达到绿色建筑评价标识国家一星级或者深圳市铜级的要求；二是鼓励大型公共建筑和标志性建筑按照绿色建筑评价标识国家二星级以上或者深圳市金级以上标准进行规划、建设和运营；三是鼓励其他建筑按照绿色建筑标准进行规划、建设和运营。

截至2013年11月，深圳已有绿色建筑项目83个，总投资650亿元，成为目前国内绿色建筑建设规模最大的城市之一，全市已建成和在建的绿色建筑面积达1 500万平方米（见图3-3），每年可减排二氧化碳23万吨。其中，15个项目以国家绿色建筑评价标识三星级标准建设。有32个项目通过绿色建筑设计认证，3个项目通过绿色建筑建成后认证。建科大楼、华侨城体育中心荣获2011年全国绿色建筑创新奖一等奖，占了当年获全国一等奖项目的一半。

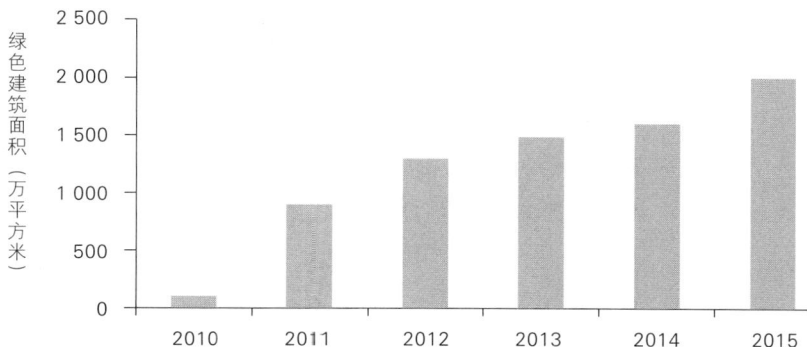

图3-3 深圳市历年绿色建筑面积

目前，深圳的绿色建筑从单体项目向小区项目并进一步向绿色城区延伸。全市已建立6个绿色城区，制定并落实了相应的建设标准和评价指标。其中，光明新区为部市共建的国家绿色建筑示范区，南方科技大学、深圳大学新校区为部市共建的绿色生态校区，龙华二线扩展区保障性住房、桃源绿色生态新城为绿色居住区，华侨城欢乐海岸为绿色景区。

3.解决存量建筑的节能问题

在遏制增量建筑能耗上升的同时，深圳也很早开始着手解决存量建筑的节能问题。

对全市民用建筑能耗统计、公共建筑能源审计及研究的结果表明，深圳市居民及第三产业能耗（基本上为建筑能耗）约占全社会能耗的20%~40%。

2009年，深圳市完成了大型公建动态能耗监测平台首期试点工程，对全市18 476栋居住建筑和中小型公共建筑以及450栋国家机关办公建筑和大型公共建筑进行了能耗统计，开始全面启动既有建筑节能改造工作，颁布实施了《深圳市既有建筑节能改造实施方案》，将既有建筑节能改造纳入政府年度投资计划，确立首批改造试点项目，包括市民中心、市委办公楼等重点单位。

到2014年，全市民用建筑总面积约为5.82亿平方米，约49万栋，其中公共建筑面积近1.23亿平方米（约占21%），约6.4万栋。公共建筑中符合国家机关办公和大型公共建筑条件的近1 800栋，有关部门组织深圳市建科院对其中的750栋典型建筑作了能源审计，其平均电耗为137.2度/平方米。民用建筑能耗统计显示，全市居住建筑平均电耗指标是24.9度/平方米，可见大型公建平均电耗指标是居住建筑的5.6倍，节能潜力巨大，既有公共建筑节能改造是深圳建设领域实现节能减排任务的突破口（见图3-4）。

一是优先选择能耗高、见效快的项目。既有公共建筑能耗影响因素复杂多样，不同建筑节能潜力差异较大，节能改造对象不同，其节能改造的工作量以及所带来的节能效益也不相同，因此，深圳市既有公共建筑节能改造应优先选取能耗水平高、改造见效快的建筑和系统进行改造。在市容环境提升行动以及

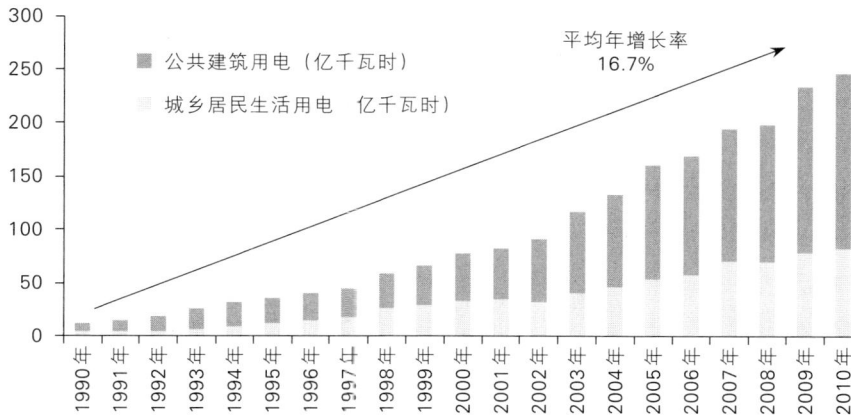

图3-4 公共建筑与城乡居民生活用电情况

城市更新过程中，通过广泛采用隔热、防水、遮阳等措施，同时推进节能改造。重点加强老旧住宅小区的既有建筑改造与环境整治、城中村的治理、老旧工业区的房屋改造与产业转型，以消除安全隐患，营造宜居生活环境，提升既有建筑的使用功能和城市风貌，达到国际化先进城市的发展要求。

二是优先选择技术可靠、可操作性强的项目。既有公共建筑用能系统复杂，形式多样，现场可施工条件差异大，实施节能改造的难度也差别不一，因此，在确定改造对象时，宜优先考虑技术可靠性、可操作性强的建筑。此外，因建筑产权不一、业主节能认知程度等的差异，不同建筑业主对既有建筑节能改造的意愿程度有较大的差别。在协商沟通的基础上，优先选择产权单一、建筑业主节能改造意愿强烈的建筑进行节能改造。

三是优先发挥政府项目的示范带动作用。优先选择政府办公建筑、文化教育建筑、医疗卫生建筑等政府投资类建筑，以这些既改示范项目为主要载体，通过其节能改造树立典型和示范标杆，以此引起社会公众更多的关注，彰显建筑节能改造工作中政府部门的带头引导、典型示范的宣传功效。据了解，在政府节能计划前期部分单位的试点工作中，节能效果十分明显。市政府所辖印刷厂原未每月用水花费8 000元，试点后每月花费不到1 000元。机关事务管理局在原办公楼每月用电费用达6万元，进行试点后每月用电开销控制在4万元左右。据估计，在具体节能计划全面实施后，政府办公场所整体能源消耗每月可以下降20%~30%。以市民中心为例，市民中心共有7个变电站，17台变压器，基本电费为65万元/月。计划实施后，确定只使用9台变压器，节约基本电费可达31万元/月。

根据上述三条原则，从已统计、审计、监测建筑中优先选择单位面积节能率高、建筑总节能量大的建筑及业主有改造意愿、具有典型示范效应、产权单一、可操作性强的建筑作为节能改造对象。"十二五"期间，完成既有建筑节能或绿色改造总建筑面积不低于700万平方米，推广家用节能空调50万台。到2013年，全市完成既有建筑节能改造项目197个，涉及建筑面积707万平方米，均为高能耗公共建筑和商业建筑，其中包括29个大运会场馆绿色节能改造项目，以及招商地产三洋厂房等一批具有全国影响力的绿色改造示范项目。图3-5显示了国内主要城市建成区面积与通勤时间对比。

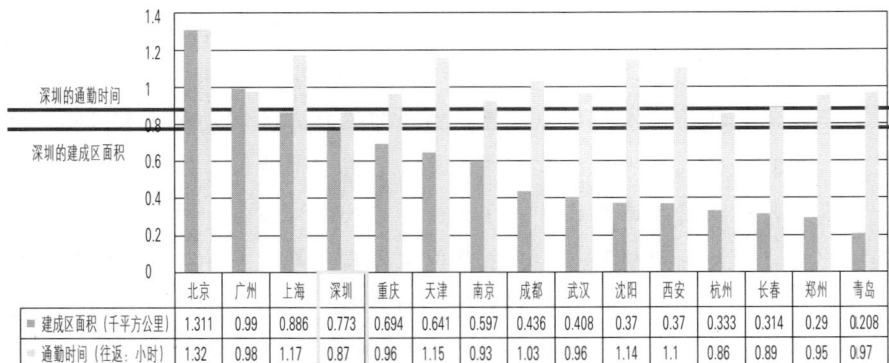

	北京	广州	上海	深圳	重庆	天津	南京	成都	武汉	沈阳	西安	杭州	长春	郑州	青岛
■ 建成区面积(千平方公里)	1.311	0.99	0.886	0.773	0.694	0.641	0.597	0.436	0.408	0.37	0.37	0.333	0.314	0.29	0.208
■ 通勤时间(往返：小时)	1.32	0.98	1.17	0.87	0.96	1.15	0.93	1.03	0.96	1.14	1.1	0.86	0.89	0.95	0.97

图3-5　国内主要城市建成区面积与通勤时间对比图[①]

阅读资料3-2　城市组团有效降低"钟摆式"交通引发的高碳排放

绿色交通系统是城市社会、经济和物质结构的重要组成部分，也是建设低碳城市的重要支撑，对实现交通和谐、减少环境污染、促进节能减

---

① 图片来源：深圳国际低碳城展板。

排、发展绿色经济具有重要意义。城市用地及其上的活动对城市交通具有深刻的影响，通过协调土地与交通，保证城市交通与其他活动之间的互相促进、共同发展，能够有效减少城市的交通碳排放。相关研究表明，单一发展单元上的用地种类越丰富，城市功能结构越完善，居民出行的碳排放水平越低。我国多数城市是在市中心基础上发展起来的，城市空间结构不合理，特别是工作地与居住地分离，导致无效的交通需求过多，形成巨大的"钟摆式"城市交通流量，使交通拥堵成为国内特大城市常态。组团式城市空间结构可以推进各城市团块的基本公共服务均衡化，促进工作地和居住地混合布局，同时围绕各个城市功能组团形成商业购物、餐饮娱乐、卫生医疗、教育文化、家政养老等混合功能区，在团块间用大运量轨道交通连接，让全体市民更均衡地享受"发展红利"，从而减少不必要的交通出行。

深圳组团式城市空间结构在以下两个方面为构建低碳城市交通体系发挥了积极的作用：一方面强化功能混合的组团化空间结构，实现团块内部最大限度的自我平衡，减少跨团块长距离通勤。深圳规划建设福田-罗湖、盐田等多个城市功能团块，在深圳湾园区、宝龙园区、出口加工区等重点产业片区推进配套住房建设和保障性住房建设，加快光明、坪山等城市新区居住用地、工业用地的供给，促进团块内居住与就业的平衡。在福田、前海、龙华、布吉、机场等重要交通枢纽地区建设大型综合体，在福田中心区、华强北商业区、宝安中心区、前海等地区建设地下商业街区，形成整片人行网络。以深圳天安数码城为例，从1999年到2012年，园区由单一的工业园区逐步转型成为具有办公、居住、商业等复合功能的片区，园区内工业、研发等产业用房面积的比例从91%下降至60%，居住和商业面积由9%上升到40%，在片区内有效实现了工作、居住与生活的平衡。同时团块间以大运量公共交通为主要方式，以TOD模式推动城市功能调整和团块结构的优化。在南山商业文化中心区、后海中心区、前海地区、宝安中心区、光明中心区、坪山火车站等周边区域开展TOD模式开发研究和试点建设，使城市片区容积率与轨道交通网络布局相衔接、相适应。

阅读资料3-3   深圳组团式城市空间布局的来龙去脉

深圳城市规划有三个重要时间节点。1986年版《深圳经济特区总体规划》，最早提出了打造富有带状弹性城市团块的基本构想。1996年版《深圳市城市总体规划》，推动深圳初步形成了以原特区为核心，以西、中、东三条发展轴和南、北两条发展带为基本骨架，梯度推进的组团式集合布局结构。在2010年版《深圳城市总体规划》的指引下，深圳在城市经济结构不断调整和城市功能不断完善的过程中，基本建成了以中心城区为核心，以西、中、东三条发展轴和南、北两条发展带为基本骨架的"三轴两带多中心"网络组团式城市空间结构。

这种带状组团式空间结构，依托连绵起伏、自成系统的山水体系，保存了自然地形地貌，为城市留下了通风道和生态廊道，而且形成了背靠青山、面向大海的景观格局。因为其十分契合深圳亚热带海洋气候特点，相比其他同等规模的大城市，热岛效应降低了40%以上，显著削减了建筑制冷能耗。

不仅如此，这一组团式空间规划强调产城融合，每个团块都是设施齐全、功能相对完善的独立空间单元，城市居民的就业、居住、生活、交通等需求基本能够在团块内被满足，大大减少了长途跋涉的通勤之苦，而且团块之间通过快速巴士和轨道交通联系，既降低了能耗，也提高了效率。

1980年建市时的深圳，犹如一张白纸，可以画出最新、最美的图画。深圳基本上是一座按照规划建设起来的城市，城市规划由点状向"结构有序、功能互补、整体优化、共建共享"的组团式城市空间发展，先后获得联合国环境署、联合国人居署、国际建协等机构颁发的"环境保护全球500佳""人居荣誉奖""艾伯克伦比城市规划奖"等诸多国际性荣誉。

1.面向香港的"三点一线"

深圳城市发展起步阶段有两个比较重要的规划，一个是《深圳城市建设总体规划（1980）》，另一个是《深圳经济特区社会经济发展规划大纲（1982）》。这两个规划根据深圳紧临香港的地理特点，实施的是"据点式"开发策略。首先确定初期依托蛇口、沙头角、罗湖三个点，开展城市建设，创造投资环境，通过对内和对外交通的发展，在"三个据点"之间形成交通性触角,促进"三点一线"城市空间结构的形成。蛇口工业区建成面积约2平方公里,依托与香港隔海相望的优势,形成一个海滨工业卫星城市。沙头角利用与香港陆路相连的地理优势,进行来料加工,形成一定规模的建成区。罗湖依托旧城引进外资,形成城市发展的内核。

2.院士操刀的"带状"城市

蛇口、沙头角、罗湖经过几年的发展,经济增长势头强劲,在1986年已经初具规模,但是原有规划已不能适应城市新的空间发展需求。两院院士周干峙根据西班牙工程师马塔1882年提出的"带状城市"理论,主持编写了《深圳经济特区总体规划》(1986—2000),简称《86总规》,提出依托城市的主干道深南大道向东西展开城市功能,形成带状发展的空间结构。

这是一个在深圳城市空间发展上具有里程碑意义的规划,首次将深圳按照特大城市进行规划,冠前安排了用地和基础设施。顺应深圳依山面海的地形,结合口岸和建设启动点,规划了沙头角–盐田、罗湖–上步、福田、华侨城、南头–蛇口五个功能相对独立的团块,团块之间通过绿化带隔开,由三条东西向干道串联,形成延续至今富有弹性的空间组团格局,适应了人口和用地规模大大超过规划预测情况下的城市正常运转需求。

这个规划将福田规划为新的城市中心区,并对土地进行提前预留和控制。此外,还力排众议前瞻性地将深圳机场选址在特区外的宝安福永而不是深圳湾,港口安排在东部盐田,拉开城市发展的骨架,为深圳成长为超大型城市奠定了空间基础。在《86总规》的指引下,深圳快速发展,罗湖、福田、南山基本已经连成一片,东西轴线逐步形成,在整体空间上形成既紧密联系又相对独立的组团结构。

3.覆盖全市的"圈层组团"

1992年原宝安县建制撤销,设立龙岗、宝安两区,并归入市区,两区城镇建设与特区内城市建设的联系更加紧密,也使特区城市发展的空间结构发生了重大变化,城市空间轴向选择更多。特区内城市发展主要表现为罗湖–上步、福田、华侨城、南头–蛇口组团的充实调整,特区外城镇在利益驱动下快速自发地发展，沙井、布吉、西乡等地也逐步形成多个扩展迅速的新增长中心。新的发展又催生了新的发展规划——《深圳市城市总体规划（1996—2010）》（简称《96总规》）。

《96总规》是第一个由国务院审批的深圳总体规划，首次将城市观划的视野覆盖全市域范围，统一规划用地和基础设施，使深圳成为全国最早实现城乡统筹和一体化规划的城市。这个规划在《86总规》特区内带状组团的空间组织模式的基础上，沿西、中、东三条发展轴安排功能组团，将组团结构布局应用到全市范围，各团块间以自然山体、水源保护区、绿化带等隔离，形成了以特区为中心、西中东三条放射线轴为骨架，三级圈层梯度发展的功能性组团式集合布局结构。

在城市生态方面，深圳建设了绿带、绿廊、绿地三个层次的城市生态基础设施，发挥生态空间在维系自然循环过程、提高市民生活质量中不可或缺的重要作用。

连续林地可以保护栖息地中的各种动物、植物；河流、沿岸湿地及林地对各种水生生物，尤其是本地鱼类、两栖类及爬行类动物具有重要保护作用；公园及绿地可以为鸟类提供栖息环境和迁徙中转站。

由武警严守、用双层铁丝网封闭的红树林是世界上唯一位于市中心区的国家级自然保护区，在一块差不多和华强北商业区一样大小的土地上，飞翔着79种以上的水禽、55种以上的陆鸟，栖居着66种以上的甲壳和软体动物，游弋着11种以上的海鱼。

梧桐山国家森林公园横跨三区，是国内少有的邻近市区，以滨海、山地和自然植被为景观主体的城市郊野型自然风景区，区内野生动植物种类繁多，拥有蟒蛇、穿山甲等国家一级、二级保护动物19种，以及桫椤、土沉香等珍稀濒危国家重点保护植物。

河流湿地可以减少周边环境的污染物，保持水质，增强水体容蓄能力和自净能力。深圳利用坪山河原有的地形地貌，规划建设国内最大的聚龙山湿地公园。绿地等生态基础设施可以在净化空气、减少交通污染方面发挥积极作用。

深圳开展覆盖全市2 000平方公里的"区域–城市–社区"三级绿道系

统建设时，提出无论市民居住在哪个区，出门只要步行5分钟就可以踏上绿道的目标。深圳在各团块之间预留400~800米的绿化隔离带，城市主次干道一律预留10~50米绿化带，作为城市的"肺叶"，形成完整的城市绿化骨架和道路绿化网络，成为30多年来深圳城市绿化的基本框架。深圳中心公园是利用华强北商圈和福田中心区团块间的"800米绿化带"改造而成的，南北长约2.5公里，占地面积为141.62公顷，是与纽约的中央公园和伦敦的海德公园类似、位于城市中心的休闲绿地和闹市中的风景走廊。

深圳拥有依山傍海的天然景观和就山造绿的环境优势，建设国际性滨海花园城市和低碳生态城市的条件得天独厚。为进一步改善城市面貌和人居环境，积极应对高速城市化进程中愈发凸显的生态与环境问题，深圳在全国率先划定了基本生态控制线，逐步构建"林在城中、人在绿中"的生态格局。

深圳基本生态控制线主要参考了联合国环境规划署提出的生态城市绿地覆盖率应达到50%、居民人均绿地面积90平方米的指标，同时综合考虑香港建成区外围非城市建设用地占城市总面积的83.3%，北京、上海规划建成区外围非城市建设用地占城市总面积的比例分别为93.2%和76.3%，新加坡全国绿地率高达58.7%的建设情况综合确定。

基本生态控制线主要包括：一级水源保护区、风景名胜区、自然保护区、集中成片的基本农田保护区、森林及郊野公园；坡度大于25%的山地、林地以及特区内海拔超过50米、特区外海拔超过80米的高地；主干河流、水库及湿地；维护生态系统完整性的生态廊道和绿地；岛屿和具有生态保护价值的海滨陆域；其他需要进行基本生态控制的区域。根据上述标准，最终划定在深圳市1 952.8平方公里的陆地中，基本生态控制线占974平方公里土地，约占全市陆地总面积的一半。

深圳市基本生态控制线内的区域划定为"禁建区+限建区"。禁建区是城市基本生态控制线范围内具有重大生态价值，非经特殊许可不得建设的区域，面积约860平方公里，占全市土地总面积的44.03%。禁建区内采取最严格的土地保护管理措施，保证基本农田与优质林地不受侵占。对禁

建区内不符合基本生态控制线管理相关法规的所有现有建筑，拆除清退并
进行永久性复绿。限建区指基本生态控制线范围内除禁建区外的所有区
域，面积约114平方公里，占全市土地总面积的5.84%。限建区内不符合
基本生态控制线管理法规的现有建设用地，逐步清退并按要求进行复绿。
深圳市从2005年底起运用卫星遥感手段，每季度一次对基本生态控制线
内的建设情况进行遥感监测，同时将相关监测结果上报市政府，同时送各
区政府进行查处。

3.3　会呼吸的建筑和生态空间

20世纪70年代，太阳能、地热、风能等一些建筑节能技术应运而生，
节能建筑成为建筑发展的先导。随后，"可持续发展"理念逐渐得到重
视，节能建筑在德、英、法、加拿大等发达国家被广泛应用。全国率先进
行绿色建筑全覆盖的城市是怎样做的？

"绿色建筑"的"绿色"，并不是指一般意义上的立体绿化、屋顶花
园，而是指建筑对环境无害，能充分利用环境中的自然资源，并且在不破
坏环境基本生态平衡条件下建造的一种建筑，又可称为可持续发展建筑、
生态建筑、回归大自然建筑、节能环保建筑等。2011年，《绿色建筑评价
标准》给绿色建筑所下的定义是，在建筑的全寿命周期内，最大限度地节
约资源，节能、节地、节水、节材、保护环境和减少污染，提供健康适
用、高效使用、与自然和谐共生的建筑。

世界绿色建筑的发展走过了一个较漫长的过程。早在20世纪60年
代，美国建筑师保罗·索勒瑞就提出了生态建筑的理念。70年代，受石
油危机的影响，太阳能、地热、风能等一些建筑节能技术应运而生，节能
建筑成为建筑发展的先导。90年代，美国提出了第一个绿色建筑标准认
证体系——LEED标准，之后逐渐得到完善，在这个认证体系中，绿色建
筑的内容包括可持续发展建筑的位置、水的使用效率、能源与环境、材料
与资源、室内空气质量以及设计上的创新。

自古以来，中国就提倡和谐共生的生态理念。随着我国城镇化发展和

建设的加快，迫切需要绿色建筑标准来减少建筑领域的资源消耗。2006年，建设部正式颁布了《绿色建筑评价标准》。2007 年 8 月，建设部又出台了《绿色建筑评价技术细则（试行）》和《绿色建筑评价标识管理办法》，逐步完善适合中国国情的绿色建筑评价体系。

2010 年，我国城镇化率已超过 51%，既有建筑总面积逾 440 亿平方米，每年新增建筑面积约 20 亿平方米，全世界新建建筑面积总量的一半在中国。随着城镇化的大规模推进，建筑产业高消耗、高投入、低收益的问题日益突出，如建筑用水约占可饮用水资源的 80%，建筑及附属设施的水泥消耗量约占全球消耗量的 40%，成品钢材消耗量占全球消耗量的 20% 以上，建筑废弃物占社会垃圾总量的 45%。发展绿色建筑，是推进我国资源节约型、环境友好型社会建设，转变我国城镇发展模式的战略选择。

深圳是率先探索本地化绿色建筑标准的城市之一。由于各地的气候条件不同，绿色建筑标准在实施时存在一定的地区差异。早在 2009 年，深圳就根据本地的气候特点，制定了第一个适用于自身的《绿色建筑评价规范》。"十二五"期间，深圳在绿色建筑领域实现了从探索到全面发展的转变。2011 年，深圳国际低碳城在规划时提出了一些约束性指标，其中一项是新增建筑必须达到 100% 绿色建筑标准，成为深圳绿色建筑建设的又一个示范窗口。2013 年，深圳出台了国内首部促进绿色建筑全面发展的政府规章——《深圳市绿色建筑促进办法》，在全国率先要求所有新建民用建筑 100% 执行绿色建筑标准。

深圳绿色建筑从最初的以建筑节能为主，在建筑节材、节水、节地、环保和室内环境检测等专项领域的探索起步和突破，快速过渡到以绿色建筑示范项目为先导，以绿色建筑单体、绿色园区、绿色城市为主线，从点到线，从线到面全面推进阶段。

不同类型绿色建筑的先进代表在深圳不断涌现。位于深圳龙华新区的龙悦居是全国首个三星级的绿色保障性住房，建科大楼、华侨城体育中心、南海意库 3 个项目获全国绿色创新奖一等奖；坪山雷柏工业厂房项目实现深圳绿色建筑在工业建筑领域"零的突破"，获得国家二星级绿色建

筑评价标识；美丽壮观的深圳机场新航站楼是全国最大的绿色空港，向世
界展示了深圳低碳绿色的创新发展。

案例 3-7   **深圳绿色建筑的探索与实践**

2012 年 3 月，时任国家住房和城乡建设部副部长、中国城市科学研究
会理事长的仇保兴将中国首个绿色建筑实践奖——"城市科学奖"颁发给
深圳市，对深圳在推进城市绿色建筑上的探索和成就给予充分肯定。

1. 从制度创新入手

深圳最早受到人口、水资源、土地和环境约束的困扰，为实现城市的
可持续发展，按照中央关于经济特区要率先建成资源节约型、环境友好型
社会的总要求，深圳市委市政府、市人大先后推出了一系列有利于绿色建
筑发展的法规和政策措施。

这些法规和政策主要包括：《深圳经济特区建筑节能条例》（2006
年）、《深圳建筑节能"十一五"规划》（2007 年）、《深圳市实施生态文明
建设行动纲领》及《打造绿色建筑之都行动方案》（2008 年）、《深圳市建
筑废弃物减排与利用条例》（2009 年）、《深圳市预拌混凝土和预拌砂浆管
理规定》（2009 年）、《深圳市开展可再生能源建筑应用实施太阳能屋顶计
划工作方案》（2010 年）、《深圳建筑节能和绿色建筑"十二五"规划》
（2011 年）、《关于进一步加强建筑废弃物减排与利用工作的通知》（2012
年）、《深圳市绿色建筑促进办法》（2013 年）等。

2013 年，深圳在城市建设领域掀起新一轮改革，绿色建筑实现跨越式发
展。2013 年 7 月 19 日，《深圳市绿色建筑促进办法》（以下简称《办法》）
颁布实施，这是国内首部要求新建建筑 100%执行绿色建筑标准的政府法规，
为绿色建筑规模化发展提供了法制保障。《办法》以强制性促进、引导性促
进、激励性促进作为推动深圳绿色建筑发展的主要措施，标志着深圳绿色建
筑全面、规模化发展步入法治化发展的快车道。《办法》实施后，与 2006 年
实施的《深圳经济特区建筑节能条例》以及 2009 年实施的《深圳市建筑废
弃物减排与利用条例》和《深圳市预拌混凝土和预拌砂浆管理规定》一起构
成国内城市中较为完备的绿色建筑、建筑节能相关法规政策体系，为深圳实
现建筑节能与绿色建筑的全面发展提供了强有力的法律保障。

这些政策措施可以归纳为"建立四项机制，实施六大政策"。

（1）四项机制

决策机制。市政府设立推行建筑节能发展绿色建筑联席会议制度。该联席会议是市政府发展绿色建筑的决策机构。由市政府主管城市规划、建设的副市长任会议第一召集人，市住房和建设局局长为第二召集人。会议成员包括发改委、财政、规划、国土、人居环境、水务、城管等部门及各区政府负责人。

实施机制。市住房和建设局设立建筑节能与建设科技处，负责研究制定和组织实施有关建筑节能、绿色建筑、建筑废弃物减排与利用、建筑工业化以及建设科技方面的政策。另外，成立深圳市建设科技促进中心，具体负责建筑节能项目审查验收、绿色建筑认证、能耗监测平台建设、示范项目管理、科技推广等工作。

约束机制。从2010年起，市政府要求所有新建保障性住房一律按照绿色建筑标准建设，并安装太阳能热水系统，使用绿色再生建材产品。从2013年起，所有新建民用建筑100%按照绿色建筑标准设计和建设。通过外遮阳、自然通风、自然采光、太阳能光热等技术手段，让保障性住房成为绿色建筑的典范，绿色建筑走入"寻常百姓家"。

监管机制。对在建项目实行施工图设计文件节能抽查和建筑节能专项检查；对投入使用的建筑进行在线监测，并在每年夏季对国家机关办公建筑和大型公共建筑室内温度执行26℃的情况进行抽查，抽查结果通过媒体向社会公布。

（2）六大政策

市场准入政策。对新建民用建筑实行建筑节能专项验收制度，实行建筑节能"一票否决"制，确保所有新建民用建筑都符合节能标准。从2013年起，还实行绿色建筑的"一票否决制"。

技术强制政策。强制要求12层及以下居住建筑安装太阳能热水系统，到2009年推出太阳能屋顶计划，将强制安装太阳能热水系统的范围扩大到了有热水需求的所有新建建筑。

土地优惠政策。对建筑废弃物综合利用项目建设实行"零地价"的优惠政策，象征性地收取每年1元钱的土地租用费，促进全市的建筑废弃物综合利用。

资金扶持政策。市政府共安排财政性资金3亿元，用于建设大型公共建筑能耗监测平台，资助建筑节能、绿色建筑、可再生能源建筑应用、建筑工业化示范项目以及相关技术标准的研究制定。其中，市政府专门设立建筑节能发展资金，进一步加大对建筑节能、绿色建筑的扶持力度。

招标投标政策。政府既是法规政策的制定者、执法者，又是建筑市场上最重要的客户。为了鼓励推广绿色建筑及相关节能减排技术，市政府在保障性住房、公共建筑的设计、施工、建筑材料采购等环节，对擅长绿色建筑设计、施工、咨询的设计咨询单位、承包商、地产商，以及太阳能设备、绿色再生建材供应商予以招标投标、货物采购的优先权。在某些特殊情况下，还可以进行单一来源采购。

激励引导政策。确定绿色建筑示范项目，发布《深圳市绿色建筑评价规范》，开展绿色建筑免费认证。推出一批建筑节能和绿色建筑示范项目，比较有代表性的项目有：建科大楼、招商三洋厂房改造、万科中心、龙悦居等。[①]

深圳市在推动绿色建筑全覆盖的过程中创新发展，重点突出，先易后难，稳步推进，讲求实效，可谓亮点纷呈。

第一，新建保障房全部为绿色建筑

深圳以保障房建设推动绿色建筑之都建设。2010年，深圳出台规范文件，率先强制推行保障性住房绿色建筑标准。《深圳市住房保障发展规划》（2011—2015）提出，"十二五"期间，保障性住房项目将100%达到《深圳市绿色建筑评价规范》铜级标准，打造10个绿色低碳生态示范社区，推行可再生能源技术和垃圾减排技术，实现30%保障性住房项目应用垃圾减量和垃圾分类技术产品。这将进一步推动绿色建筑由中高档商品住房向普通保障性住房延伸，形成惠及全市人民的绿色居住区，实现绿色

---

① 胡建文. 深圳绿色建筑发展:政策与措施[J]. 建设科技,2012(8).

建筑进入寻常百姓家。

　　深圳坚持低成本的技术路线，采用节能省地的开发模式，推行工业化的建设方式和绿色建筑技术的集成应用，在保障房建设中全面普及绿色建筑。光明新区同富裕第二期安居工程按照国家绿色建筑一星级设计标准，建设保障性住房 1 030 套，建筑面积 15 万平方米，获得国家一星级和深圳银级绿色建筑认证。同时，深圳将绿色交通与绿色建筑有机结合在一起，在地铁车辆段的上盖开发保障房，截至目前，地铁车辆段上盖安排建设保障性住房共约 20 500 套，总建筑面积 115 万平方米。

　　第二，全面实施太阳能屋顶计划

　　深圳作为国家可再生能源建筑应用示范城市，大力推进可再生能源在建筑领域的规模化、高水平应用。全市共确立 29 个太阳能示范项目，其中 20 个为国家级示范项目，太阳能光热建筑应用项目总面积达 1 112 万平方米，全市太阳能热水集热板总面积达 45 万平方米，建成太阳能光电建筑应用项目累计装机容量近 7 兆瓦，在建太阳能光电建筑应用累计装机容量 40 兆瓦。其中，龙岗体育新城安置小区为该小区 21 栋住宅楼共 1 万人提供热水。该项目在建筑外墙大规模安装太阳能集热器，成为太阳能热水器在高层建筑应用的典范。

　　截至 2013 年 11 月，全市太阳能热水集热板总面积 55 万平方米，太阳能热水建筑应用面积 1 443 万平方米，建成和在建的太阳能光电建筑应用系统总装机容量约 46 兆瓦，国家级太阳能建筑应用示范项目 23 个。

　　第三，大力推进标准技术支撑体系建设

　　针对本市经济技术、人文气候、地质环境和重点领域率先突破的需要，深圳系统开展了绿色建筑、绿色建材、节能减排、建筑工业化、质量安全、企业施工标准、施工操作规程、保障性住房建设、工程造价和合同管理十大系列重点民生领域的体系建设，总共发布了 72 部包括在编的、修编的标准。特别是组织、编制涵盖勘察、设计、施工、监理等绿色建筑的标准，绿色照明、绿色道路、绿色地铁项目的标准，还有不同园区绿色生态的体系和建设标准，初步形成了深圳绿色建筑、绿色建设一个标准体系的框架，为打造绿色建筑之都、实现绿色转型夯实了基础。

此外，开展了十大关键领域技术研究。依托市骨干工程建筑企业建立了八大重点领域的建设工程技术研发中心，同时积极推进国家工程技术中心、绿色建筑和建筑节能工程中心的区域总部以及科技创新基地的建设，并组织开展了120多项重点科技的研究、200余项新技术推广项目，发布相关规定300项。

第四，建筑废弃物综合利用率达40%

大力开展建筑废弃物综合利用。华威环保建材、绿发鹏程、永安环保、汇利德邦4个建筑废弃物综合利用项目投入使用，建筑废弃物年处理量已超过350万吨，建筑废弃物资源化率达35%，节约土地23.3万平方米。已有14个市重点工程率先推行使用绿色再生建材产品。为进一步提高建筑废弃物处理能力，2011年完成部九窝建筑废弃物综合利用项目的招标，2012年启动了部九窝建筑废弃物综合利用和塘朗山二期项目的建设。南方科技大学建设工地现场处理的建筑废弃物资源化综合利用项目，作为全国首个建筑废弃物"零排放"示范项目已成功运作，建筑废弃物转化率达到90%以上，节约土地资源约90亩，节省建筑废弃物外运及填埋的处置费用4 000多万元。

截至2013年，全市建成4个建筑废弃物综合利用项目，建筑垃圾年处理能力已达350万吨，综合利用率达40%。

第五，启动建筑碳排放权交易试点

自2011年深圳获批为国家碳排放权交易试点城市以来，便着手碳交易的研究工作，碳交易分为工业、建筑、交通三个板块，建筑碳交易已于2013年1月正式启动。为指导建筑碳核查工作，还发布实施了《深圳市公共建筑能耗限额标准》（试行）、《建筑物温室气体排放的量化和报告规范及指南》（试行）和《建筑物温室气体排放的核查规范及指南》（试行）。截至2012年，深圳已完成913栋建筑现场核查，签发了197栋建筑碳排放权配额分配确认书。[1]

---

[1] 佚名. 深圳绿色建筑之都略具雏形[EB/OL]. [2012-03-29]. http://news.ifeng.com/c/7fbmf00fg3y.

2.培育绿色建筑产业链

为了满足全市绿色建筑发展的需求，一些围绕绿色建筑服务的相关产业陆续发展。深圳率先培育发展绿色节能建筑相关产业，技术研发、应用走在全国前列，培育了一批绿色建筑设计咨询、绿色建材、绿色工业化等知识密集型产业。据不完全统计，深圳绿色建筑与建筑节能减排相关产业年产值约1 200亿元，规模和效益居全国前列。

绿色建材应是在全生命周期内，可减少对天然资源的消耗、减轻对生态环境的影响，本质上更安全、使用更便利，具有"节能、减排、安全、便利和可循环"特征的建材产品。一些对建材结构调整和绿色建筑发展影响大、使用广、条件成熟的高性能混凝土、节能玻璃、节水洁具、陶瓷薄砖、外墙保温材料等产品都将作为绿色建材领域的发展重点。深圳在绿色建材方面开展了多项工作。

（1）龙头企业带动

深圳在发展绿色建材方面有很好的市场基础和产业基业，全市有十几家实力雄厚的上市公司和一大批优秀企业在绿色建材的不同领域处于引领地位。其中，全世界最大的住宅开发企业万科集团也是国内最早推动绿色建材应用的倡导者与践行者。

同时，深圳还拥有一批在绿色建材行业领先的上市企业和龙头企业：中国玻璃行业最具竞争力和影响力的大型企业南玻集团；中国循环经济与低碳制造的实践者与先行者之一的格林美；在国内率先进行水性涂料、高分子材料等研发的彩虹精化；为深圳环保节能事业做出较大贡献的拓日新能；由中金岭南控股的大型铝型材企业华加日铝业；国内化学建材行业中生产规模最大、市场覆盖面最广的专业化大型企业永高股份；率先将绿色建筑体系创新使用技术融入施工建设的生态环境公司铁汉生态；将绿色材料检测作为发展重点的国内首家上市的检测认证企业华测检测。

（2）技术创新引领

作为国家创新型城市，深圳在绿色建材生产上大打自主创新牌，牵头或者参与制定了一大批相关的国家或者行业标准，也申请了数量可观的专利发明。拥有国家认定企业技术中心与建设部环境工程技术中心的嘉达高科先后获得国家授权发明专利18项，主编国家/行业标准16项，是我国目前唯一的"国家复合改性合成树脂功能新材料产业化示范基地"；建筑垃圾回收高端再利用、用于表面装饰的优秀企业爱思宝，获得了住建部建设行业科技成果鉴定证书，申请专利6项，参与制定标准5项；从事建筑再生骨料的华威建材，主编商务部行业标准，成为"深圳市住宅产业化示范项目""绿色再生建材产品示范项目"；从事隔热玻璃涂料研发生产的德厚科技，申请了专利11项，参与制定建筑玻璃用隔热涂料行业标准、隔热涂膜玻璃国家标准；在建筑降噪领域与万科集团共建声学实验室的洛赛声学，以及科源集团、华瀚集团、海川实业、奇信集团……这些企业在绿色建筑领域创立了深圳品牌。作为新能源龙头企业的比亚迪集团，联合国内外科研机构共同研发的水性反射隔热涂料，推动了环保建筑涂料技术的发展，成为深圳绿色建材领域的新势力。

（3）引导行业协会与第三方服务机构发展

深圳支持和发展与绿色建筑相关的材料、设计、施工和运营行业协会，加强行业自律规范，发挥行业组织的整合作用，搭建政府部门、研究机构与企业之间的桥梁，逐步整合地产开发商、设备企业、施工企业、设计院所、高等院校、住建局、发改委、财政局等各方力量，建立一个公平、公正、公开的交流平台，充分发挥产业联盟的功效。

深圳积极扶持和引导绿色建筑勘查、设计、施工、检测、咨询、评估和第三方认证机构等绿色建筑服务产业的发展，形成了产业多元、优化升级、可持续发展的新产业发展格局。注重发挥政府投资对社会投资的引领作用，在政府建设项目率先垂范的基础上，通过加大资金支持力度、实行税收扶持政策、完善会计制度、改善金融服务等激励措施，构建一个良好的政策环境，引导社会资本积极支持建筑节能与绿色建筑重点项目和重点工程建设，在绿色城区建设、既有建筑改造、城区能源服务、可再生能源建筑应用中选择一批示范项目落实合同能源管理，实行项目建设与节能减排工程捆绑立项、同步设计、同步施工，逐步营造推广节能服务的政策环境和投资环境，促进节能服务产业的健康发展。

目前绿色建筑理念已经深入深圳城市发展的各个环节，小至单体建筑，大至城区整体，都涌现出大量健康适用、高效利用、与自然和谐共生的绿色建筑典型代表，既满足了建筑功能需求，也节约了资源，成为深圳城市中的一个个闪光点。（摘自"美丽深圳——追求永续发展"报告）

案例 3-8　　　　　　会呼吸的大厦——建科大楼

建科大楼是深圳市建筑科学研究院 IBR 科研办公楼，项目以探索低成本和软技术为核心的绿色建筑实现模式为宗旨，以实现建筑全生命周期内最大限度地节约和高效利用资源、保护环境、减少污染为目标。建科大楼融入了深圳市建科院多年实践中取得的研究成果、专利技术，承载了实践绿色生活、绿色办公方式的梦想，成为一座荟萃地域特色、绿色科技和建筑艺术的绿色科研办公建筑。

为更好地指导绿色建筑设计，建科院开拓性地提出了"平衡、时空、系统"的绿色技术哲学观，"本土、低耗、精细化"的绿色技术指导原则，以及"政策、市场、技术联动"的绿色技术体系，并结合平等的生命观形成"共享设计"理念。这些理念探索出了有中国特色的绿色技术体系。

建科大楼位于深圳市福田区，用地面积 3 000 平方米，容积率为 4，覆盖率为 38.5%，总建筑面积 18 170 平方米，建筑主体层数为地上 12 层，地下 2 层。定位为本土、低耗、可推广的绿色办公大楼，于 2009 年 3 月竣工投入使用（见图 3-6）。

大楼已实现了最初的建设目标，以每平方米约 4 000 元的工程总造价，达到了国家绿色建筑评价标准三星级和美国 LEED 金级的要求，取得了较为突出的社会效益。经初步测算分析，1.8 万平方米规模的整座大楼每年可减少运行费用约 150 万元，其中相对常规建筑节约电费 145 万元，节约水费 5.4 万元，节约标准煤 610 吨，每年可减排二氧化碳 1 600 吨，为当今全社会的节能减排事业贡献了自己的力量。

1.尽可能多地接触大自然

并不是每一项绿色的技术都是要花钱的，这也是建科大楼的设计原则——通过适宜的设计方法和技术来实现绿色节能。

图 3-6　建科大楼

　　这是怎样做到的呢？建科院提供的资料显示，建科大楼因地制宜地集成运用了约 40 项绿色技术措施，首先在设计上充分挖掘自然生态环境对"绿色建筑"的价值。

　　与大多数办公楼呈"口"字形不同，建科大楼却是面向东南的"凹"字形，而且两侧略微有错开。这主要是考虑到把深圳常年盛行的东南风引入建筑内部，同时"凹"字形结构可以缩短室内空间的进深，让尽量多的自然光线照到室内。大楼没有传统意义上的室内走廊，取而代之的是每层都有一个半室外平台，供员工会谈、休闲和观赏室外风景。

　　尽可能地利用自然光照明，通过通透的建筑设计加强穿堂风降温的效果，同时配合一些普通的遮阳板设计，就可以让处于夏热冬暖地区的建筑取得良好的采光避热效果。建科大楼巧妙地将自然采光最大化，采用了遮阳和反光相结合的构造设计，遮阳避免临窗位置的暴晒，同时把自然光反射至洁白的天花板上，漫射至更深阔的室内。

为了更好地把自然风引入室内，在窗户的开窗方式上也做了创新。采用的是中悬窗设计，通过与国内铝合金厂商合作，共同开发了这种中悬窗，它的造价甚至不到国外进口产品的 1/5。这种中悬窗的最大好处是，可以选择不同的开启角度，从 0 度到 180 度，通过对不同速度的风力的合理利用，使距离窗户远近不同的座位都可以感受到自然风的吹拂。

更为神奇的是，建科大楼在办公区域的桌面上，装有低速送新风系统，让每个人都沐浴在最新鲜的空气中。位于 5 楼的报告厅，不仅每个座位下面都有新风出口，而且报告厅两侧的外墙，都是一扇扇可以转动的"门"。当这些门全部打开的时候，自然的光线和风可以深入室内，观众席完全可以不用人工照明和机械通风。而座位底下的新风系统则可以让参加会议的人感到身心更加放松和精力充沛。正是因为这些巧思妙想的设计，建科大楼在很多专业的人士看来，是一座"会呼吸的大楼"。

这种对自然光线和通风的利用，还体现在大楼一些常易被人忽视的地方：在常人看来阴暗憋闷的地下室，由于采用了光导管设计，可以把自然光引入地下室，一个光导管相当于一个 300 瓦的灯泡，白天，这里可以不开一盏灯，实现自然的照明和通风。在人们看来经常是黑暗封闭的消防楼梯，在建科大楼也完全不同。设计师采用全敞开设计，让楼梯间通透而亲近自然。此外，在建科大楼，每层的洗手间、复印室和吸烟室等易产生污染的空间，都被设计者巧妙地设置在大楼下风向的西北角，避免对室内环境的不利影响。

2.花鸟虫鱼的安乐窝

实际上，在建科大楼，这样富有巧思的设计还有许多。在这里，每一处花草、水景喷泉似乎都暗藏玄机。以一楼的水景喷泉和架空花园为例，它不仅是大楼的一处景观，还是一个"人工湿地"——中水处理系统，它将整栋大楼产生的污水进行生物处理后，变成"中水"重新用来冲洗马桶。再生水池里的喷泉系统同时还替代了空调系统的冷却塔，池底装有透明玻璃，将自然光线引入地下室的花园。落在建科大楼的雨水也都一滴不浪费地被收集起来，用来浇灌遍布大楼各处的立体绿植。

绿色建筑应该是活的，有生命的。它可以自己产生能量、自己循环处理和利用污水及废弃物,同时,建科大楼的外观也不是单纯的玻璃和混凝土,还有一件有生命的"活的外衣"。在建科大楼的西面,设计者设计了遮阳花架,种满了各种爬藤植物和花花草草。如今,这些爬藤植物已经爬满墙壁,一到春天,俨然是这栋大楼的一件美丽绿衣裳,将城市的燥热阻隔在室外。而花架上的花花草草,不仅时常开出美丽的小花,更引得蜂鸟和蝴蝶的光顾,它们甚至在这里安巢筑窝。

这种有生命的绿化在这栋建筑当中的意义,远超过当时只把它们看作点缀物和花池里的一点植物。如果深圳的每栋大楼都设计有这种环绕整层的花池带,充分发挥深圳地区适宜各种植物生长的自然优势,深圳的城市面貌将会更加美丽,更加生态化,也更有自己的特色。

除了立体的绿色"自然外衣",建科大楼的"人工外衣"也颇具特色。大楼低层区的外墙采用一次成型、整体安装的空心水泥纤维挤塑板,它不仅环保,而且强度高、质量轻,同时兼具抗震、耐火、隔音的特性,又兼做内外装饰面,省却了传统内外装修的构造,大大节约材料的同时,又倡导一种材料本身质朴的审美观。

在大楼高层区,设计者采用了窗台以下具有隔热作用的实体砌块构造、一种自主研发的不需要龙骨的超薄铝面复合板外保温系统,既节约了材料,又解决了高层区的外饰面保温和隔热问题。此外,设计者在大楼的西侧立面安装了具有发电、隔热、隔音和通风功能的通道式光电幕墙,加上楼顶的光伏太阳能电池板和风力发电系统,共同为大楼提供清洁可再生的电力,这个系统的发电总量已达到100万度。

建科大楼投入使用后开始对外开放并接受参观,发挥了良好的示范作用和社会效益。它也表明,绿色建筑并不意味着高价格和高成本。这样一幢绿色建筑,每平方米4 000余元的成本,使其区别于国际上价格昂贵的绿色建筑,也不同于国内一些重在技术展示的实验建筑,而是以低成本实现有地域特色的节能生态办公建筑。业内专家表示,像建科大楼这样立足于中国国情建设的绿色建筑,有广泛的示范推广意义。

3.年节省运行费用150万元

由于综合应用了低成本、高效率、本土化的绿色建筑技术,建科大楼的综合造价仅为 4 300 元 / 平方米，用深圳地区普通高层办公楼的造价水平，建造了三星级的绿色建筑。而通过分析运行数据，与深圳地区同类型的办公大楼相比，建科大楼的空调能耗降低约 63%，照明能耗降低约71%，常规电能消耗降低约 66%，总能耗降低约 63%。照此计算，建科大楼一年可节电约 109.44 万度。由于在楼顶装有太阳能光伏发电系统，其运行首年的发电量为 7.56 万度，占大楼全年用电量的 7%。仅电费一项，建科大楼一年可节约 145 万元左右。在节水方面，由于采用了中水和雨水回收再利用系统，大楼一年可节水 5 180 吨，扣除中水系统的运行费用，每年仍可节省费用 1.5 万元。非传统水利用率达 52%，远超国家《绿色建筑评价标准》中 40% 的最高标准。①

建科大楼目前得到社会认可的亮点在于，它是采用本土化和低成本的方法建造的绿色建筑。国内外绿色建筑往往给人"奢侈品"的印象，不要说发达国家的绿色建筑造价惊人，就是国内的绿色建筑，造价也动辄万元一平方米甚至更高，给人可望不可即的感觉。于是建科大楼 4 300 元/平方米的综合建造成本，更让人们觉得可以接受，许多来参观的人听到这样的造价水平，纷纷表示可以将自己的建筑建成绿色建筑。

建科大楼的卓越表现，赢得了众多荣誉：2008 年获广东省注册建筑师协会"广东省注册建筑师第四届优秀建筑创作佳作奖"；2009 年第三届百年建筑优秀作品公建类·绿色生态建筑设计大奖，国家三星级绿色建筑设计标识证书；2010 年获第三届好设计创造好效益"最佳绿色建筑奖"，第三届"好设计创造好效益"中国奖，《中国建筑节能年度发展研究报告2010》"公共建筑节能最佳实践奖"，深圳市十大优秀低碳范例奖，香港环保建筑奖新建建筑类优异奖，第二届广东省土木工程"詹天佑故乡杯"奖，通过国家"双百示范"工程验收；2011 年获第八届精瑞科学技术奖之绿色低碳建筑奖，部优工程一等奖，国家绿色建筑创新奖一等奖；2013年获绿色设计国际大奖——绿色建筑类金奖。

———————————

① 深圳市建筑科学研究院有限公司. 建科大楼:实践平民化的绿色建筑[J]. 建设科技，2010(7).

案例 3-9   **立体景观节能建筑——万科中心**

万科中心总建筑面积8万平方米。作为一个热带的、可持续的21世纪构想，它融合了几项新的可持续发展方向：漂浮的建筑体创造了自由、灵活、有遮盖的景观绿地，并且让海风和陆风穿透基地（见图3-7）。

图3-7　万科中心

利用中水系统运作的矩形水景池将冷能向上辐射到彩色的铝制建筑底面再反射下去。可动式外遮阳表面使用特殊复合材料，保护内层玻璃减少太阳能负荷及风力冲击。可转动式悬挂立面外遮阳系统不会遮挡窗外的海景及山景。利用太阳能的除湿和冷却系统经由特殊的"屋顶阳伞"形成了有遮阳的屋顶景观。

这个防海啸的盘旋式建筑创造了一个多孔的微型气候和庇荫自由景观绿地。实现综合建筑节能率65%，每年可减排二氧化碳1 330吨。已获美国LEED铂金认证，是全国唯一获此认证的城市综合体项目；获得绿色建筑三星级运营标识；成为深圳市首批建筑节能和绿色建筑示范项目、国家可再生能源建筑应用示范项目等。

从整体来看，万科中心有如一棵根深叶茂的大树。其悬空达15米，通过主干与分枝，把各种功能组合在一起，大大降低了庞大的建筑体量对建筑视野的影响，街道及整个城市立面得以延续。少量地面出租的空间让租户使用当地的自然材料（竹子、茅草等）自己建造，建造立面具有很大的可变性和灵活性。万科中心是一座"不设防"没有围栏的大型建筑，下沉庭院、水系、绿地、山丘的完美结合形成丰富的立体景观，使空间最大化开放，留出景观空间，任何游人都可以不受限制、自由地穿行其间。地面和楼顶都有绿化，绿化率达到140%，并可以加强风的对流，营造良好的微气候环境。

案例 3-10　　　　资源循环利用示范小区——梅山苑

　　梅山苑是深圳市政府一个大型廉租房安置区，占地面积12万平方米，第一期建筑面积15.5万平方米，第二期占地面积2.5万平方米，建筑面积8万平方米，是首个国家住宅产业化示范小区，也是深圳市资源循环利用示范小区。

　　梅山苑一期在利用太阳能照明、收集山体雨水浇花种草、污水回收处理使用等方面进行了有益探索。新近交付使用的梅山苑二期在绿色低碳新技术、新工艺、新材料的应用上更胜一筹，采用了中水回用、雨水花园、太阳能热水、光伏发电、钢结构住宅等技术，满足建筑节能、节水、省地、节材、环保和舒适的要求，更具绿色建筑特征。

太阳能利用

　　采用太阳能并网发电系统。太阳能规模化应用的目标达到满足可再生能源发电量占建筑总用电量2%的要求。

光伏系统

　　为体现太阳能建筑一体化设计理念，太阳能设施可结合建筑部分设计，以达到有机结合，主要方式包括将光伏电池板安装在屋顶，同时还将光伏电池板和遮阳构件结合，以最大限度地利用太阳能，达到降低空调能耗的目的。

中水回用

　　非传统水源利用是解决水资源短缺的有效方案。目前，中水的利用技术已经较为成熟，是城市污水资源化不可分割的一部分，作为城市用水的第二水源，同时兼具节约水资源和生态环境保护作用。梅山苑二期作为深圳市绿色社区的试点示范工程，大力推广区域性的非传统水源利用，给本项目利用非传统水源（主要指中水、雨水）提供了便利条件。

雨水利用

深圳市水资源极端匮乏，人均水资源拥有量仅为313立方米，低于国际公认的500立方米严重缺水线；但深圳市降雨丰沛，多年平均降雨量为34.22亿立方米，多年平均地表径流量为18.27亿立方米。因此，合理地利用雨水能产生良好的社会效益和经济效益。本项目采用雨污分流方式，结合水景设计，利用回渗调蓄设施为水景提供补水，包括用于屋顶绿化、低势绿地、花园等，做到本地消纳，尽可能不产生径流量，具有设计简单、成本低廉、用途广泛的优点。

案例3-11   工业化设计建设的社区——龙悦居

龙悦居保障性住房项目位于深圳市龙华新区，是深圳市2010年开工建设的"十大民生工程"之一，是深圳市2011年度重大项目，也是深圳市首个按绿色建筑标准建设的保障性住房住宅区。该项目总占地面积约17.6万平方米，总建筑面积约81.6万平方米，总投资约28.1亿元，集商业、幼儿园、住宅为一体。

整个龙悦居分4期开发，项目3期是由万科承建的工业化住宅小区，被称为全国首家建筑面积超过20万平方米的工业化住宅小区，全面实施工程建设标准化、工业化，采用"内浇外挂"技术，外墙、楼梯、走廊全部为预制混凝土构件，工业化率达13%。通过住宅产业化技术的运用，工程质量大幅提升，实现门窗外墙零渗漏、外墙零空鼓裂缝、构件表面偏差小于2毫米、无漏筋和漏浆。同时建设工期大大缩短，总工期节约6个月。

将住宅的3种套型作为基本模块进行设计，集合了建筑设计、室内装修、构件设计、部品设计等各种条件。外墙预制构件作为模块的基本元素，其尺寸标准化、种类最少化、样式简洁化，可大大减少工业化生产成本和生产周期，减少施工误差，提高施工效率。

通过对模块的精细化设计和组合模块的优化设计来建造标准的组合单元（楼栋）。整个小区6栋楼（12个单元）仅2个标准层平面，柱网尺寸标准统一，套型模块的组合形式相同，形成标准化的外墙、楼梯、外廊构件和连接方式，满足工业化生产的标准化设计要求。

　　在满足规划设计要点的前提下，龙悦居融入工业化模块设计理念的标准化单元，通过简单的复制，实现成规模的总体规划布局，有利于工厂规模化生产、运输、施工。同时兼顾住宅产业化全过程，因为单个产品成本非常高，只有产品形成规模时，才符合高效、集约的工业化生产要求，才能实现项目标准化、工业化的最大价值。

　　工业化设计理念包括构件设计标准化、连接节点简单化、模块组合多样化、模具数量最少化、生产制作简易化、安装施工简单化、运输方便高效化以及维护更换通用化。在龙悦居项目中，为提高外墙防水性能，选择外墙进行预制，为降低工程现浇难度，选择楼梯和走廊进行预制。在总图规划中，各楼栋沿用地周边布置，退让的用地部分结合周边道路设置成工业化施工预留场地，以满足预制外墙、外廊阳台、楼梯等构件堆放、吊装等需求。

　　在满足使用功能需要的前提下，标准层平面设计规整、对称，外墙无凹凸，标准开间符合模数化设计要求，平面通过标准模块组合形成，最大限度地满足了工业化对建筑立面的要求。项目共设计典型外墙PC构件3种、预制走廊构件3种和预制楼梯构件1种，实现了预制PC种类最少化、模具种类最少化的设计目标，并为构件制作、运输、安装、维护提供条件，最大限度地发挥了工业化规模应用带来的成本优势。

　　此外，在保证立面美观、大方的前提下，预制PC外墙立面开洞（阳台及窗）尺寸大小统一，墙面选择光整预制面，设分隔线条；建筑外饰面使用涂料，通过色彩变化实现简洁大方的立面效果；简洁的构件表面，大大降低了预制阶段对工艺和工期的要求，降低了构件成本；外廊及栏杆亦采用标准化生产、现场装配的方式进行施工。

　　工业化建设实现了低投入、高效益，龙悦居一期、二期每年总计节省约140万元运行费用，预制构件在工厂采用循环水养护，减少对水资源的浪费；大钢模施工，大幅降低对木模板的消耗；一体化装修设计和精装修交楼，减少用户二次装修产生的垃圾污染和装修材料浪费；装配式建造能耗较常规降低约10%。按现场实施情况测算，本项目节约施工用水约

30%，预计节约水资源 8 万立方米，节约木模板用量约 27.5%，预计节约木材用量约 230 立方米，减少建筑垃圾用量约 20%，预计少产生建筑垃圾约 1 700 吨，每年节约标准煤约 600 吨，减排二氧化碳约 1 400 吨/年，减排二氧化硫约 11 吨/年，减少烟尘排放约 6 吨/年。

龙悦居就是公认的全国绿色建筑样板，期期项目均在评比中摘金披银，三期一栋更是获评国家绿色建筑最高等级三星级。龙悦居绿色节能技术的设计与咨询贯穿于整个项目的设计和建造过程。龙悦居楼宇大多首层架空，以便自然通风，超过 50% 的住户可使用太阳能热水器供生活用水，一、二期的中水回用每日约 82 立方米，每年节水约 2.9 万吨，地下室可以自然采光、通风。[①]

阅读资料 3-4　　　　绿色建筑的全生命周期管理

绿色建筑将可持续发展理念引入建筑的全生命周期管理，在建筑物的设计阶段、建造阶段、运营阶段和废弃阶段的全生命周期内，强调节约能源，有效利用资源和保护环境，实现人与自然和谐发展。

（一）设计强调与自然协调循环

绿色建筑设计需要充分利用当地的环境特色和自然因素，利用地势、气候、阳光、空气、水流，使之符合人类居住，同时，尽可能不破坏当地环境，确保生态系统良好运行。为实现建筑的可持续使用，必须根据不同区域的自然条件和特点，设计不同的建筑形态和内容。在建筑项目可行性研究报告中，需载明绿色建筑级别标准，对拟采用的绿色技术进行可行性分析。绿色建筑的所有居住和办公空间应当经过精细化设计，最大限度地符合采光、通风、隔声降噪、隔热保温的要求。

（二）建造强调资源节约，降低环境影响

在保证质量、安全等基本要求的前提下，通过科学管理和技术进步，最大限度地节约资源，减少对环境有负面影响的施工活动，实现四节一环保（节能、节地、节水、节材和环境保护）。绿色施工管理主要包括组织

---

① 龙玉峰，丁宏. 绿色工业化社区实践——以深圳龙悦居三期为例[J]. 城市建筑，2013(1).

管理、规划管理、实施管理、评价管理和人员安全与健康管理五个方面。在具体管理时，对施工策划、材料采购、现场施工、工程验收等各阶段进行控制，加强对整个施工过程的管理和监督。

（三）运行强调管理精细化

实行绿色物业管理。绿色物业管理的理念应贯穿于项目规划设计、建设、销售、使用、管理等阶段。在保证物业服务质量的前提下，通过科学管理、技术改造和行为引导，最大限度地节约资源和保护环境，构建绿色生态社区。内容包含垃圾分类收集、建立生态绿色化系统、非传统水源利用、噪声污染控制、建筑节能运行和监测等。

（四）废弃强调废弃物综合利用

建筑废弃物综合利用的传统模式是施工企业对建筑工程进行拆迁，并组织车辆将建筑废弃物中运往建筑废弃物受纳场填埋，不但耗用土地资源，而且降低了土壤质量，影响了空气质量及市容、城市环境卫生。而绿色建筑要求根据建筑废弃物中混凝土块、砖块、渣土、木塑废料及编织袋等的不同成分实现资源的转化，将建筑垃圾变为绿色再生建材产品，形成循环模式。

[第4章]

绿色GDP方程式

"（传统）GDP并没有考虑到我们孩子的健康，他们的教育质量，或者他们的嬉戏童年。它也没有包括我们的诗歌之美，或者婚姻的稳定；没有包括我们关于公共问题争论的智慧，或者我们公务员的清廉。它既没有衡量我们的勇气、智慧，也没有衡量对祖国的热爱。简言之，它衡量一切，但并不包括使我们的生活有意义的东西。"

罗伯特·肯尼迪

"既要绿色，又要发展"的环保节能型经济增长是什么样子？2013年3月，《人民日报》刊发报道，介绍深圳坚持绿色低碳发展，在地区生产总值等主要经济指标实现持续突破的同时，取得万元地区生产总值能耗、水耗达到全国最优水平，用水总量、汽柴油消耗量、制造业用电量下降的骄人成绩。深圳的"绿色密码"是什么？

深圳成功的"绿色密码"在于较早认识到高投入、高消耗的发展模式难以为继，因此坚定不移地推动产业转型升级，始终将节能减排作为低碳发展的重要载体，将优化产业结构作为低碳发展的重要支撑，走出了一条具有深圳特色的以更低的资源消耗和环境代价实现更有质量增长的新路。

4.1　传统产业"减法"

低碳概念的提出源于生态环境危机,源于经济发展与生态环境破坏的恶性循环。低碳经济的实质目标是以低碳方式继续实现经济快速发展。低碳经济旨在倡导一种以低能耗、低污染、低排放为基础的经济模式,减少有害气体排放。

低碳经济的理想形态是以可再生能源为主的经济形态。能源效率、能源结构、绿色 GDP 是它的本质。要实现全球低碳经济,必须对现有的生产模式、生活方式、价值观念以及国家权益进行根本性变革。低碳经济是既保证经济的稳步增长,又能达到与生态环境协调发展的高级经济形态。

新经济增长模式的转变离不开政府介入,过去政府擅长粗放式大干快上的发展模式,现在已经变成绿色 GDP 考核,城市转型已经迫在眉睫。深圳面对的是大多数城市在工业化进程中遭遇的同样难题。

深圳的产业发展史就是一部融入全球产业分工体系、不断进行产业转型升级的历史。1978 年深圳第一家"三来一补"(来料加工、来样加工、来件装配和补偿贸易)企业——上屋怡高电业厂成立,开启了深圳工业化的历史进程。经过 40 多年的快速发展,深圳的产业升级已经取得举世瞩目的成绩,但是与纽约、伦敦、东京、香港、新加坡等世界先进城市和地区相比,产业结构与层次差距很大,产业的"高碳化"特征非常明显,与低碳发展的要求相比,还有很大差距。以产业结构为例,世界先进城市的经济结构中第三产业的比重一般都达到 70% 以上,而"十一五"期间深圳第三产业占比一直在 50% 左右(见图 4-1)。截至 2017 年上半年,深圳第三产业占比已经达到了 61.4%,正在逐步向国际先进城市基准靠拢。

在从传统工业经济转向低碳经济的过程中,重点和难点首先在于如何处理好现有的传统工业和企业。而深圳的做法是在推动企业转型升级和发展循环经济模式方面下功夫,其经验颇值得借鉴。

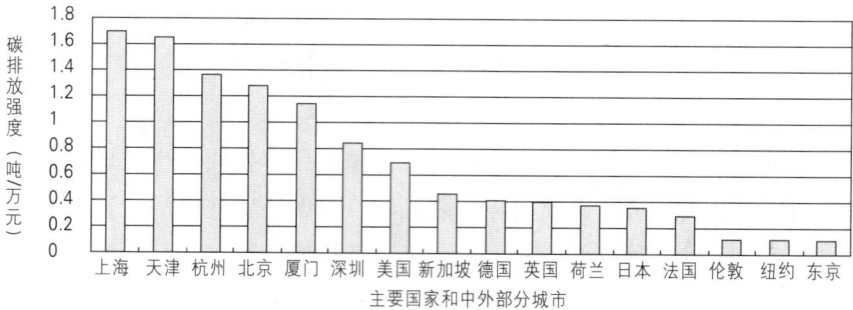

图4-1 世界主要国家和中外部分城市2010年碳排放强度图

资料来源："美丽深圳——追求永续发展"报告

案例4-1   用市场化方法推动传统产业向低碳产业转型

深圳在发展初期集聚了大量"两高一低"(高消耗、高污染、低效益)企业,如龙岗河、坪山河流域,2009年重污染企业产值138.6亿元,税收21.2亿元,分别占整个流域的12.5%和7.8%,却排放了61.5%的工业废水、47.7%的工业化学需氧量。产业的"高碳化"特征非常明显,二业布局存在"散、乱、低"现象。2010年全市大大小小的工业园区(不包括市高新区和保税区)超过900个,总面积超过150平方公里。这些工业园区平均规模偏小,面积在10公顷以下的占74%;平均容积率仅为1.0左右。

深圳当时面临着瓶颈制约,空间、资源、人口、环境等方面的压力日益凸显,传统的经济增长模式难以为继,必须推进落后产业的淘汰转移,减少高碳产业排放,为传统产业转型升级和新兴产业发展"腾笼"。

深圳较早认识到高投入、高消耗的发展模式难以为继,因此坚定不移地推动产业转型升级,始终将节能减排作为低碳发展的重要载体,将优化产业结构作为低碳发展的重要支撑,从而走出了一条具有深圳特色的以更低的资源消耗和环境代价实现更有质量增长的新路。

让传统产业的企业"腾笼",是一个必须慎重处理的社会和经济难题。毕竟这些企业为深圳初期经济建设贡献甚大,应科学审定产能淘汰的标准,避免标准定得过高,伤害一大批企业及员工,影响经济发展的后劲,同时也要避免标准定得过低，没有能够起到减少碳排放、实现转型发展的效果。

（1）产业政策引导

深圳根据国家产业结构调整指导目录，结合地方发展实际，在综合考虑能耗、排放、质量、安全等因素的基础上，制定产业结构调整优化和产业导向目录，科学界定高污染行业和高环境风险产品标准。比如，深圳水资源紧张，因此一直坚持将万元GDP取水量作为产业导向目录的核心指标，在产业准入中要求通信设备、计算机及其他电子设备制造业的每万元年增加值水耗不超过4立方米。宝安区规定禁止新办化工、印染、电镀、线路板等高消耗、高排放、高污染项目；新开办企业应当采用无毒低害的原材料、先进的生产工艺技术，代替高毒原材料和落后的生产工艺，实现资源的高效利用和循环利用。2008年以来，深圳通过加强固定资产投资项目的审核、备案工作，落实新开工项目管理部门联动机制和项目审批问责制。

（2）借力市场价格杠杆

高能耗、高污染、高排放企业由于利润偏低，因而对成本投入有较强的敏感性。深圳注重发挥水、电、气、最低工资等的价格杠杆作用，逐步提高低端企业的运营成本，运用市场"无形之手"加快淘汰步伐。对于已经认定的高耗能行业淘汰类、限制类企业，开展全面排查摸底和甄别认定，公开发布企业名单，并实施动态管理，严格落实差别化水电气价格政策。对于能源消耗超过现有单位产品能耗（电耗）限额标准的企业和产品，推行非居民用户超计划、超定额用水电气累进加价收费办法，加大征收力度，提高排污费征收标准。在全国较早建立起以反映水资源稀缺性为核心的水价机制，实施原水价格与自来水价格联动调整，不断优化原水、自来水、再生水等各类水价的比价关系。此外，将深圳的最低工资水平由2009年的1 000元提高到2015年的2 030元，"实现七年翻一番"，继续保持全国的最高水平，提高劳动密集型企业的用工成本，倒逼低附加值企业转型。通过有序引导低端制造环节向市外转移，累计注销、吊销、清理低端企业10余万家，为新兴产业和高端产业发展腾出宝贵的空间。

（3）发挥金融信贷的激励作用

绿色信贷是国家生态环境部、中国人民银行、中国银保监会为了遏制高耗能高污染产业的盲目扩张推出的一项新型信贷政策，核心是对不符合产业政策和环境违法的企业项目进行信贷控制，将企业环保守法情况作为各商业银行审批贷款的必备条件之一，发挥金融对环境保护的促进作用。深圳通过建立完善绿色金融的政策措施，严控银行资金对落后产业的支持，通过"釜底抽薪"加快"两高一低"产业淘汰。

深圳市生态环境部门与金融系统合作，签署企业环保信息提供及信用查询服务协议，将环保违法企业信息纳入金融机构企业信用信息基础数据库，对环保违法企业停止发放贷款，直至其整改达标。据不完全统计，深圳对超过100家环保违法企业停止发放贷款约50亿元，有效打击了企业环保违法行为。深圳市出台的《深圳市重点排污企业环保信用管理办法》规定，每年第一季度对电镀、线路板、印染等重污染企业以及排放污染物总量较大的重点排污企业，进行环保信用评定。2012年760家重点排污企业中被评定为绿牌、蓝牌、黄牌和红牌的企业分别为159家、420家、141家和40家。对于红牌企业，生态环境部门除了责令企业限期治理、依法进行停产整治或责令关闭，不发放环保专项资金补助外，还建议绿色信贷合作银行停止对企业发放贷款。生态环境部门的相关举措极大推动了产业链上下游企业改进工艺、改善设计，促进了企业环保水平的提升。

（4）技术改造推动优势传统产业转型升级

推动产业转型升级并不是要把传统产业"斩尽杀绝"，深圳在加快产业转型过程中，也推动传统产业向绿色低碳方向发展，实现规模与效益迈上新台阶。例如，时尚消费行业，深圳坚持以优质品牌、优质企业、优质产品的"三优"为导向，以品牌建设为核心，以工业设计为引领，赋予传统的服装、黄金、珠宝、眼镜、家具等产品独特的文化价值，增强产业创意设计能力，提升产品附加值，不断推动传统优势产业向时尚消费产业转型。在转型后，70%以上的企业研发经费占销售收入的比重超过5%，涌现出1个世界名牌，41个中国名牌，30个广东省名牌，黄金珠宝业占全国黄金珠宝类名牌的46%，时尚女装的国内市场占有率达60%。

技术改造是企业采用新技术、新工艺、新设备、新材料、新设计对现有设施、工艺条件及生产服务等进行改造提升，实现内涵式发展的投资活动，是实现节能减排的重要途径。长期以来，深圳的家具、钟表等传统产业发展方式较为粗放，整体技术水平不高，产品的技术含量不足，对外部环境的变化较为敏感，在日益激烈的市场竞争中显得力不从心。深圳每年支持企业技术改造项目100项以上，加快黄金珠宝、服装和钟表向都市产业升级，机械模具向数字装备转型。

据不完全统计，深圳在5年内投入更新改造投资超过200亿元，通过财政资金资助或者贴息，带动社会投资超过3 000亿元。同时，深圳将清洁生产理念引入产业集聚基地、产业带建设过程中，重点推进建材、电镀、家电、珠宝、印染、钟表等传统产业的集聚发展，开展18个旧工业区升级改造，建成了包括工业设计、汽车电子等在内的16家特色工业园。对污染物排放超过国家、省、市规定排放标准或者超过核定的污染物排放总量控制指标的企业，强制实施清洁生产审核，并将其作为企业入园、扩大生产规模、搬迁及享受优惠政策等的约束条件之一，从产品生命周期全过程控制资源能源消耗。

案例4-2   循环经济激活"静脉"产业

习近平总书记在2013年7月视察深圳格林美公司武汉分公司，考察废旧电池、废旧灯管、电子废弃物等的绿色回收利用时，指出变废为宝、循环利用是朝阳产业，垃圾是放错位置的资源，把垃圾资源化，化腐朽为神奇，既是科学，也是艺术。习近平总书记的重要论述精辟阐述了以资源高效利用为核心，以"减量化、再利用、资源化"为原则，以低开采、低消耗、低排放和高利用为基本特征，是可持续发展理念的经济增长模式，为循环经济的进一步发展指明了方向。

近年来，深圳积极探索将传统的"资源-产品-废弃物"的线性经济模式改造为"资源-产品-再生资源"的闭环经济模式，最大限度地减少对初次资源的使用，最大限度地利用不可再生资源，走出了一条缓解自然资源紧约束矛盾的新路。

（1）促进"静脉"产业的政府引导

"静脉"产业最早由日本学者提出，是以保障环境安全为前提，以节约资源为目的，通过运用先进的技术，将生产和消费过程中产生的废物转化为可重新利用的资源和产品，实现各类废物的再利用和资源化的产业，包括将废物转化为再生资源及将再生资源加工为产品两个过程。学者们形象地将废弃物排出后的回收、再资源化比作人体血液循环中的静脉，"静脉"产业是解决废弃物快速增长的良好途径。深圳从以下方面促进"静脉"产业的发展：

第一，坚持立法先行

完备的立法是"静脉"产业得以快速发展的前提，德国在循环经济立法方面提供了可资借鉴的经验。德国在1996年就颁布了《循环经济与废物法》，成为建设循环型社会的纲领性文件，强调生产者对废弃物处理的责任，要求生产者对其产品的整个生命周期负责。德国在这一法律框架下进一步颁布了《饮料包装押金规定》《废旧汽车处理规定》《废旧电池处理规定》《废木料处理办法》等不同行业的专门性法规和相关规定，明确对各种不同废弃物处理的基本原则。目前，"静脉"产业已经成为德国的一个重要产业，每年有约410亿欧元的营业额，并可创造20多万个就业机会。深圳借鉴西方发达国家的经验，在全国率先为循环经济立法，制定了《深圳经济特区循环经济促进条例》。条例立足于深圳的发展实际，确立了循环经济发展规划、循环经济评价、抑制废弃物产生、废弃物回收和循环利用、绿色消费、政府绿色采购等制度，对深圳市调整产业结构、实现资源高效循环利用具有重要意义。

第二，完善扶持政策

由于正常的市场机制不能很好地反映自然资源的价值，所以日本制定了相应的税收、信贷、价格等优惠政策，以促进"静脉"产业的发展。日本规定废旧塑料制品类再生处理设备可以按照购置价格的14%进行特别退税，企业设置资源回收系统由非营利性金融机构提供中长期优惠利率贷款，废弃者应该支付与废旧家电收集、再商品化等有关的费用，政府对生态工业园区入园企业给予初步建设经费总额1/3至1/2的经费补助。深圳市在国家规定的事权和财权范围内，也积极发挥财政资金的引导作用。为推动循环经济与节能减排工作，深圳整合建筑节能专项资金、资源综合利用专项资金、合同能源管理专项资金等，设立市循环经济与节能减排专项扶持资金，截至2013年底共扶持循环经济与节能减排项目182个，累计扶持金额7.2亿元，带动社会投资约60亿元。同时，还做好循环经济与节能减排相关的中央预算内投资项目申报工作，积极争取国家资金支持。2007年至今累计获得国家发改委专项扶持的循环经济与节能减排项目24个，获得中央投资资金合计12 650万元。

第三，发挥示范作用

"静脉"产业是新生事物。在发展过程中难免会遇到各种困难和问题。深圳充分发挥特区的先行先试作用，抢抓国家循环经济方面的试点示范机遇，为相关产业发展奠定良好基础。近年来，在国家各部委的大力支持下，先后获得国家循环经济试点城市、国家碳排放权交易试点单位、国家节能减排财政政策综合示范城市、国家海水淡化产业发展试点城市、国家新能源示范城市、首批低碳交通运输体系试点城市、建设绿色循环低碳交通运输体系区域性项目管理试点城市等称号。此外，部分园区及单位也先后获得相关试点示范殊荣，如深圳高新区光明高新技术产业园区获评国家园区循环化改造示范试点园区，深圳东江环保等三家企业被列为国家循环经济试点单位，深圳前海深港现代服务业合作区获评国家首批分布式光伏发电示范区等。

（2）掘金"城市矿山"

"城市矿山"是对废弃资源再生利用规模化发展的形象比喻，是指工业化和城镇化过程中产生和蕴藏于废旧机电设备、电线电缆、通信工具、汽车、家电、电子产品、金属和塑料包装物以及废料中可循环利用的钢铁、有色金属、贵金属、塑料、橡胶等资源。"城市矿山"的成分极为复杂，具有资源性和环境污染性双重属性。以电子垃圾为例，一方面，它含有50%以上的金属、20%以上的塑料及其他有价组分，可以变废为宝。以手机为例，每吨旧手机中可提取约250克黄金，而每吨金矿石通常也只能提炼出5克黄金。此外，手机发光二极管中使用的镓、电池中的锂、液晶屏使用的铟等，都是极其重要的稀有元素。另一方面，这些电子产品中同时含有重金属铅、汞、镉及持久性有机污染物，处置不当，不仅会造成巨大的资源浪费，还会生成新的高风险污染物，对环境和健康产生不利影响。利用"城市矿山"资源就是充分利用废旧产品中的有用物质，变废为宝，化害为利，可产生显著的环境效益。深圳在开发"城市矿山"方面已经进行了卓有成效的探索，其中典型代表是嘉达高科和格林美。

示例1：餐厨垃圾综合利用

国内频发的食用油掺杂地沟油事件一直是社会关注的热点。一旦地沟油被不法商贩收购、加工后重新流向餐桌，其中混有的污水、垃圾、洗涤剂和反复油炸、烹炒产生的大量苯并芘、黄曲霉素等有害物质，将导致食客头昏、头痛、恶心、呕吐、腹部疼痛等不适症状，甚至引发肝癌、胃癌、肠癌等疾病。

但是，地沟油也是一种可利用的资源。地沟油的主要成分是三脂肪酸甘油酯，经加工后特性与石化柴油相近，可完全代替石化柴油作为生物柴油。生物柴油作为一种可再生的清洁能源，具有自燃性好、闪点高、有利于安全运输与储存、含硫量较低、可降解等优点，是石化能源的有效替代品之一。以废弃食用油脂作为原料生产生物柴油，不仅降低了成本，提高了经济效益，同时有助于废弃食用油脂的规范处理，保障了食品安全。

深圳市在2011年被国家发改委、财政部、住建部等部委批复并确定为第一批餐厨废弃物资源化利用与无害化处理试点城市，积极探索以市场化手段为导向，推进餐厨废弃物资源化利用的道路。

第一，加快收运一体化体系建设

在全市共划分9个区域，通过招标、招募确定餐厨垃圾收运处理特许经营企业并签订特许经营协议，目前深圳已拥有餐厨垃圾专用车22台，地沟油收运车辆45台，安装油水分离装置280套。全市已有2 000多家生产单位签署了餐厨垃圾收运合同，每天餐厨垃圾收运量超过300吨。

第二，探索资源化利用的最佳技术路线

深圳加强技术工艺路线及管理模式研究，积极探索适宜的餐厨垃圾资源化利用技术工艺路线及管理模式，提高餐厨垃圾资源化利用水平。我国对废弃食用油脂的综合利用主要有三种方式：一是对废弃食用油脂进行简单加工提纯，直接作为低档次的工业油酸、硬脂酸和工业油脂等；二是利用废弃食用油脂生产无磷洗衣粉；三是利用废弃食用油脂醇解反应制取生物柴油（脂肪酸甲酯）。经探索研究，深圳试点项目选用厌氧消化处理、好氧生化处理以及综合利用处理的技术路线。

第三，推进餐厨垃圾资源化市场化运作

深圳市餐厨垃圾综合利用厂以BOT特许经营权方式运营，项目主要收入来自资源化产品销售收入，以瑞赛尔盐田区餐厨垃圾处理项目为例，该项目规划总处理规模为200吨/天，一期设计建设处理规模150吨/天，采用源头分类收集、中端无害化减量与末端生物柴油、生物蛋白、生物质燃料的一体化处理工艺。项目实现累计收运、处理餐厨垃圾及餐饮油污水4万余吨，累计提取餐饮废弃油脂1 900余吨，完成生产、销售生物柴油1 615吨，生产、销售生物质燃料3 780吨。项目已初步形成了集餐饮与厨余、收运与处理、物联网监管三位一体的"盐田模式"。

第四，完善政策法规

深圳出台实施《餐厨垃圾管理办法》，明确餐厨垃圾收运处理实行特许经营，恢复餐厨垃圾收运处理行政许可，建立收运处理一体化运行机制，加大违法行为的处罚力度等。明确餐厨垃圾价格政策，其中南山、罗湖、龙华新区等采取招募方式确定餐厨垃圾收运处理特许企业，招募价格暂定为200元/吨。其余各区新建设施经过招标方式确定运营主体，并以招标价格作为最终补贴价格。深圳市制定《餐厨垃圾处理技术规范》、台账管理等配套制度，统一规范餐厨垃圾收集桶及收运车辆标识等。

示例2：城市垃圾处理

"垃圾围城"是世界性难题，更是发展中的中国面临的越来越严重的挑战。有资料披露，从2004年起，中国城市垃圾产生量就超过美国居世界第一。从那时至今，全国约2/3的城市处于垃圾包围之中，其中1/4已无填埋堆放场地。随着城市化进程的加快，全国垃圾量也在以每年8%~10%的速度增长，到2015年、2020年城市垃圾产量分别达2.6亿吨和 3.23 亿吨。深圳的垃圾产生量也经历了一个爆发性增长的过程，1979年只有 7.5 吨/日，现在已增长到 15 000 吨/日，增长约 2 000 倍，2015年达到 16 500 吨/日，深圳这座花园城市同样面临着日益严峻的"垃圾围城"的挑战。

传统垃圾处理方式以卫生填埋、高温堆肥为主，需大量占用土地，也容易带来环境污染问题。随着城市化进程的加速，大中城市的土地资源愈发"捉襟见肘"。2009 年以前北京市 90% 以上的生活垃圾采用卫生填埋方式，每年消耗 500 亩土地。据 2013 年统计，北京市 8 座大型垃圾填埋场 3年内将被填满。近年来，垃圾焚烧发电因高度节约用地且更加环保，得到快速发展。作为一种高效的固体废弃物处理方式，垃圾经过焚烧处理可以减少体积 90%，减重 80%，从而把填埋占用的土地面积降到最小。根据《深圳市环境卫生设施系统布局规划（2006—2020）》，深圳市生活垃圾处理以焚烧为主、卫生填埋为辅，垃圾填埋场将仅作焚烧炉渣等惰性垃圾填埋，以及焚烧厂检修情况下应急处置使用，争取在 2020 年实现全量垃圾焚烧。目前深圳市建成投入运营的焚烧发电厂有 7 座，全市垃圾焚烧处理能力 7 875 吨/日，焚烧处理率 51%，发电装机总容量 145MW，发电量约 11.6 亿度/年，总规模居全国第一。

以获得全国垃圾焚烧发电项目第一个金质奖的宝安区老虎坑垃圾焚烧发电厂二期工程为例，大部分宝安市民的生活垃圾运送到这里后，放入垃圾堆放池经过几天的发酵，被送往温度接近 1 300℃的焚烧炉，产生的热能转化为高温蒸气，推动涡轮机转动，最终使发电机产生电能。根据要求垃圾焚烧炉的温度要确保不低于 850℃，并且垃圾在炉内充分燃烧并保持 2 秒的时间，这样二噁英就会被破坏分解，经过倒三角形的半干式反应塔、活性炭喷射、袋式除尘器除尘后，有害物质得到吸附沉淀，二噁英的脱除率可以达到 99% 以上，有效避免对周边的空气环境污染。据统计，宝安区老虎坑垃圾焚烧发电厂每年可减少垃圾直接填埋量 100 万吨，减排二氧化硫约 1 750 吨、氮氧化物 666 吨，发电约 3.6 亿千瓦。

4.2 绿色低碳产业"加法"

传统经济增长理论认为，经济增长与能源消耗之间存在着显著的正相关，世界各国在经济快速增长时期都伴随着能源消费总量和强度的持续增加。"环境库茨涅兹曲线"表明，经济增长与环境污染呈倒U形关系。

实现从"高碳经济"向"低碳经济"的转变，是深圳经济结构的重大调整，是从外生驱动向内生驱动转变、从低效率扩张向高效率创新转变、从资源消耗型向资源节约型转变的重要组成部分，将会进一步优化提升经济的质量、结构、效益和可持续性。

近年来深圳成功走出了一条经济增长与资源能源消耗强度"逆向曲线"，之所以能够成功走出来，关键不仅仅是在传统行业上做"减法"和小修小补，更重要的是坚持战略性新兴产业和现代服务业"双轮驱动"，通过持续培育优质增量，推动产业结构优化升级，使经济的低碳特征更加显著。

深圳制定了《深圳低碳发展中长期规划（2011—2020年）》，明确提出以大力发展低碳型战略性新兴产业和现代服务业为核心，以推动产业高端化为重点，构建日益完善的低碳产业体系。

深圳在避免经济因为产业调整和转型出现大起大落的情况下，调节好增量与存量的关系，把优质资源集中到成长性强的中小微企业，支持其加快发展壮大，不断增强深圳产业的核心竞争力和辐射带动能力。通过多年的不懈努力，深圳的产业结构已经更趋合理，三次产业结构完成从"二三一"到"三二一"的战略性调整。作为四大支柱产业的高新技术、金融、物流、文化等产业的增加值，占地区生产总值的比重超过六成。

案例4-3 **战略性新兴产业的培育**

深圳在加快培育和发展战略性新兴产业方面，早部署、早谋划，从2009年开始就结合深圳实际，将生物、互联网、新能源、新材料、文化创意、新一代信息技术和节能环保等产业作为重点，陆续出台发展规划与支持政策。为了加快产业结构调整和升级，在2010年专门出台了加快产业转型升级的"1+4"文件，在全国率先制定生物、新能源、互联网三大新兴产业的振兴发展规划和政策，提出到2015年将这三大新兴产业打造成为6 500亿元产业规模的高技术支柱产业。2011年深圳又出台了新材料、新一代信息技术产业和文化创意产业发展规划。

2014年，全市战略性新兴产业规模已经达到了1.88万亿元，增加值5 646亿元，在第四代移动通信、基因测序、超材料、新能源汽车等领域的技术水平已经位居世界前沿。深圳通过培育和发展壮大了一批富有核心竞争力、碳排放强度较低的产业和企业，在推动经济较快发展的同时有效拉低了全市的碳排放强度。

深圳多年来着力打造创新要素高速流动、创新活动高度活跃、创新成果高效转化、创新价值充分体现的创新生态体系，以自主创新推动产业转型升级和经济发展方式转变。例如，深圳实施的"登峰计划"就是围绕新一代信息技术、互联网、基因工程、新能源等重点领域开展产业技术攻关，布局一批国际先进水平的重大科技基础设施和重点科研机构，着力提升基础研究和原始创新能力。

"十二五"期间，深圳新建创新载体数量相当于特区前30年建设的总和。以电子信息产业为例，深圳在平板显示，计算机及外部设备，电子元器件，家用视听和软件的研发、生产、出口，大数据，云计算，物联网等行业的技术水平居全国领先地位，是全球重要的电子信息产业基地。深圳2014年新增各级重点实验室、工程实验室、工程（技术）研究中心、企业技术中心等各类创新载体138家，在下一代信息网络、移动互联网、云计算等领域掌握了一批核心技术，PCT（Patent Cooperation Treaty，《专利合作条约》）国际专利申请量连续7年全国第一。

深圳也重视发挥政府在战略性新兴产业市场培育中的作用，通过政府补贴、政府采购等多种手段，支持企业生产规模迅速扩大，有效摊薄高昂的研发成本和固定资产建设成本，快速度过市场成长期。以新能源汽车产业为例，自2009年起在新能源汽车推广上不断加大力度，从率先推出新能源汽车地方补贴政策，到纯电动私家车领先上市，一直是国内新源汽车推广的"领头羊"。深圳利用包括出租车、公共汽车等公共交通工具开路的模式和比亚迪开创的金融创新模式，成为我国新能源车数量最多、运行里程最长的城市。

高端重大项目对产业转型升级带动力强，是产业转型升级的重要路径。深圳进一步完善重大项目引进和决策机制，专门成立了投资推广署，针对世界 500 强跨国企业、中国 500 强、大型央企和民企开展"招研引智"活动，重点引进创新机构、战略性新兴产业高端项目以及产业链、价值链高端环节和缺失环节，鼓励和吸引来深设立区域总部或国际总部。特别重大项目实行个性化快速决策机制。对于华为、中兴、腾讯、比亚迪、华大基因、光启理工、长安汽车、华星光电等一批重大技术攻关和产业化项目给予超常规支持，力争在新一代通信、新能源、生命科学、高端汽车、新材料等重点领域实现重大产业突破。

当今世界不断成长的服务业越来越成为各国发展的重点和彼此合作的热点，发达经济体在寻求再工业化、再制造化的同时着力保持服务业领先优势，发展中国家在推进工业化过程中也在着力弥补服务业发展的短板，服务业日益成为促进世界经济复苏、引领转型发展的新方向。

案例 4-4　　　　　　　　　现代服务业的培育

围绕提升经济发展质量和有效降低碳排放水平，深圳出台了一系列鼓励服务业发展的专项规划和政策，不断提升服务业发展能力和规模，重点发展金融业、物流业、旅游业和商贸业，努力建设全国金融中心、全球性物流枢纽城市、国家服务外包示范城市和国际知名旅游目的地。目前服务业占全市生产总值的比重已经接近六成，现代服务业占服务业比重接近七成，支撑低碳城市建设的能力明显增强。

（1）现代物流业

深圳在发展现代服务业时，始终将跨界渗透、融合发展放在首位，走出一条现代服务业跨越式发展的新路。

传统的物流产业以运输、仓储、装卸、搬运、流通加工为主要形态，深圳在发展现代物流业时大力促进物流与金融、信息技术、电子商务等产业的融合，促进了供应链管理、物流金融、电商物流等新兴业态的蓬勃发展，实现面向更广领域、更高层次的物流服务能力显著提升。深圳现代物流企业通过加强区域合作、互补和错位发展，拓展市场网络和内陆腹地，初步形成了"生产-采购-配送（仓储）-消费终端"一体化供应链服务体系，涌现出了顺丰、怡亚通、越海、腾邦等一批以深圳为总部的具有较强物流和供应链管理、全国网络化运营、较强资本运营能力的物流企业集群。其中，怡亚通供应链、飞马国际等多家物流企业已成功上市。

据测算，深圳拥有各类本土物流企业 14 800 家，其中供应链管理企业 300 多家，占全国供应链管理企业的 80% 以上，UPS、FedEx、德国汉莎、DHL、丹麦马士基等跨国物流企业均已在深圳投资注册分公司，IBM、沃尔玛、索尼、通用等一批国际知名企业在深圳设立全球或区域采购中心，300 多家跨国公司在深圳设有采购机构。

（2）跨境金融服务

深圳作为内地唯一和香港陆地接壤的城市，在加强对港合作，接受香港辐射，充当香港进入内地的桥头堡和试验场等方面，具有无可比拟的优势，在服务业特别是以前海为平台的金融业开放合作方面已经取得显著的成绩。

深圳前海作为国家金融改革开放的窗口，为两地深化金融合作提供了前所未有的良好机遇。前海的人民币跨境贷款累计备案金额已经突破 800 亿元，在支持内地实体经济发展的同时，更进一步强化了香港离岸人民币中心地位。国内首个利用跨境贷的保税港区飞机租赁项目在前海正式签约，为国内保税区域租赁模式树立了标杆典范。前海航空航运交易中心正式成立，是国内首个航空航运交易平台。前海微众银行成为全国第一家落地的民营银行和互联网银行。深圳前海中小企业金融服务公司获国家发改委批准赴港发行不超过 30 亿元人民币债券，这是注册在前海的第一家获批赴港发行人民币债券的企业。

（3）会展业

深圳重视发挥会展等推介平台的整合营销、调节供需、技术扩散、产业联动等功能，在加快产品和服务跨区域、跨文化、跨民族、跨环节流通创造的同时，有效带动旅游、交通、运输、餐饮、住宿、翻译、广告、装潢等相关服务行业的发展。

中国国际高新技术成果交易会（简称高交会），是经国务院批准举办的高新技术成果展示与交易的专业展会。高交会由多家政府部门、科研单位和深圳市人民政府共同主办，由深圳市中国国际高新技术成果交易中心承办。

作为"中国科技第一展"，高交会是中国规模最大、最具影响力的科技类展会。设有"高新技术成果交易、高新技术专业产品展、论坛、super-SUPER 专题活动、高新技术人才与智力交流会、不落幕的交易会"六大板块，集成果交易、产品展示、高层论坛、项目招商、合作交流于一体，通过"官产学研资介"的有机结合，为海内外客商提供项目、技术、产品、市场、资金、人才的便捷通道。深圳的很多高科技企业，如华大基因、大疆科技等，都是从这里走上高速发展的"快车道"的；反过来，它又成为深圳科创企业的国际展示平台，促进了这些企业与全球同行的合作和交流。这个展会对于深圳创新产业发展的意义，无论怎样强调都不过分。

以文化产业为例，深圳市以专项资金对文化企业参加国内外举办的全国性或国际性文化产业展示活动给予重点支持，市文产办以宣传册、广告片等形式对外宣传优秀文化企业、文化品牌、文化项目、文化产业园区和文化旅游景点以及相关文化产业政策。以国内唯一国家级、国际化、综合性文化产业博览交易会——深圳文博会为例，拥有田面设计之都创意产业园、深圳文化创意园、深圳书城中心城、雅昌艺术馆、雅乐荟音乐生活馆等 50 多个分会场。第十届文博会总成交额突破 2 300 亿元，共同演绎创意荟萃、精彩纷呈的文化盛宴。

4.3　绿色 GDP 考评

"绿色 GDP 国民经济核算体系"，综合了经济与环境核算，将经济增长与环境保护有机统一，不但反映经济增长的数量，更通过综合反映国民经济活动的成果与代价反映其质量，因而是衡量发展进程、替代传统宏观核算指标的首选指标。

2007年,《中国青年报》专门做过一个全国调查,96.4%的公众认为我国有必要进行绿色GDP核算,85.2%人表示自己所在地区牺牲环境换取地区生产总值增长是普遍现象,87%的人认为绿色GDP核算有助于扭转地方政府唯地区生产总值的政绩观。国家环保部对100个市长进行了调查,96%的官员认为建立绿色核算体系能够促进地方政府改变政绩观,树立正确的政绩观。86%的官员认为绿色GDP可以作为考核指标。这既是国家大政方针的需求,又有公众的支持,还体现地方执政能力,所以有很强烈的需求。2016年1月,国家环保部正式下发了《国家生态文明建设示范县、市指标(试行)》。

2017年8月,江苏省委办公厅、省政府办公厅发布了《江苏省生态文明建设目标评价考核实施办法》;随后,省环保厅、省统计局、省发改委、省委组织部发布了细化的《江苏省绿色发展指标体系》和《江苏省生态文明建设考核目标体系》,"绿色地区生产总值"正式纳入官方考核体系。《江苏省绿色发展指标体系》包涵7个一级指标和56个二级指标。在7个一级指标中,"能源利用"这个指标所占权重最大,占29.3%。56个二级指标中,位列第一序号的是"能源消费总量",所占权数为1.83%,此外还有"万人拥有新能源汽车保有量""单位耕地面积化肥施用量""农药使用量""公众对生态环境质量满意程度""自然岸线保有率""活立木蓄积量""人均地区生产总值增长""居民人均可支配收入""战略性新兴产业增加值占GDP比重""研究与试验发展经费支出占地区生产总值的比重"等多项二级指标。

可持续发展和绿色地区生产总值考核已经进入地方试验和实施阶段,由于各地发展差异和历史遗留问题,地区生产总值考核标准的科学性、有效性和可操作性,都值得进行更深入的研究。

阅读资料4-1   低碳经济和社会发展的控制性指标

为了对低碳经济和社会发展状况采用科学的指标体系进行测量和管理,可以控制性指标为基准,在经济发展的不同阶段,因地制宜地增加选择性指标。

我们下面给出一些控制性指标示例供参考。

（1）第三产业占经济总量比重

指标解释：宏观描述一个地区产业结构分布的最重要经济指标。一般第三产业增加值占GDP比重较高的地区，单位GDP能耗也较小。

计算方法：第三产业占经济总量比重=第三产业总价值÷GDP×100%

（2）单位工业增加值能耗

指标解释：该指标是国家减排指标，是指工业能源消费量与工业增加值的比值，反映的是工业能源利用和工业低碳发展水平。

（3）高新技术产业增加值占本地当年生产总值比重

指标解释：高新技术产业增加值与本地当年生产总值的比值，反映的是第二产业内部结构低碳水平（高新技术产业通常是以高新技术为基础，从事一种或多种高新技术及其产品的研究、开发、生产和技术服务的企业集合，高技术产业增加值统计口径含高技术服务业）。

（4）单位面积绿道里程

指标解释：该指标是指区域内绿道里程与区域面积的比值，反映的是区域内绿道网的建设水平和城市碳汇体系的发展水平。

（5）人均公园绿地面积

该指标源自市城市管理局历年统计指标，是指区域内公园绿地（"公园绿地"指综合公园、社区公园、专类公园、带状公园及街旁绿地）面积与该区域内常住人口数的比值。反映的是区域内城市绿量水平和城市碳汇体系发展水平。

（6）非化石能源占一次能源比重

指标解释：该指标是国家减排指标，是指某年份非化石能源（包括核能和可再生能源，以标准煤计）消费量与当年一次能源消费量的比值，反映的是能源结构和能源消费的低碳水平。

（7）清洁能源占能源消费比重

指标解释：清洁能源，可以分为狭义清洁能源和广义清洁能源。狭义清洁能源实际上是指可再生能源，如太阳能、风能、生物质能、地热能和潮汐能等。广义清洁能源则包括在能源的生产及其消费过程中，选用对生态环境低污染或无污染的能源，如天然气、清洁煤和核能等。本指标注重低碳能源，是广义的清洁能源。

计算方法：清洁能源占能源消费比重=清洁能源消费量÷能源综合消费量×100%

注：消耗电力中可再生能源和工业余能发电量计入清洁能源消耗量，燃煤发电及从电网外购电均不计入清洁能源消耗量。电的折标系数按照上一年火电平均供电煤耗取值。

（8）绿色建筑占新建建筑比重

指标解释：全省规划新建建筑中，达到绿色建筑、节能建筑标准要求的建筑面积比例。

计算方法：$\dfrac{\text{新建建筑中绿色建筑}}{\text{（节能建筑）比例}} = \dfrac{\text{新建绿色建筑}}{\text{（节能建筑）面积}} \div \dfrac{\text{新建建筑}}{\text{面积}} \times 100\%$

（9）既有建筑改造项目绿色化率

指标解释：既有建筑绿色化改造是指通过对既有建筑进行节能、节水、节材、节地、室内环境改善及室外资源优化整合等方面的综合性改造，使既有建筑具备绿色品质，达到绿色建筑标准。既有建筑改造项目绿色化率是指所有要进行改造的既有建筑中绿色化改造的面积占既有建筑改造项目的建筑总面积的比例。

计算方法：$\dfrac{\text{既有建筑改造}}{\text{项目绿色化率}} = \dfrac{\text{既有建筑绿色化}}{\text{改造面积}} \div \dfrac{\text{既有建筑改造}}{\text{项目总建筑面积}} \times 100\%$

（10）公共交通占机动化出行分担率

该指标是指城市居民出行方式中选择公共交通（包括常规公交和轨道交通）的出行量占总出行量的比率。该指标是衡量公共交通发展、城市交通结构合理性的重要指标（公共交通分担率=乘坐公共交通出行总人次÷出行总人次×100%，目前我国的城市公共交通分担率低于10%，特大城市只有20%左右，而欧洲、日本、南美等的大城市的公共交通分担率已达40%~60%）。

（11）公共交通清洁能源应用比例

指标解释：指用于公共交通（公交车、出租车）的电力、天然气及其他清洁能源用量占公共交通总耗能的比例。

计算方法：$\dfrac{\text{公共交通清洁}}{\text{能源应用比例}} = \dfrac{\text{公共交通清洁}}{\text{能源应用量}} \div \dfrac{\text{公共交通}}{\text{总能耗}} \times 100\%$

指标要求：选择性指标。

（12）低碳社区建设数量

指标解释：低碳社区是指安照生态文明建设的理念和要求，在生活垃圾收集管理、资源回收利用、垃圾无害化处理等方面取得进展的示范社区。通过开展生活垃圾分类示范社区工作，探索城市生活垃圾分类技术路线，形成促进生活垃圾分类的政策体系，通过政策引导和宣传发动，引导市民和社会各界自觉参与生活垃圾分类，减少环境污染，促进资源回收利用和垃圾无害化处理，全面提高城市生活垃圾管理水平。

指标要求：按照国家颁布旳低碳社区指南建设符合要求的社区数量。

（13）固体废弃物资源化利用率

依据《中华人民共和国固体废物污染环境防治法》，固体废弃物是指"在生产、生活和其他活动中产生的丧失原有利用价值或者虽未丧失利用价值但被抛弃或者放弃的固态、半固态和置于容器中的气态的物品、物质以及法律、行政法规规定纳入固体废物管理的物品、物质"。根据废弃物来源，固体废弃物分为生活垃圾、工业固体废弃物和建筑废弃物。

资源化是指将废弃物直接作为原料进行利用或者对废弃物进行再生利用。固体废弃物资源化利用率包括生活垃圾资源化利用率、工业固体废弃物综合利用率和建筑废弃物资源化利用率。

生活垃圾资源化是将生活垃圾进行综合处理后转变为可利用的资源，包括焚烧、堆肥以及其他方式综合利用的重要方式。

工业固体废弃物综合利用率是指每年工业固体废弃物的综合利用量与当年工业固体废弃物产生量和综合利用往年贮存量总和的百分比。

建筑废弃物资源化是指将建筑垃圾废弃物直接作为产品或者经修复、翻新、再制造后继续作为产品使用，或者将废弃物的全部或者部分作为其他产品的部件予以使用。建筑垃圾再利用是循环经济的重要内容。

计算方法：$\dfrac{\text{固体废弃物}}{\text{资源化利用率}} = \sum \dfrac{\text{i类垃圾占固体}}{\text{废弃物比重}} \times \dfrac{\text{i类垃圾}}{\text{资源化率}}$

其中，i类垃圾=生活垃圾、工业固体废弃物、建筑废弃物

（14）污水集中处理率

指标解释：污水集中处理率是指经过城市集中污水处理厂二级或二级以上处理且达到排放标准的污水量占污水排放总量（主要指生活污水）的百分比。

计算方法：污水集中处理率=集中处理的污水量÷污水排放总量×100%

（15）生活垃圾资源化利用率

指标解释：生活垃圾资源化利用率：回收利用垃圾量（占资源化处理垃圾量）占垃圾总量的百分比。回收利用垃圾量是指进行物质及能源回收部分的总量。物质与能源回收包含三个部分，即再使用、再生利用、能源回收。

计算方法：生活垃圾资源化利用率=生活垃圾资源化量÷生活垃圾清运量×100%

指标要求：选择性指标。

（16）森林覆盖率

指标解释：一个国家或地区森林面积占土地总面积的百分比，反映的是森林资源的丰富程度和碳汇能力。

计算方法：$\left(\dfrac{\text{林地}}{\text{面积}} + \dfrac{\text{大片灌木林}}{\text{面积}} + \dfrac{\text{"四旁"树与农田防护}}{\text{林带折算面积}}\right) \div \dfrac{\text{土地}}{\text{总面积}} \times 100\%$

阅读资料 4-2　　　　　中国绿色 GDP 核算现状

绿色 GDP 最早由联合国统计署倡导的综合环境经济核算体系提出。国家环保部从 2004 年开始研究绿色 GDP 考评体系（《综合环境与经济核算（绿色 GDP）研究》项目），被课题组专家称为绿色 GDP1.0。2015 年，环保部宣布重启绿色 GDP（绿色国民经济核算）研究。

绿色 GDP，就是把经济活动过程中的资源环境因素反映在国民经济核算体系中，将资源耗减成本、环境退化成本、生态破坏成本以及污染治理成本从 GDP 总值中予以扣除。这一给 GDP 做减法的"账本"已经由环保部环境规划院记录了 10 年，涉及 31 个省区市，每年编写《中国环境经济核算研究报告》。

这十年来，绿色 GDP 大致的研究结论如下：

2004 年，全国狭义的环境污染损失已经达到 5 118 亿元，占全国 GDP

的3.5%；

2008年的环境退化成本为8 947.6亿元；

到2009年，环境退化成本和生态破坏损失成本合计13 916.2亿元，较上年增加9.2%，约占当年GDP的3.8%；

2010年，全国环境退化和生态破坏成本合计15 513.8亿元，约占当年GDP的3.5%。

尽管2004年至2010年环境污染损失占GDP的比例约3%，但环境污染经济损失绝对量依然在逐年上升，表明全国环境污染恶化的趋势没有得到根本控制。让31个省区市'揪心'的核算结果中，海南省环境污染损失最少，占地区生产总值的比例只有百分之零点几。而河北省就比较差，占地区生产总值的7%左右。如果按绿色GDP核算方法扣除，河北省的地区生产总值几乎是零增长或负增长。

出于种种原因，特别是地方政府的反对，绿色地区生产总值核算在部分省份有过试验，但一直没有公开结果。

2005年，10个省区市的绿色地区生产总值核算研究试点和环境污染损失调查启动。

2006年9月，环保总局和国家统计局发布了中国第一份《中国绿色国民经济核算研究报告2004》。同月，全国人大环境与资源委员会专门听取了研究小组关于绿色GDP核算成果的汇报。

在这之后，世界银行援助中国开展了《建立中国绿色国民经济核算体系》的项目。国家林业局、水利部、自然资源部也各自联合国家统计局，开展了森林资源核算、水资源核算、矿产资源核算等研究项目。水利部门和林业部门目前分别完成了水资源和森林资源核算研究。

2006年底，参加绿色GDP核算试点的10个省区市的核算试点研究工作全部通过了环保总局和国家统计局的验收，但只有2个省市公布了绿色地区生产总值核算的研究成果，个别试点省市还曾向环保总局和国家统计局正式发函，要求不要公布分省的核算结果。

2012年，党的十八大要求"把资源消耗、环境损害、生态效益纳入经济社会发展评价体系，建立体现生态文明要求的目标体系、考核办法、奖惩机制"。

和绿色 GDP1.0 相比，绿色 GDP2.0 的研究将寻求创新。在内容上，增加以环境容量核算为基础的环境承载能力研究，圈定资源消耗高强度区、环境污染和生态破坏重灾区，摸清"环境家底"；在技术上，克服前期数据薄弱问题，夯实核算的数据和技术基础，充分利用卫星遥感、污染源普查等多个来源数据，构建支撑绿色 GDP 核算的大数据平台。

以大气和水为例，把大气按照全国 31 个省级行政区的特点、水则按照流域的特点，根据空气和水各自的国家标准和环境功能区要求，计算出达到国家环境质量标准所允许排放的污染量，这就是环境容量。把这个容量算清楚，就可核算出环境容量资产的负债情况。

从正在构思的绿色 GDP2.0 版本来看，主要存在两个维度的问题：

一是如何实现现有的国民经济绿色化，提高传统经济的绿色化程度，也就是把目前 GDP 中那些高消耗、高排放的成分挤掉，扣除环境污染损失和生态破坏损失；

二是创造一些新的绿色产业，特别是生产目前阶段紧缺的生态产品，发展绿色产业。从核算角度看，要核算生态系统生产总值（GEP），并把当期生态环境质量改善的效益也算出来。

绿色 GDP 核算研究是一个新生事物，在方法学、数据质量控制、数据可比性等方面都存在很多问题。它并不成熟，从研究到形成一项可操作的制度需要走很长的路。

资料来源：根据《第一财经日报》2015 年 4 月 29 日报道整理。

4.4　国外政府的实践经验

低碳经济是生产力和社会发展到一定阶段的产物。从这个角度上讲，很多欧美国家都已经走在了发展中国家前面。除了我们刚才介绍的伴随着第一次工业革命崛起的老牌发达经济体，我们这一节介绍一下第二次工业革命和第二次世界大战后快速崛起的发达国家的三个案例。

案例 4-5　　　　　　　　　　　　　　**德国**

　　德国也是在第一次工业革命后期崛起的发达的工业化国家，煤炭曾在德国中长期能源利用中发挥了重要作用。为了发展效率更高、能应用清洁煤技术的发电站，德国政府将发展低碳发电站技术作为减少温室气体排放量的关键，在能源开发和环境保护技术上处于世界前列。

　　德国政府实施了气候保护的高技术战略，将气候保护、减少温室气体排放等列入其可持续发展战略，并通过立法和约束性较强的执行机制，制定气候保护与节能减排的具体目标和时间表。德国主要从以下几方面做出努力：

　　（1）建立和完善低碳经济的法律体系

　　1971 年德国公布了第一个较为全面的《环境规划方案》，1972 年德国重新修订并通过了《德国基本法》，赋予政府在环境政策领域更多的权力。2004 年德国政府出台了《国家可持续发展战略报告》，专门制定了"燃料战略——替代燃料和创新驱动方式"，达到减少化石能源消耗和温室气体减排的目的。

　　德国 1972 年制定了《废弃物处理法》，1986 年将其修改为《废弃物限制及废弃物处理法》。经过一系列实践，1996 年德国又提出了新的《循环经济与废弃物管理法》。2002 年德国出台了《节省能源法环球展望法案》，将减少化石能源和废弃物处理提高到发展新型经济的高度，并建立了系统配套的法律体系。

　　为开发新能源，德国于 2000 年颁布《可再生能源法》，并于 2004 年、2008 年分别进行了修订。规定新能源占全国能源消耗的比例最终要超过 50%。2009 年 3 月，德国政府通过了《新取暖法》，扶持重点逐渐向新能源下游产业转移。2009 年德国环境部公布了发展低碳经济的战略文件，强调低碳经济为经济现代化的指导方针，强调低碳技术是当下德国经济的稳定器，并将成为未来德国经济振兴的关键。

　　（2）开发利用低碳经济技术

　　自 1977 年始，德国先后出台了 5 期能源研究计划，以达到保护气候的目的。2006 年 8 月德国推出了第一个涵盖所有政策范围的"高技术战略"，启动以来共筹集了 30 多亿欧元的私人资本，用于企业技术研发。2007 年德国联邦教育与研究部制定了"气候保护高技术战略"，将在 10 年内额外投入 10 亿欧元，用于研发气候保护技术，德国工业界也将相应投入同样多的资金用于开发气候保护技术。

德国调整产业结构，建设示范低碳发电站，加大资助发展清洁煤技术、碳捕集与封存技术等研究项目，以达到大幅减少碳排放的目的。积极推广"热电联产"技术，减少热量流失，为发电企业带来额外供暖收入。政府计划到 2020 年将"热电联产"技术供电量翻一番。

近年来，德国可再生能源产业发展迅速，已成为新的经济增长点。2004 年修订的《可再生能源法》确定清洁电能的使用率由 2004 年的 12% 提高到 2020 年的 25%～30%，将热电联供的使用率提高 25%。为充分挖掘建筑以及公共设施的节能潜力，德国政府计划每年拨款 7 亿欧元，用于现有民用建筑的节能改造，包括建筑供暖和制冷系统、城市社区的可再生能源生产和使用、室内外能源储存和应用等。至 2020 年，建筑取暖中使用太阳能、生物燃气、地热等清洁能源比例将由 2004 年的 6% 提高 2020 年的 14%。目前，全世界每 3 块太阳能电池板、每 2 部风力发电机中，就有一块（部）来自德国。德国计划到 2020 年将沼气使用占天然气使用的比重提高到 6%，到 2030 年提高到 10%。同时，德国凭借在可再生能源领域的领先技术，全力推动新能源汽车的发展，汽车行业的转型又带动了整个德国发展方式的转变。德国政府于 2009 年 8 月颁布了"国家电动汽车发展计划"，目标是至 2020 年使德国拥有 100 万辆电动汽车。

（3）运用经济手段刺激低碳经济发展

德国自 1999 年 4 月起分阶段执行征收生态税，主要征税对象为油、气、电等产品。税收所得用于降低社会保险费，从而降低德国工资附加费。这样既可促进能源节约、优化能源结构，又可全面提高德国企业的国际竞争力。同时，为减少交通工具的温室气体排放，德国政府规定新车要标注能源效率信息，将二氧化碳排放量纳入标注范围。德国自 2005 年开始，在联邦高速公路和其他重要的联邦公路上对 12 吨以上的卡车征收载重汽车费。

为鼓励私人投资新能源产业，德国出台了一系列激励措施，给予可再生能源项目政府资金补贴。政府还向大的可再生能源项目提供优惠贷款，甚至将贷款额的30%作为补贴。德国提出2012—2014年间购买电动车的消费者可以获得政府提供的3 000~5 000欧元的补助。德国于2002年4月生效的《热电联产法》规定了以"热电联产"技术生产出来的电能获得的补偿额度。例如，2005年底前更新的"热电联产"设备生产的电能，每千瓦可获补贴1.65欧分。

德国工业蕴藏着巨大的提高能效的潜力，如动力装置、照明系统、热量使用和锅炉设备等都有节能改造的空间。德国政府与工业界签订协议，规定企业享受的税收优惠与企业是否实行现代化能源管理挂钩。对于中小企业，德国联邦经济部与德国复兴信贷银行已建立节能专项基金，为企业接受专业节能指导和采取节能措施提供资金支持，用于促进德国中小企业提高能源效率。

案例4-6 **法国**

为了建设生态国家，法国政府从更宏观的角度来指导法国城市发展。2008年10月22日，法国环境、能源与可持续发展部发布《可持续城市计划》，旨在探索策划、建造和管理城市的新模式，并且从全局出发，和城市发展的所有相关人员（地方议员、技术人员、规划人员、企业、居民、商业人员等）分享可持续城市的目标和原则。《可持续城市计划》主要提出三大主张：评选"生态街区"、征集"生态城市"项目、征集公共交通项目。[①]

在城市层面上，中央政府启动了征集"生态城市"项目，筛选地方集体运作的、在城市各领域开展广泛合作的项目。"生态城市"并不是造"村中城"，相反，它必须把新建筑和城市既有遗产紧密联系起来。国家给予技术和资金上的支持，特别是应用高新技术的"生态城市"项目。"生态城市"是法国推行城市可持续发展公共政策的象征。公共交通项目征

---

① http://www.developpement-durable.gouv.fr/Le-plan-d-actions-Ville-durable.html.

集，帮助地方集体加速 TCSP 公交专用道的建设。Grenelle 环境论坛也采纳了增加 5 倍 TCSP 交通路线总长度的想法。

2013 年，法国的城市化率达到 77.5%，而 95% 的法国人的生活与城市息息相关。因此，发展"生态城市"是法国可持续发展公共政策最根本的目标。"生态城市"能够提升城市的经济实力和吸引力，保护自然环境，降低能耗，控制城市规模，满足既有和未来居民的期望。此外，广义上说，"生态城市"是应对土地过度开发、空气污染和温室效应等问题的根本解决办法。

法国在"生态城市"建设方面起步较晚，目前还属于摸索和试验阶段。为落实"生态城市"建设的目标，法国政府在"投资未来"（项目框架内设立了"未来城市"专项发展基金，其中 7.5 亿欧元用于"生态城市"建设，以激发城市规划创新，促进示范性项目的诞生。国家和法国信托局负责基金管理。2010—2014 年，国家开展了第一期"未来城市"发展基金项目，产生第一批法国"生态城市"。

2011 年，"未来城市"发展基金为 12 个 TCSP 公交专用道项目拨款 2 亿欧元，即 90 公里基础设施建设项目，改善"生态城市"周边地区的服务水平。接着，146 个创新项目——涵盖城市规划、流通、能源和资源管理等方面——获得了国家共计 9 400 万欧元的资助。截至 2013 年 9 月 30 日，"生态城市"项目总投资量达到约 33 亿欧元，其中国家投资 2.94 亿欧元。

2012 年 6 月，国家启动第一批"生态城市"项目。"生态城市"网络建设提出以下三大目标：

- 促进知识共享，促进"生态城市"间的交流
- 在全国范围内集思广益，打造集体智库
- 向其他区域推广新的发展模式

国家鼓励地方集体自主实施可持续国土整治示范项目。在国家号召下，法国已有 19 个城市或区域向国家承诺发展"生态城市"，涉及 1 000 万居民，占全国人口的 15%。通过专项发展基金推动，国家引导相关公共部门考虑新的"生态城市"发展框架，并挖掘发展动力和示范性项目。

"生态城市"促进地方经济的可持续发展。在"投资未来"项目框架内，国家支持地方集伝和企业在相关领域通力合作，针对城市面临的各种问题与挑战，找出新方法，提出新思路，加强城市的可持续性发展，促进城市的生态建设。"未来城市"发展基金鼓励各公共和私营部门参与到"生态城市"建设中来。发展基金资助的项目具有创新性和示范意义，但由于发展基金项目期较短，要求"生态城市"项目的启动期也较短。国家期望借助发展基金，帮助地方集体改进升级城市的构思、实施和管理模式，鼓励所有城市"创造者"为保护环境贡献力量，限制开发自然区和农业用地。

"生态城市"从都市尺度上设计，重点集中在旧城改造，从区域各层面着手：生活空间类型、城市习惯、都市活力。"生态城市"项目促进了城市多核结构的形成，每个城区核心在区域共同体的运行中都担当重要角色。DGALN是"生态城市"发展指导机构，它指出，必须使市内各核心区域联动起来，加速能源变革，统筹经济发展、社会发展和环境保护。

法国提倡从以下五大方面、十五个子方面着手，推动"生态城市"建设：

第一，重塑城市，路径：

- 营造城市归属感
- 整合环境机能
- 合理利用土地资源

第二，提高城市舒适度，路径：

- 提高城市环境和生态功能
- 更新城市景观
- 建立便捷城市，在近距离活动圈增加新功能

第三，支持能源和工业生态系统，大力倡导：

- 循环经济，建立更加自主和综合的城市管理模式
- 应用当地可再生资源
- 适度开发

第四，建立更先进合理的流通系统，路径：

- 优化流通链
- 流通方式多样化
- 改变汽车角色

第五，大力发展智慧城市，路径：

- 使用数码工具
- 提供创新服务
- 用户体验

"生态城市"项目尊重既有街区的特殊性、历史背景、地理环境和气候因素等。它将地方规划、建筑、环境、社会和经济特点等方面全部纳入考虑范围。面对差异较大的地方资源条件和发展战略，它主张因地制宜地制定城市生态发展策略，激发各区域的发展活力。

"生态城市"不是造新城，而是改造既有城区。项目应创造价值，提高地区吸引力和城市各元素间的协调性。此外，城市设施应向节能型过渡，优化地方资源和土地的利用。"生态城市"项目是可持续发展城市的试验场所，探索新的城市发展模式。每个"生态城市"项目都设定了一系列横向的可持续发展城市的目标。项目综合考虑了城市发展的交通和流通、能源和资源管理、城市组织和住房等方面，同时从整体上考虑居民、企业和公共部门对城市发展项目的影响。

"生态城市"项目促进社会融合，培养新居住方式。它的行动指南覆盖多个创新领域：

- 树立城市新形象：通过更新城市景观，开发新的城市空间用途
- 提升城市环境质量：通过优化生态服务，提高生物多样性
- 提供新的城市服务：流通、物流、能源、通信、活动
- 培育更强的能源、环境和经济抗冲击能力

最近，法国政府又发起2015—2017第二期"未来城市"发展基金项目，借助此前的"生态城市"建设经验，增强城市发展创新活力，吸引更多地方集体提出建设"生态城市"。第二期项目的预算为3.36亿欧元，其中国家补助1.76亿欧元、投资1.6亿欧元。"未来城市"发展基金第二期将用于投资所有符合项目要求的大型城市，与2014年1月27日生效的"现

代化区域公共政策和肯定都市化进程"的法律文件（2014-58）相呼应。由于发展基金的第二期仅持续3年，时间较短，提交申请的"生态城市"项目必须相对成熟。此外，为促进创新项目涌现，具有城市战略规划和国土整治职能的公共机构及国家公共部门都可以提出项目申请，从2015年9月开始接受报名。

"未来城市"发展基金不只资助"生态城市"创新项目，包括城市规划、能源生产、资源管理、流通，也资助能源更新项目。2013年9月，政府出台"住房能源更新计划"（Plan de rénovation énergétique de l'habitat），2014年1月30日，总理通过《未来城市——能源更新》文件，同意资助"生态城市"能源更新示范项目。这些项目首先由地方集体向国家提出，且必须达到高水准的环境质量和创新要求。该措施配合其他公共措施和政府资助项目，共同实现节能降耗、减少温室气体排放的国家战略目标。

法国推动地方政府建设生态城市，同时通过设立"未来城市"建设引导基金，从财政上来激励地方政府。法国中央政府的最终目标是建设生态国家和生态文明。

案例4-7 **美国**

美国将发展低碳产业作为重振经济的一个战略选择，推出能源新政，重塑经济增长基石；积极推出相关政策法案促进新能源发展；积极推动清洁能源技术开发应用；各州积极制定鼓励清洁能源发展的具体措施。

美国先从法律方面入手支持低碳，2005年通过《能源政策法》，2007年通过《低碳经济法案》。美国政府将大力推动可再生能源发展，使能源产业成为美国经济的主导产业，带动美国各产业实现跨越式发展，政府将加大在能源新技术方面的投资，目前包括超导电网、智能电网、太阳能、光伏电池等在内的一系列能源新技术储备已经充足，这是继IT革命之后，美国技术储备的又一个主要方向。

2007—2008年国际金融危机爆发以来，美国选择以开发新能源、发展低碳经济作为应对危机、重新振兴美国经济的战略，短期目标是促进就业、推动经济复苏；长期目标是摆脱对外国石油的依赖，促进美国经济的战略转型。

2009 年 1 月，奥巴马宣布了"美国复兴和再投资计划"，将发展新能源作为投资重点，计划投入 1 500 亿美元，用 3 年时间使美国新能源产量增加 1 倍，到 2012 年将新能源发电占总能源发电的比例提高到 10%，2025 年，将这一比例增至 25%。

2009 年 6 月，美国完成了《美国清洁能源与安全法案》，用立法的方式提出了建立美国温室气体排放权（碳排放权）限额——交易体系的基本设计。该法案规定的减排目标为：至 2020 年，二氧化碳排放量比 2005 年减少 17%，至 2050 年减少 83%。尽管这一中期目标与国际社会的期望相距甚远，美国应对气候变化的立法过程依然面临诸多挑战，但该气候变化法案的出台，仍标志着美国在二氧化碳的减排方面迈出了重要一步。

美国通过能源政策的调整来发展低碳经济的主要政策措施有以下方面：

*能源战略转型

为美国家庭提供短期退税，应对日益上涨的能源价格。未来 10 年投入 1 500 亿美元资助替代能源研究，并为相关公司提供税收优惠，有助于创造 500 万个就业岗位。大幅减少对中东和委内瑞拉石油的依赖。支持强制性的"总量管制与排放交易"制度，在美国推行温室气体排放权交易机制，力争使美国温室气体排放量到 2050 年比 1990 年减少 80%。

*电力

美国计划到 2012 年，使发电量的 10% 来自可再生能源等，2025 年这一比例达到 25%。推进智能电网计划。

*新能源技术

美国计划用 3 年时间将风能、太阳能和地热发电能力提高一倍。政府将大量投资绿色能源——风能及有着广阔前景的新型沙漠太阳能电池板、核能等。

*建筑

美国将大规模改造联邦政府办公楼，包括对白宫进行节能改造。将推动全国各地的学校设施升级，通过节能技术建设成 21 世纪的学校。要对全国公共建筑进行节能改造，更换原有的采暖系统，代之以节能和环保型新设备。

*汽车

美国将促使政府和私营行业大举投资混合动力汽车、电动车等新能源技术，减少美国的石油消费量。以7 000美元的抵税额度鼓励消费者购买节能型汽车，动用40亿美元的联邦政府资金来支持汽车制造商，力争到2015年实现美国的混合动力汽车销量达到100万辆。

案例4-8　　　　　　　　　　　　　　　**日本**

面对气候变暖可能给本国农业、渔业、环境和国民健康带来的不良影响，日本政府一直在宣传推广节能减排计划，主导建设低碳社会。日本采取了如下建设低碳社会的具体做法。

1.实行新能源科技发展战略，抢占低碳技术制高点

面对能源的日渐短缺，日本把能源技术列为本国的科技研发重点领域，即从提高能源使用效率和发展清洁非化石能源两个方面入手。《第三期科技基本计划》中的4个推进领域之一就是能源技术。2006年6月，日本出台了《国家能源新战略》，从发展节能技术、降低石油依存度、实施能源消费多样化等6个方面推行新能源战略，2030年前将日本的整体能源使用效率提高30%以上；发展太阳能、风能、燃料电池以及植物燃料等可再生能源，降低对石油的依赖；推进可再生能源发电等能源项目的国际合作。

2.加大科研经费投入，全力支持低碳技术的研发

根据日本科技预算重点战略，2008年日本政府科技预算为35 708亿日元，比2007年增加595亿日元，增幅为1.7%。一是用于8个重点领域政策性课题的研究开发经费比2007年增加467亿日元，占政府科技总预算的48.9%。二是战略重点科学技术经费在2007年大幅度增加36%的基础上，2008年又比2007年增加13.4%，从3 873亿日元增加到4 393亿日元。三是增加国家基础骨干技术的资金投入。四是通过科技预算对落实重点科技政策的项目给予经费保证。

3.加强能源立法，规范和支撑低碳社会建设

日本已构建了由能源政策基本法为指导，由煤炭立法、石油立法、天然气立法、电力立法、能源利用合理化立法、新能源利用立法、原子能立法等为中心内容，相关部门法实施令等为补充的能源法律制度体系，形成了金字塔式的能源法律体系。2008年6月11日，日本国会通过了《通过推进研发体系改革强化研发能力及提高研发效率》（简称《研发力强化法》），以法律形式对《第三期科技基本计划》出台以后政府形成的促进科技创新和研发的新理念、新措施予以支持。

[第5章]
可持续城镇化的国际样本

"永别了，泥泞的城市！"

卢梭

这是1750年卢梭在离开法国首都时讲的一句告别语，也是工业化时代所有大都市的缩影。

如今，中国经历了70年的工业化建设，许多城市正在转型，如何对落后或淘汰的生活、工业旧址进行改造，重新赋予其活力是目前城市建设面临的一个棘手问题。在一个旧址，利用原有的资源及地区特点进行升级改造，也给我们提供了创新的空间。本章以点带面，通过全面还原一个在建的法国巴黎生态街区的历史、文化、政治、立项、管理、建设等，来近距离观察法国的做法，希望对目前中国生态城的建设提供一个有益借鉴。[①]

5.1 法国生态街区发展

法国环境与能源管理署从20世纪90年代开始探索并于2001年发布了

---

① 本章参考和引用了作者联合中欧环境科技创业家协会所作的专题研究报告。

《城市环境规划方法》。该方法在项目实施过程中为业主提供决策支持，以期把可持续发展原则应用于城市规划。2004年，法国高品质环境质量协会发布HQE（Haute Qualité Environnementale，高品质环境）建筑评价体系。该评价方法围绕14个方面评价项目管理的方法和技术性能指标。从2010年开始，高品质环境质量协会把研究目标拓展到街区层面，发布了HQE国土整治评价体系。与此同时，雷恩（Rennes）地区、下莱茵（Bas-Rhin）地区等提出不同的评价方法。虽然从区域各自的特定情况出发，内容各不相同，但都以实现"生态街区"为共同目标。

21世纪初，法国几大城市竞相启动"生态街区"计划。与欧洲的先例相比，法国也把着力点放在旧城改造上，但节能/能源自足并不是法国生态街区最重要的考量因素。法国住房、区域平等和农村事务部官方网站指出："生态街区属于国土整治项目，它遵循可持续发展的原则，并充分考虑该区域的自身特点。国家发展了一套可持续城市发展参考办法，同时，各指导性文件也提出了可持续城市的基本原则。"[①]

法国国家生态街区俱乐部成立于2010年，为"生态街区"评价体系的策划者和参与者建立沟通网络。所有《生态街区章程》签署人将自动成为俱乐部会员，获得参加法国住房和区域平等和农村事务部举办的活动（培训、会议等）的资格，并能够进入专属网站查看和下载文档及工具。此外，俱乐部成员还将定期收到生态街区信息报告。相应地，俱乐部成员有义务分享各自的"生态街区"项目经验，相互交流与合作。比如，2013年，法国国家生态街区俱乐部的成员们参加了"生态街区融资"的主题培训，并围绕融资、农村和生物多样性进行了为期三天的全国讨论。

《生态街区章程》包括20项承诺[②]：

方法和过程：突破创新

（1）依托本土资源、遵循当地限制条件，创建满足所有人需要的

---

① http://www.developpement-durable.gouv.fr/EcoQuartier,37480.html.

② http://www.developpement-durable.gouv.fr/IMG/charte%20EcoQuartier%20version%20finale%202013nov2012.pdf.

项目。

（2）规范并落实指导过程和管理办法。

（3）投资决策时考虑全部开支。

（4）规划设计时考虑到使用者的行为和管理者的限制。

（5）落实评价体系和持续改进体系。

生活环境和利用：改善日常生活

（1）优先改良既有城区，控制适当的人口密度，防止城市扩大。

（2）为社会融合、代际混合、共同生活和团结友爱创造条件。

（3）保证健康和安全的生活环境。

（4）保证建筑和城市规划的质量，调和城市集约化和确保生活质量间可能产生的冲突。

（5）提升街区的物质遗产（自然和建筑）、历史和认同感的价值。

区域发展：激活当地活力

（1）促进地方经济均衡和协调发展。

（2）促进功能多样化，创造近距离的便民生活环境。

（3）优化资源和材料消费，发展地方生产要素流通和配置系统，提倡近距离流通。

（4）优先使用慢行交通和公共交通，减少对私家车的依赖程度。

（5）促进数字化变革，简化网络和创新服务的使用流程。

保护资源，适应气候变化：应对气候环境问题刻不容缓

（1）城市化进程应当能够预见和应对气候变化与风险。

（2）节约能源，实现能源多样化，优先发展可再生能源和能源回收。

（3）限制垃圾产出量，发展和合并垃圾再利用与回收部门。

（4）保护水资源，落实重质量的节约用水管理办法。

（5）保护生物多样性、土壤和自然资源。

根据这 20 项承诺，生态街区科学委员会，法国建筑科学技术中心（CSTB），法国风险、环境、运动与治理研究与鉴定中心（Cerema）以及法国住房和区域平等和农村事务部结成合作伙伴，共同发展并完善"生态街区"评估方法。评估方法一方面能够帮助地方集体考量能否实现预设目

标，另一方面帮助国家行政管理部门评估"生态街区"建设对地方公共政策的影响。

法国"生态街区"项目取得的成效超出预期，甚至带来了经济和发展模式上的变革。政府自2008年10月启动第一批 "生态街区"项目评选。第一批28个"生态街区"项目在技术和可持续城市发展方面——水、垃圾、生物多样性、交通、节能和可再生能源、密度和城市形态、生态建造等——提升了街区所在城市的形象。由于初次评选取得了可喜成绩，2011年1月，政府又发起了第二批"生态街区"项目评选。截至2014年，共有32个项目获得法国"生态街区"标识（2014年19个，2013年13个）。

除了改变个人的生活方式外，"生态街区"的建设还具有更广泛而深远的意义：

● 城市的能源变革："生态街区"把人口密度、城市的自然、气侯变化的预期等理念组织起来，并综合落实这些理念。

● 区域均衡：发展"生态街区"的目的之一，是解决人们在生活、住房、工作、娱乐和保持健康方面的困难，提倡社会融合和功能混合，发展当地优势产业，提升地方知识储备的价值。

● "每年50万平方米住房"目标："生态街区"撬动地方发展，它能够充分利用区域的发展潜力，激发经济活力。

"生态街区"也是地方集体应对国家和国际2020年挑战的解决方案：

● "欧洲3×20"：法国承诺在2020年，可再生能源利用率达到能源总量的23%（2012年的目标仅为12%），减少20%的温室气体排放量，并节约20%的能源。

● 名古屋（Nagoya）议定书：法国在 "2010—2020生物多样性计划书"中承诺，提高物种多样性，在加大城市密度的情况下提高城市绿化率和自然面积率。

法国"生态街区"经验充分反映了法国国土整治和城市规划政策的三大目标：住房平等、生态变革和区域平等。目前，已有500多个地方政府加入到国家生态街区俱乐部，"生态街区"已逐渐成为法国住房建设不可忽略的组成部分：2011年申请项目涉及20多万套住房，其中将近6.6万套社会住房。

5.2　赛甘岛-塞纳河岸协议开发区

2013年9月9日，赛甘岛-塞纳河岸①协议开发区获得法国"生态街区"标识，肯定了项目在可持续发展方面付出的长期努力和取得的突出成绩，特别是赛甘岛规划建设中采用的国际顶尖创新生态方案。

1.空间位置

布洛涅-比扬古市（Boulogne-Billancourt）隶属于上塞纳省（Hauts-de-Seine，又称92省）法兰西岛大区（Île-de-France），全市面积6.17平方公里，人口约11.6万（2011年），即1.9万人/平方公里。城市东北面毗邻巴黎16区，北面接壤布洛涅（Bois de Boulogne）森林。

布洛涅-比扬古市是法兰西岛大区东西和南北方向的一个重要的交通枢纽。东西方向上，它连接塞纳河右岸和凡尔赛宫（法国1682—1789年的皇宫）。在南北方向上，它地处现代化的拉德芳斯（La Défense）商务区（欧洲最大的商务中心）和Vélizy-Villacoublay竞争力集群之间。

布洛涅-比扬古市下辖6个区，赛甘岛-塞纳河岸协议开发区位于城市南侧的比扬古-塞纳河岸区，面积约74公顷，约占该市总面积的1/10。赛甘岛-塞纳河岸协议开发区位于大巴黎都市圈内，距巴黎市仅仅几分钟车程。协议开发区项目竣工后，该片区将成为法兰西岛大区继拉德芳斯商务区和巴黎市中心之后的第三大商业中心，对大巴黎地区的发展有着极其重要的战略意义。同时，该协议开发区处在赛弗尔丘陵和默东丘陵的俯瞰范围内，也是从伊西莱穆利诺市沿塞纳河伸展到楠泰尔（Nanterre）市的大巴黎"文化谷"项目的一个重要节点。凭借其重要的地理位置，赛甘岛-塞纳河岸协议开发区的辐射范围远远超出布洛涅-比扬古市。

---

①　位于巴黎城郊的布洛涅-比扬古市距离巴黎中心8.2公里，是法国最富裕的小镇，是巴黎郊区中人口最多的城市，也是欧洲人口最为稠密的市镇之一。

2.行政管理

法国地方行政区划按级别大致划分为市镇（commune）、省（département）和大区（région）三个层次。各级政府享有"审议并决定其权限内的事务的权力"。布洛涅-比扬古市政府的管理权限包括：市镇规划和建设、公共卫生、教育、文化、体育等领域。

由于市镇规模很小，在共同性事务——如水、垃圾、交通和基建等方面——的管理上力量分散、财力单薄，难以产生规模效应和发展大尺度的区域发展计划，有些市镇间缔结成具有法律效力的横向合作机构"区域共同体"（intercommunalité），后者享有市镇移交的某些特定职权。

3.赛甘岛-塞纳河岸协议开发区项目关键数据

• 规划面积74公顷。

• 主要由三部分组成：Trapèze区（37.5公顷）、赛甘岛（11.5公顷）、赛弗尔桥区（10公顷）。其余15公顷包括周边道路、RD1区和赛弗尔桥中转站。

• 占布洛涅-比扬古市面积的10%。

特拉派区（37.5公顷）

• 公共空间占用地面积的50%，其中比扬古公园7公顷。

• 预计容纳1.5万~1.8万名新居民，1万~1.5万名员工。

• 5 000套住宅。

• 办公面积22.31万平方米。

• 60多个商业配套网点。

• 15套公共设施（教育、文化、医疗和社会等）。

• 2013年已有5 000名居民，4 200名员工，13家入驻企业，完成5套公共设施（2所托儿所，1所学校，1个多媒体图书馆兼国家游戏中心，1个公共停车场）。

2012年启动施工，2014—2016年完工。

赛甘岛（11.5公顷）

建筑面积25.5万平方米：

• 文化设施8.4万平方米。

• 酒店和公寓4.2万平方米。

- 办公面积11.2万平方米。
- 商业配套1.25万平方米。
- 体育设施4 500平方米。

绿化空间3.52万平方米：

- 温室公共花园1.2万平方米。
- 绿化露天阳台2.32万平方米。

一条400米长道路将连接岛上所有主要活动区域。

赛弗尔桥街区（10公顷）

- 5 400名居民，2 300套住房，其中1 200套是社会住房（赛弗尔桥区项目将改造和翻新800套），由Paris-Habitat OPH管理。
- 改造和翻新8万平方米办公面积。
- 3 900个停车位，其中600个向公众开放。
- 23个商业配套网点，1个医疗中心。
- 与ANRU签署改造协议，改造公共空间和公共设施。
- 新建商业长廊，建筑面积达1.12万平方米。

在布洛涅-比扬古市政府等的积极推动下，赛甘岛-塞纳河岸协议开发区项目研究并落实了"生态街区"评价体系的各个方面：

- 节约能源，高于认证节能标准要求。
- 住宅混合与绿色交通。
- 大面积绿地分布于公共空间和街区。
- 新颖的水管理系统，促进生活环境和物种多样性。

评审委员会高度认可布洛涅-比扬古市政府和SAEM（la Société Anonyme d'Econmie Mixte Val de Seine Aménagement，简称SAEM，塞纳河谷国土整治混合经纪公司）促进城市发展、加强环境保护的决心，体现在如下方面：

- 节约能源，高于认证节能标准要求。
- 住宅混合。
- 绿色交通。
- 大面积绿地，分布于公共空间和各街区。
- 新颖的水管理系统，促进生活环境和物种多样性。

●可再生能源占冷暖系统耗能的65%，为欧洲大型街区首例。

据估计，到2018年，协议开发区新居民将达到1.5万~1.8万人，企业员工1万~1.5万名。目前新区已有5 000名居民和4 200名员工，共同见证新区建设不断完善，办公、住宅（其中社会住房占30%）、公共设施和商业设施已配套，打造成高度混合的生活与工作新模式。

在布洛涅-比扬古市政府和SAEM的积极推动下，赛甘岛-塞纳河岸协议开发区项目研究并落实了"生态街区"评价体系的各个方面，成为可持续发展的先锋。

在排水系统建设方面，协议开发区采取了创新的露天雨水管理办法，提高生活环境质量，促进物种多样性。因此，比扬古公园安装雨污三水（生活污水、负荷雨水和净雨水）分流制排水系统。露天下陷沟渠收集所有雨水，后者形成缓缓水流，灌溉街区植物。

在建筑节能减排方面，SAEM在项目初期就预见到"热力条例"（Réglementation Thermique，简称RT）的日趋严格，并要求全面实施HQE（高环境品质）建筑标准。因此，协议开发区的建筑能耗比当时的采暖供热规范要求还要低10%~20%。在新区开发过程中，获得BBC（低能耗建筑）标识是所有新建建筑的共同目标。

中央冷暖系统覆盖协议开发区所有新建建筑，它优先使用可再生能源，地热能应用启动后，可再生能源将达到冷暖系统总耗能的65%，这在欧洲大型街区尚属首例。

该协议开发区大力倡导绿色交通，完善慢行交通系统。高度发达的既有公交系统有效减少了私家车的数量：公交车、地铁9号线、T2有轨电车（可抵达拉德芳斯商务区和凡尔赛宫）。不久的将来，这里将建造公共电动汽车站；预计到2020年，地铁15号线的"赛弗尔桥—赛甘岛"站将开通。目前，TCSP公交专用道的建设正在调研中，建成后，将连接Meudon市的Meudon-Bellevue街区、布洛涅-比扬古市中心、地铁9号线（赛弗尔桥站）和10号线（Saint-Cloud桥站）。此外，协议开发区将鼓励步行和自行车出行方式，以弥补协议开发区特别是赛甘岛上减少的小汽车数量。

赛甘岛与协议开发区的其他部分相比，更加重视可持续发展，设定了更高的环境保护目标。它正进行如下尝试：

- 在都市里展示太阳能实验田
- 发展前沿创新的"智慧岛"
- 建设新型交通基础设施
- 推广建筑领域的环保技术

5.3　项目规划与论证

赛甘岛-塞纳河岸协议开发区项目是一个典型的产业变革、城市转型案例。它的最终立项由时代变革和社会发展推动，交融着政府、企业、居民等利益团体的博弈，所以立项过程充满了曲折。

1.立项过程①

20世纪80年代末90年代初是法国商业地产的大繁荣时期。大巴黎地区因人口增长与城市发展的需要，催生出许多大型国土整治项目，涉及住房、交通、公共设施、公共空间等。为避免市场投机行为，1989年12月6日，在赛甘岛雷诺汽车厂濒临关闭之际，法国总理米歇尔·罗卡尔（Michel Rocard）在众议院宣布把赛甘岛改造升格为国家"公共用途"（DUP）项目，由中央直接负责。

雷诺工厂关闭后，对这片土地（特别是赛甘岛）未来的猜想和构思层出不穷，政府和私营部门的博弈、政党/行政团队的更迭、公众的高度关注和广泛参与，这些变化因素令项目进展缓慢。因此，从改造意愿的萌发到立项，整个过程耗费了将近15年。

富卡德曾任圣克卢市市长（1971—1992年），也是法兰西大区议会第一副主席（1986—1995年）。1995年上任布洛涅-比扬古市市长后，他依托法兰西岛大区规划指导纲要，发动修改塞纳河谷规划指导纲要，经国家

---

① L'île Seguin, demain : Histoires, architectures, cultures, Anne-Sophie Coppin, 2 décembre 2009, http://gpmetropole.fr/blog/ile-seguin-le-soap-opera-de-lurbanisme-francilien/.

确认生效。他集塞纳河谷混合合作机构、中央政府、法兰西岛大区和上塞纳省之力，将雷诺旧址改造项目的总建筑面积扩大至100万平方米。1997年，塞纳河谷景观规划大纲又提出整治和美化塞纳河谷的丘陵、河岸的目标。因此，雷诺旧址重整项目从布洛涅-比扬古市扩展到与之隔河相望的默东市部分区域。为了协调雷诺工业旧址和相邻街区的发展，赛弗尔桥区重整也首次纳入研究范围。

经过长期调研，1999年，雷诺通过招投标，向建筑开发商团体DBS（Developement Boulogne Seguin，布洛涅-赛甘岛开发）出让特拉派区土地。2000年，DBS和雷诺签订土地出让承诺书。根据承诺书，土地出让程序将遵循商定的日程表进行，土地售价和市场价格脱钩，按照协商指数计算。该开发商团体预计开发约120万平方米建筑面积，同时将根据上塞纳省省长的要求，确保住房的社会和城市功能混合，确定了住房面积（33%为社会保障房）、办公面积、活动和设施配套的总体分配脉络。

在布洛涅-比扬古市，土地供应接近饱和，雷诺旧址改造（特别是赛甘岛）对该城市未来的发展至关重要。雷诺执行土地出售计划之时，市政府也委托G3A公司对雷诺旧址进行调研，制定发展战略。市政府对旧址土地虽然没有支配权，但它能够利用地方城市规划（PLU）并通过施工许可证的审批权限，把控该区域发展方向。市政府制定框架性文件制约全体开发商，并设计国土整治和配套设施的投资参与度。因此，布洛涅-比扬古市对赛弗尔桥区和特拉派区进行项目设计方招标，招标要求设计方从整体考虑雷诺旧址和附近区域（默东市和赛弗尔市）的协调发展。与此同时，G3A对赛甘岛重整开展可行性研究。

2001年，招投标确定Christian Devillers和Patrick Chavannes分别担任赛弗尔桥区和特拉派区的总建筑和城市规划师。中标规划方案确定了城市规划、建筑设计和景观规划的主要不变量、项目的核心思想、可开发建设用地、外部形态、新街区定位，以及国土整治的主要原则。方案特别详细说明：

- 自然在规划中享有优先地位。
- 详细的规划构成说明。
- 各建筑群区块边缘的处理。

- 城市形态遵循的主要原则，亟待开发建筑群的主要脉络。
- 建筑群内部构成的主要原则。
- 多元化的建筑（建筑群边缘和内部）外形、尺寸、容量、类型以及顶部处理。

2001年，市政府着手整体规划赛甘岛。在G3A协助下，"一岛两文化"的构想诞生了。赛甘岛将既是一个"艺术城"，也是一个"科技城"。在艺术方面，依托雷诺当代艺术博物馆，岛上将建设文化和休闲中心，嵌入娱乐、商业、服务等配套设施。在科技方面，岛上将引入高校、高新技术企业、研发创新中心。岛上将不建私人住宅，来自世界各地的科学家、艺术家和学生将居住在酒店和公寓中。这个规划方案或多或少吸纳了20世纪90年代让厄德·胡耶的建议。

市政府决定征收赛甘岛上游地块，担任项目业主，以便更好落实"艺术和科技岛"方案。早在2001年，雷诺已向私人地产开发商团体DBS出让赛甘岛和特拉派区等比扬古地区52公顷土地，并签署土地出让承诺书。经协商，地产开发商团体同意把赛甘岛土地转让给市政府和皮诺基金会，皮诺当代艺术博物馆效果图见图5-1。

图5-1　皮诺当代艺术博物馆效果图（©Tadao Ando）

在特拉派区参考规划的基础上，从雷诺旧址、赛弗尔桥区及所在环境出发，建立项目总体框架。同时，每月举办一次协商大会，围绕规划大方向，与居民和环境协会讨论。整体参考规划经优化和技术可行性检验，2002 年 6 月 6 日，由市议会表决通过。整体参考规划后来成为协议开发区规划管理规定，经市议会投票通过，被纳入该市的地方城市规划。

整体参考规划确定了四个主要原则：（1）雷诺公司出让的 52 公顷土地中，一半用于建设公共设施、绿化空间、公共空间，鼓励发展可持续交通。（2）为实现城市多元化，新建住房中，出售和出租并存，1/3 住房将享受政府补贴。同时将建造办公楼、商业区和公共设施（如托儿所、学校、体育馆、信仰集会场所），翻新赛弗尔桥区。（3）重点依托文化和科技产业创造就业，特别是依托皮诺基金会的投资。（4）改造交通系统，促进可持续交通、公共交通（比如新建有轨电车站点）；控制小轿车流量。

2002 年 9 月 13 日，布洛涅－比扬古市政府、雷诺基金会和雷诺公司在市政府签署多项协议。首先，雷诺公司分别与皮诺基金会、市政府签署土地出让承诺书，承诺向市政府出让赛甘岛 8.9 公顷土地（以 3 300 万欧元的价格）建设桥梁和停车场的用地，向皮诺基金会出让赛甘岛 2.35 公顷土地（以 1 500 万欧元的价格）。其次，在与市政府签署的第二项合作协议中，皮诺基金承诺出资 1 000 万欧元，与市政府和雷诺公司共同负责岛下游、新桥和停车场的整治和建设。最后，市政府、皮诺基金会和雷诺公司三方签署协议，明确了公共空间规划、赛甘岛一期工程（酒店、艺廊、艺术工作室）和皮诺基金会项目的施工计划。①

2004 年 5 月，市议会通过新地方城市规划纳入了协议开发区规划管理规定的内容。根据新地方城市规划，赛甘岛的可开发建设面积上限为 17.5 万平方米。

2005 年 4 月和 2006 年 4 月，布洛涅－比扬古市分两次向法国国家城市改造管理局（ANRU）提交赛弗尔桥区改造补助的申请。2006 年 9 月，

---

① http://www.skyscrapercity.com/showthread.php?t=134286

ANRU批准项目补助，预计资助1.46亿欧元。2007年5月，上塞纳省和布洛涅–比扬古市议会也分别通过该议案。2008年7月，布洛涅–比扬古市、ANRU、上塞纳省议会、法国信托局、廉租房管理协会（Foncière Logement）、廉租房管理机构（OPAC Paris）共同签署改造协议。

5.4　项目典型案例

赛甘岛–塞纳河岸协议开发区包括以下三大部分：

● 赛甘岛（11.5公顷）：以"文化"为主题，建造一个公共文化中心（上塞纳省音乐城）和一个私营文化场所（R4当代艺术中心），可附带发展其他文娱活动。

● 特拉派区和其他分散土地（37.5公顷）（又称为比扬古河岸区）：将建成一个多元化的、充满活力的综合性街区，包括住宅、办公、公共设施、商业配套、漫步道和一个7公顷公园。

● 赛弗尔桥区（10公顷）：通过翻新、重整和强化商业活动，使其充分对雷诺旧址新区和布洛涅–比扬古市开放。

案例5-1　　　　　　　　　　　　赛甘"艺术岛"

1. 赛甘岛总体规划

赛甘岛定位是文化活动高度集中的、法国独一无二的、具有国际影响力的文化岛。公共和私营部门携手合作，共同打造对公众开放的创意岛。

J.Nouvel建筑师事务所的赛甘岛规划方案雄心勃勃。项目竣工后，岛上的每日人流量将达到2万人次，其中游客占一半以上。赛甘岛上下游建文化设施，岛的中部有办公、商业、电影院等。这样的产业布局的目标是，增加岛上人口密度，小岛不论在工作日还是周末都具有生命力。法兰西岛大区的文化产业非常丰富，在这样竞争激烈的背景下，赛甘岛必须实现产业布局的和谐统一，并发展自身特色产业，培养喜好群体。

赛甘岛规划面积11.5公顷，赛甘岛建筑面积将达到25.5万平方米，岛上预计兴建：

● 公园1.2万平方米

- 露天阳台 2.94 万平方米，其中绿化面积 2.32 万平方米
- 文化设施 8.4 万平方米
- 住房 4.2 万平方米
- 办公/活动 11.2 万平方米
- 商业配套 1.25 万平方米
- 体育设施 4 500 平方米

赛甘岛的设计富有想象力，并充分尊重所处的自然环境和自身特点，规划简图见图 5-2。小岛一侧墙体为独一无二的线性结构，唤起人们对雷诺旧址的记忆。岛上建筑物大致分为三个层次，分别与塞纳河、特拉派区和默东山丘的高度相对应。①

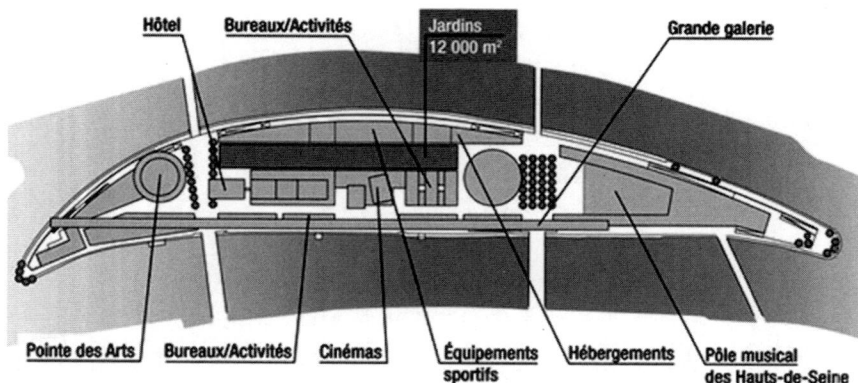

图 5-2　赛甘岛规划简图（© SAEM Val de Seine）

地标建筑高达 110 米，顶端公共景观台向人们展示一个俯瞰塞纳河谷和大巴黎地区的绝佳视角。目前，岛上的地基已基本完成。

2.赛甘岛设计理念：向所有人群开放、持续的活力

赛甘岛项目策划者希望吸引各类人群：富人和高级白领、安静购物

① http://www.ileseguin-rivesdeseine.fr/fr/article/une-eco-cite-culturelle-en-devenir.

和消遣的人群、带着自行车和小摩托车来娱乐的年轻人（可能更加喧闹，把烟头和酒瓶留在岛上）、街头艺人和观众、街头流动商贩、搭车旅行者等。

形形色色的人群自身就是一道风景线，为赛甘岛增添吸引力。群众对聚会场所的需求很大，如跳舞、友人聚会等。目前，布洛涅地区还没有这类场地，赛甘岛项目则填补了这一空白。演出厅在淡季可以作为聚会用途，月明时还可开放露台。项目的设计者期望赛甘岛成为工作之余新生活方式的实验场所，它融合各种娱乐与工作。项目开发商致力于打造一个针对所有类型人群开放、24 小时保持活力的赛甘岛，不论是工作日还是周末。岛上有 1.5 万常住人口，组成人群因时间而异：

● 工作日的白天，首先是写字楼的上班族和商业区雇员进出赛甘岛，他们的流动时间相对集中，1.2 万人 8 点到 9 点半间和 17 点到 18 点半间在岛上活动。一小部分企业高管的流动时间弹性较大。还有商业长廊和其他配套商业设施的顾客、商务约谈者、游客、退休者、家庭主妇、失业者和其他空闲者、酒店顾客、物流配送员及预备晚上活动的人。夜幕降临前，雇员离开办公室，与学生和其他消遣休闲人群一同离开，夜班雇员进入小岛（总共 3 000 人在同一时间进出小岛，白天流动多次，即 9 点半到 17 点之间进出 9 000 次）（见图 5-3）。

● 工作日的晚间，岛上有（下班较晚的）企业高管、夜间活动（如交响乐、马戏、电影、酒店等）设施使用者、餐馆顾客、年轻人和老年人（共 1.5 万人，如雇员（占 10%）、3 500 个音乐听众、1 500 个观影者和马戏观众、100 位餐馆客户等）。节假日前夜的活动更多。

● 周末，有散步者、游客、娱乐设施使用者。

3. 功能的高度混合性

为提供各种形式的服务，接待不同需求的使用者，赛甘岛提倡功能混合。工作、休憩、娱乐、商业、服务等各种功能，将赛甘岛塑造成一个不同寻常的工作和生活环境，赛甘岛景色见图 5-4。一条 400 米长的漫步道贯穿全岛，把岛上主要的建筑物和景点连成一线。8.4 万平方米的建筑面积用于发展文化产业，相当于整个岛建筑面积（25.5 万平方米）的 1/3。

不论白天或夜晚，人们在餐馆、商铺等场所不期而遇，共同发现岛上新颖
而丰富的活动。

图5-3　赛甘岛白昼© Ateliers Jean Nouvel

图5-4　赛甘岛生活环境© Ateliers Jean Nouvel

4.环境

赛甘岛将是一个可持续发展的绿色岛。岛上有一个1.2万平方米的公园连接岛屿上下游两端建筑。公园为使用者提供休憩和遐想的空间，多种生物气候不同的植物令公园四季宜人。岛上优先发展绿色交通和慢行交通系统，限制汽车通行量。岛上也将发展高新技术方案，优化电力消费、水管理和物种多样性。

项目通过相应的传统或先进的城市建设技术，达到"可持续发展"的要求：

● 提高建筑能效：加强隔热和能源回收。建筑供暖和制冷来源于城市蒸汽和冷却系统，比各建筑安装独立系统更加高效。蒸汽的2/3来自伊西莱穆利诺的垃圾焚烧工厂。

● 地热能也被提及：最新技术或许能够突破30多年前失败的瓶颈。当时也是在布洛涅地区，Pouillon建筑群安装了地热供暖系统，因腐蚀原因，计划失败。协议开发区供暖和制冷公共服务的受托方IDEX，将把地热井接入协议开发区冷热系统。

● 雨污三水分流制排水系统：能够有效减少降雨时排入塞纳河下游（Achères水站）的水量，减少暴风雨时塞纳河污水溢出的风险。

● 垃圾管理：建立轮胎回收系统（特别是特密城区）的构想最终未实施。这个源于瑞典的回收系统被欧洲（如西班牙的巴塞罗那和Séville）和欧洲以外的国家采纳。法国巴蒂尼奥莱（Batignolles）协议开发区将建立这一系统。赛甘岛将采用经典的垃圾回收系统：每天10吨，即一个吊桶的处理量。城乡共同体只负责回收家庭餐厨垃圾（数量少，约1 000户）。餐馆的餐厨垃圾是否必须回收还未确定。企业和类似机构的垃圾将由它们自行负责回收和处理。在理想情况下，赛甘岛的垃圾管理由一个私营机构全面负责，包括岛上所有企业垃圾，最优化垃圾回收路径，减少吊桶的运输量。企业垃圾里含有大量纸张、纸盒等可完全回收再利用的材料。

● 地下管网系统：在赛甘岛上，道路的面积十分有限，使用频率非常高（玻璃罩下漫步道、商业通道、流通通道），道路上的任何施工都将对使用者产生严重影响。因此，地下管网系统的建设非常有必要。

5. 岛上交通

对赛甘岛而言，交通可达是最根本的问题。过去20多年的调研发现，岛上的建设必须与道路基础设施、新的交通方式以及各种交通方式的衔接同步。城市规划吸取了"无汽车岛"的想法，限制在岛上建停车场。因此，赛甘岛项目的成果依赖两种还未存在的公共交通：大巴黎地铁和城市轻轨（或公共交通专用道），从T2向布洛涅-比扬古市延伸。

大巴黎快车（Grand Paris Express）宣布，将在该区域设立"布洛涅-赛弗尔桥"站，赛甘岛可能设立一个快车站入口。公交专用道的建设取决于法兰西岛大区运输工会（Syndicat des transports d'Île-de-France，简称STIF），线路串联赛甘岛、特拉派区、比扬古和该市其他区域。

该市的道路交通由交通主干道业主上塞纳省议会决定。这些道路已过度使用。法国巴黎塞纳河西城乡共同体（Communauté d'agglomération Paris Seine Ouest，简称GPSO）主管地方交通与临时交通系统。为统筹这些决策中心和融资来源，或需成立一个公共机构（行政公共机构EPA或工商公共机构EPIC），作为交通基建的统一业主。

从总体来说，赛甘岛享有高效的交通服务，不论是道路交通，还是公共交通（地铁、城铁、16条公共汽车线路等），把赛甘岛和巴黎心脏区域、拉德芳斯商业区、机场联系起来。有三个公共停车场（总共1 800个停车位）接待游客。此外，赛甘岛上将发展新的交通：2018年通车的大巴黎快车站和TZEN（当地运行的创新型交通方式）。

案例 5-2   **赛弗尔桥区旧城改造**

1. 赛弗尔桥区设计理念

赛弗尔桥区改造项目，目的是重新建立该区域和城市及新区之间的联系，统筹旧区和整个协议开发区整体发展，帮助旧区居民融入新环境。因此，开发思路非常清晰，将改造的核心内容定位于赛弗尔桥区的内部通道：打通内、外通道，建立旧区（赛弗尔桥区）和新区（特拉派区与赛甘岛）的联系。

项目提倡建立新的入口和通道，开放街区，提高它的吸引力，促进社会和谐。首先，项目连接旧区和周围三条主干道（Général Leclerc 大道、

Yves Kermen 路和 Vieux Pont de Sèvres 路）；在这个基础上，修建商业长廊，连接 Général Leclerc 大道和协议开发区其他区域。其次，项目重新整顿外部公共空间，提高街区吸引力，美化街区形象，为居民提供便利、和谐的外部环境。再次，项目全面翻新楼宇外墙，翻修住房内部并改造公共空间。最后，项目还包括重整停车场和公共设施等。

赛弗尔桥区更新改造项目的发展符合以下文件设定的目标：

- 法兰西岛大区规划指导纲要（SDRIF，1994 年）
- 塞纳河谷规划指导纲要（1996 年 11 月 13 日）
- 塞纳河谷地域协调发展纲要（SCOT）
- 布洛涅-比扬古市地方城市规划（2004 年 4 月 8 日）
- 赛甘岛-塞纳沿岸协议开发区实施文件（开发区规划管理规定等，2004 年 4 月 8 日）

此外，项目还采纳地方住房纲要（PLH，2006 年 3 月）的某些目标，特别是在改善原有社会住房质量方面。项目区与社会住房业主（OPAC）签订了合作协议，共同监管改造项目关于社会住房的社会混合和代际混合目标。为有效推进项目，上塞纳省省长给整个协议开发区项目发放"公共用途声明"（2006 年 7 月 31 日），有效期 10 年。

赛弗尔桥区更新改造项目充分体现了可持续发展的要求，建立街区和城市间的可持续联系，提升区域吸引力，提高街区的功能性。值得注意的是，为方便老年人和残障人士进出，改造项目采取了不少特殊措施（见图 5-5）。

经过 Constant Lemaître 天桥，行人能够轻松地从上层商区到达比扬古公园和赛甘岛大道。此外，新区居民可以通过天桥方便地使用赛弗尔桥区的商业设施。天桥宽 8 米、长 125 米，从上层商区出发，横跨 Vieux Pont de Sèvres 路，到达 Georges Besse 公园广场。天桥位于雷诺交流中心和 C1 建筑群之间。C1 建筑群包括著名的 Tour Horizons 大楼和长颈鹿零耗能托儿所。

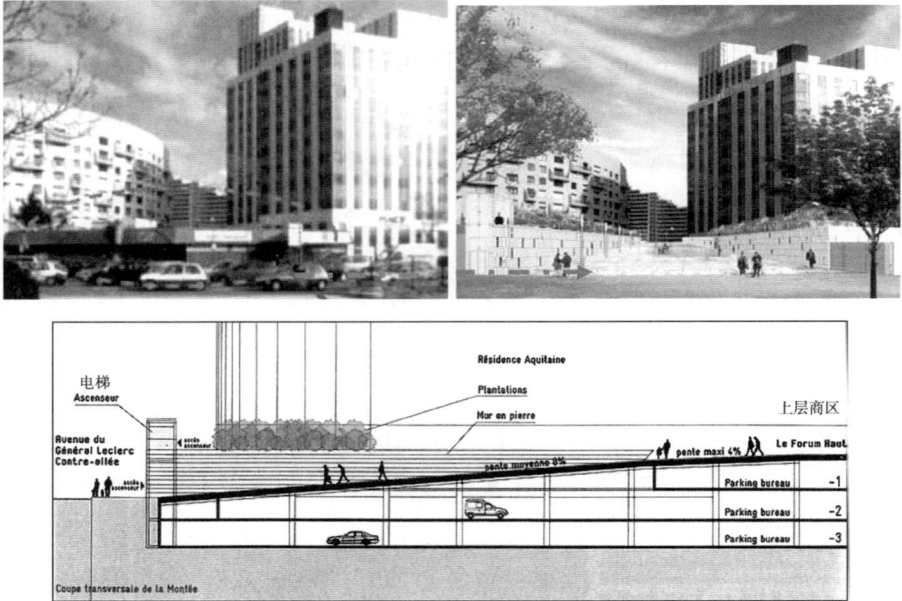

图 5-5　上坡道 La Montée 改造前后对比图

　　Constant Lemaître 天桥进一步促进赛弗尔桥区向新区公共空间开放，是赛弗尔桥区更新改造项目的一个重要部分，是连接赛甘岛-塞纳河岸协议开发区和地铁的主要通道之一。天桥鼓励慢行交通方式（步行和自行车）。在突发情况下，急救车可借道通行。天桥底端设有电梯，供残障人士使用，电梯连接 Vieux Pont de Sèvres 路和上层商区。天桥的中空结构可容纳技术设施和餐馆，露天阳台正对公园广场。植被覆盖天桥墙面。商业步行通道从 Général Leclerc 大道向协议开发区新区延伸，连接改造后的 Aquitaine 通道、Vieux Pont de Sèvres 通道、Tour Horizons 大楼以及长颈鹿托儿所。

　　重整道路，提高老塞弗尔桥区边缘和周边道路的质量。

- 重整 Vieux Pont de Sèvres 路，将其拓宽 20~26 米。
- 重整 Yves Kermen 路。
- 重整外部公共空间，为街区居民和使用者提供舒适的外部环境，提升街区吸引力。

●重整上层商区和下层商区，把它们改造成涵盖商业、活动和小区设施的公共广场。

●修整上层广场（La Place Haute），把它改造成公共广场。

●兴建绿色通道——景观道 Le Mail，连接 OPAC（巴黎社会住房业主）住宅和通往 Yves Kermen 路的楼梯。

●重整无梁楼板下的停车场。

●建造大型公共停车场，作为商业、住宅、办公的配套设施。停车场委托给专业公司管理。

●重整 OPAC 居民停车场，车位总数与居民总需求相匹配，约 750 个车位。

●安装电梯，连接停车场和外部空间，提高停车场的可达性和实用性。

此外，部分车位将被拆除，以实现空间连接。

为避免大拆大建，翻修了赛弗尔桥区既有楼房。这些 20 世纪 70 年代建筑将经历庞大的翻修工程，包括建筑内部、外墙和某些公共部分，由 OPAC 负责。外墙整体翻新将彻底改变旧区形象，与赛弗尔桥区公共空间改造相一致。

商区的商铺也将迎来较大改造。某些商铺将调整经营方向，所有商铺将面向景观道 Le Mail。另外某些商铺也将经过改造用来改善生活垃圾管理，修建统一的楼管室。

翻修细节如下：

住房内部翻修：

●电路合规化

●基础卫生管道工程（卫生间、水龙头、水平管网）

●天然气工程合规化

●铺设瓷砖（每户 10 平方米）

房屋外墙翻新：

●更换外墙全部壁板

- 更换全部门扉窗扇
- 更换栏杆（根据需要）
- 修整50%天台的密封性
- 绿化天台

重整公共部分：

- 改造商区商铺，所有商铺面向公共林荫道
- 建生活垃圾房，促进垃圾分类收集
- 建统一楼管室
- 建自行车库和婴儿车库

旧区改造提倡社会多样化，即设法将外部人员融入旧区中，共同使用旧区的公共设施，特别是来自雷诺旧址新区的人员。

- 向新区延伸的林荫道保证了新区和赛弗尔桥旧区的商业连续性，新、旧区共同构成和谐、生机勃勃的社会城市区。
- 凭借集中的公共和集体设施，赛弗尔桥区的辐射范围超越自身，覆盖新区OPAC住宅的公共区域。

赛弗尔桥区高层楼群同样建于20世纪70年代，由9个六边形花瓣状的3栋独立大楼构成，最高部分达100米。它曾是巴黎西面门户的标志性建筑，也是目前布洛涅-比扬古市的最高楼。楼群总建筑面积8万平方米，美国通用电气（GE）集团是大楼业主。

2007年7月，通用电气资本房地产（General Electric Capital Real Estate）公司通过国际建筑设计招标确定Dominique Perrault Architecte（简称DPA）建筑设计事务所为赛弗尔桥区高层楼群改造提供设计方案。2011年，通用电气资本房地产公司和BNP（巴黎房地产）公司达成合作协议，成立合资公司SAS des Tours du Pont de Sèvres，作为改造项目业主，两家公司分别持股40%和60%。根据合作协议，BNP公司负责项目投资，项目竣工后，50%建筑面积将以合同方式出租给GE集团。2013年11月7日，GE和BNP公司在布洛涅-比扬古市市长见证下举行了工程奠基仪式，该工程于2015年第三季度完工。

图 5-6 赛弗尔桥区高层楼群

　　DPA 建筑设计事务所把楼群重新命名为 Citylights（城市之光），即改造完成后，不论白天还是夜晚，建筑群都如同一个明亮的灯塔，由远及近直至进入布洛涅-比扬古市都清晰可见。因此，去除石棉后，老化粗糙的橘色外墙被抛光铝、银色百叶窗、玻璃等平滑材料取代。Citylights 的最外层将包裹透明玻璃，露出内层的银色"肌肤"，如图 5-7 所示。在白昼，整个楼群银光闪闪，如图 5-8 所示。此外，每个"花瓣"的部分墙面比楼面略倾斜，形成折叠效果，折叠墙面占楼面总面积的三分之一。即使在夜间，大楼也一样熠熠生辉，从远处能看到一个与众不同的光影轮廓。

图 5-7 Citylights 夜景

图5-8　Citylights白昼

图5-9　Citylights 平整墙面和折叠墙面

　　DPA还在9个"花瓣"基础上增加了一个"花瓣",建筑面积因此增加8万平方米。改造完成后,GE原位于巴黎和拉德芳斯商务区的2 600名员工将搬迁到这里办公。BNP公司将把剩余的3.9万平方米办公区域出租给其他企业。

Citylights 在室内设计上也别具一格。设计师 Didier Gomez 首先考虑 Citylights 的隔音、安全装置、高层建筑物（immeuble de grande hauteur，简称 IGH）标准等因素和规范。在这个系统限制框架内，他着手研究如何丰富楼群的室内装潢，并参考了居家、酒店、博物馆等其他生活空间。

建筑群内部空间由体积和尺寸大小各异的空间组成，D. Gomez 努力放大和发挥这些空间的特点，并通过使用庄重典雅而又不失通俗的材料，使空间更人性化。室内的高亮度营造现代感，也营造一种温暖舒适的感受。

D. Gomez 的设计方案的特点是：非典型、现代化、人性化和活力。

改造后的 Citylights 在功能上将大大超越写字楼，提供了舒适的生活环境。Citylights 内部将拥有各式各样的服务，为员工的生活提供便利：四个企业餐厅（每天能够提供 3 000 份餐食）、托儿所、多功能传达室、健身房、差旅休息室、会议中心（最大会议室能容纳 300 人）、小会议室、会面室、商铺等。再加上赛弗尔桥区上层商圈，该区域发达的服务业将能够完全满足职工的所有需求。

Citylights 建筑群设置了很高的环境目标。楼群连接 Idex 集团供热系统。大楼消耗的 64% 能源来自可再生能源，满足了建筑群大部分的制冷和供暖需求。此外，与改造前相比，建筑能够节约 30% 用水。建筑群内外部将栽种大量绿色植物，提高这里的生物多样性。Citylights 将获得 BBC（低能耗建筑）标识、HQE（高品质环境）质量认证（Exceptionnel 级别）和 Breeam 绿色建筑认证（Very Good 级别）。

这个楼群改造项目，在没有动楼宇框架的前提下把破旧的建筑变成了节能、现代、舒适的办公楼，做法本身也体现了"低碳"，室内装潢效果见图 5-10。现在，我们见到太多的大拆大建，很多建筑寿命没有超过 10 年，就遭到强拆，即使建成后的新建筑再节能，如果从整个项目通盘考虑，它也并不节能。所以我们应该树立一种信心，通过有效改造也可以做到低碳和现代化。

图 5-10　Citylights 室内装潢效果图

　　赛弗尔桥区的更新改造由 SAEM 和廉租房管理协会 OPAC de Paris 共同主导，前者负责公共空间和楼板的更新改造，后者负责住房翻新。

　　2.赛弗尔桥区项目策划和管理

　　自 2001 年起，布洛涅-比扬古市、廉租房管理协会 OPAC de Paris 和法国政府共同启动赛弗尔桥区的项目策划。2004 年，市政府与 OPAC de Paris 签署一项调查协议。前期合作促成了如下主张：

　　1）整体战略指导

　　赛弗尔桥区改造项目成立指导委员会，指导委员会由项目业主和合作伙伴组成，布洛涅-比扬古市市长担任主席。指导委员会每年至少举行一次全体会议，跟踪项目落实，为项目制定战略决策。

　　指导委员会成员组成如下：

- 布洛涅-比扬古市市长和两名副市长
- 廉租房管理协会（OPAC de Paris）
- SAEM
- 法国国家城市改造管理局（ANRU）
- 中央政府
- 上塞纳省议会

- 企业职工出租房促进协会（La Foncière Logement）
- 法兰西岛大区议会
- 法国信托局
- 项目建筑和城市规划师（Christian Devillers）

2）项目的具体运作（管理、协调）

SAEM 和 OPAC de Paris 共同担任赛弗尔桥区更新改造项目的工程项目管理单位。SAEM 担任赛弗尔桥区项目的总运作指导，协调项目业主代表间的合作，保证施工过程中各环节有序进行，负责项目的整体调度。2004年，SAEM 与布洛涅–比扬古市签署国土整治协议，在此框架下承担协议开发区项目的管理职能。

SAEM 对赛弗尔桥区的主要职责如下：

- 和布洛涅–比扬古市政府共同承担项目的战略指导、调研、管理和协调，直至项目圆满结束。此外，SAEM 还特别与 OPAC de Paris 共同开展施工调度。
- 协调开发区内及其周边环境的城市规划、景观规划和整体建筑设计。
- 为落实项目，筹备和跟踪所有相关行政手续：公众用途申报（DUP）、公众意见征集、规划文件修改等。
- 项目的财务和账目管理。作为 ANRU 的唯一对话者，SAEM 负责调动融资和跟踪市镇级别的公共补贴分配进展。
- SAEM 定期向合作伙伴汇报项目进展，应用多种项目跟踪工具，如实施计划（预期和实际）、财务运营图及其他运营图。
- 土地管理：地权研究和前期谈判，同相关方面达成协议，通过协商获得或征收方式，获得项目所需用地。
- 协商、沟通和组织，特别是同开发区居民和使用者、机构组织、合作企业间开展对话。

按照 SAEM 和市政府签署的协议，SAEM 将负责管理以下工程的施工内容：

- 公共空间
- 商业通道

- 公共设施，包括该市的集体活动室
- 公共停车场

SAEM 需在动工前确保土地管理，动工后跟踪施工过程，控制施工质量，确保施工按招标细则进行。验收后，所有公共工程将交还布洛涅–比扬古市政府，后者将成为这些工程的最终业主和管理人。

此外，SAEM 负责商业长廊的商业化，筹备公共停车场特许经营权转让（编制转让细则，组织招标，办理物业转让等）。SAEM 指派一位项目负责人和一位施工负责人，来充分履行这些职责。两位负责人借助 SAEM 的组织和资源，得到 SAEM 管理层和秘书长的协助。

2004 年，OPAC de Paris 成立了国土整治和城市更新管理部（Direction de l'Aménagement et du Renouvellement urbain，简称 DARU），以便更好地落实各项复杂的城市更新改造项目。

DARU 围绕城市更新改造项目，它的任务如下：

（1）确保项目有序开展，从前期的推动阶段，到整个项目的协调和运行阶段。

前期工作包括想法的提出和项目的定义，这个阶段对向 ANRU 提交材料有着决定性的影响。一般来说，可行性分析和申请的筹备阶段需要几年时间。能否得到 ANRU 资助，对 DARU 的项目运作能力提出了很高要求。

（2）协调 OPAC 各部门的参与，具体工作分别在各部门展开。考虑到各个城市更新改造项目的特殊性，OPAC 现有的各项职能都可能被调动起来，涉及众多部门，如改造和新建部，地权、法律、财务、租赁管理等部门。虽然这些部门的参与只是阶段性的，但这些既有职能部门将充分融入项目整体中，避免把城市更新改造当作独立的、由 DARU 单独操作的项目。

（3）DARU 是 OPAC 唯一的对话者，与外部合作伙伴和围绕更新改造项目成立的机构进行沟通。

在赛弗尔桥区项目，OPAC de Paris 负责以下施工内容的管理：

- 住房翻新
- 公共区域重整

- OPAC集体活动室修建
- OPAC停车场翻新

3）技术委员会

技术委员会负责跟踪项目的实施，委员会每年举行2到3次全体大会。委员会成员组成如下：

- 2名SAEM代表，项目负责人和施工负责人
- 2名市政府代表（街区生活部、SAEM关系部）
- 2名OPAC de Paris代表（国土整治和城市更新管理部、西南地区部）
- 1名ANRU代表
- 1名省装备局代表（Direction départementale de l'Équipement，简称DDE）
- 1名房地产代表
- 1名上塞纳省议会代表
- 1名法国信托局代表
- 1名法兰西岛大区代表
- 项目的总建筑和城市规划师

4）项目建筑设计师

对雷诺旧址和赛弗尔桥区的协调发展调研结束后，2001年10月，市政府通过招标，确定Christian Devillers团队作为项目设计师，即赛弗尔桥区项目的建筑和城市规划师。Christian Devillers的团队构思并设计赛弗尔桥区更新改造方案，包括城市规划和建筑设计的所有部分，确保整个街区各方面相协调。团队在施工过程中不断改进设计方案，保证设计与施工同步。同时，Christian Devillers也负责公共空间、公共设施（商区和该市集体活动室的重新整治）以及商业通道等工程管理，保证项目的整体一致性。

3.赛弗尔桥区资金来源和分配

项目预计共投资1.19亿欧元，投资分配如下[①]：

---

① Amenagement du Quartie du Pont De Sevres, Ville de Boulogne-Billancourt, Commission Seguin Rives de Seine，29/05/2007.

- 4 970 万欧元：OPAC 资产翻新
- 3 500 万欧元：公共空间开发和整治
- 1 760 万欧元：设施和集体活动室（其中包括公共停车场）
- 1 160 万欧元：商业配套和私人部分改造
- 550 万欧元：工程咨询和项目管理

资金来源：

- 2 590 万欧元：布洛涅–比扬古市政府
- 4 100 万欧元：OPAC de Paris
- 900 万欧元：上塞纳省议会
- 440 万欧元：法兰西岛大区议会
- 40 万欧元：法国信托局
- 2 430 万欧元：私营部门收入
- 1 460 万欧元：ANRU

项目一期工程从 2008 年初开始，工程在 2008 到 2011 年全面展开。

4. 协商和信息透明化

战略管理委员会和项目实施单位的内部沟通没有问题，但项目与外界（如当地居民及租户）的沟通也很关键。因为街区改造如果得不到最终客户（居民和租户）的认可，将来项目的市场接入将成为问题，因此项目信息透明、有效沟通、市场宣传成为项目最终成功实施的保障。从项目调研开始，雷诺旧址开发重整项目就组建了一套大规模的协商机制，比如多次举行公示和公众建议征集会。2004 年，市政府也开放常设信息中心，随后，SAEM 还陆续为居民提供各种版本的手册以及关于项目的刊物。

1）协商渠道

整个协议开发区项目还有其他多种协商渠道：

- 市政府和项目网站
- 工地的信息陈列馆，2006 年 7 月开放
- 工地的信息板
- 协商委员会，每年举办 20 多次会议，聚集布洛涅地区主要的民间协会

● 街区年会，由负责街区事务的副市长组织

其中，协商委员会于2005年1月5日建立，它为相关社团组织与协议开发区项目的参与者建立联系。委员会的工作根据协商的具体内容和市民意愿进行，主要包括：与相关社团讨论工程建设中的问题并通过他们发布相关信息；负责收集和记录工程建设所有环节的完整信息；通过与市民深入交流了解他们的意愿并传达给建设方，保证工程顺应民意，反映实际情况。

协商委员会分为六个工作组，分管：建设可行性、场地工业和社会历史、环境和生活、交通、居民意见观察和赛甘岛项目。自委员会建立以来，整合了七个协会和社团（环境保护、生活环境和出行改善、社会和专业介入、历史文化保护等），到2009年底组织了近80场会议。

2）特殊协商工具

在ANRU的要求和负责街区事务的副市长的支持下，赛弗尔桥项目也落实了一些特殊的协商工具：

● 成立特别协商委员会，成员特别包括街区各协会的主席和负责街区事务的副市长。委员会在项目落实的重要阶段都要展开协商，大约每年3~4次。

● 举行信息会议和工作小组，和不同居民团体和街区使用者（业主协会、OPAC租户、房主、个体户、办公楼管理方、使用者或业主）确认项目实施。

● 在施工阶段，每月定期举行施工跟踪会议，向居民传播信息，或者向施工管理代表反映工地上遇到的困难。

● 从2008年起，在赛弗尔桥区设一块关于更新改造项目的信息板。

● 通过信件方式，定期和赛弗尔桥区居民分享项目信息。

3）与租户的协商计划

关于住房更新部分，OPAC实行了"租赁协商计划"（Plan de Concertation Locative）。与租户的协商分几个阶段进行，包括租户团体工作会议，展示住房更新图，同租户一对一面谈（分享施工计划信息），进行房租影响模拟分析，修改面积和个人住房补贴[1]。此外，租户在每次投票前都将

---

① aide personnalisée au logement,APL.

收到一份相关文件。

案例 5-3   **特拉派区多元发展**

1.特拉派区设计理念

特拉派区的规划面积为37.5公顷，总建筑面积66.2万平方米，其中住房面积35.2万平方米，办公和办公相关活动面积24.3万平方米，公共设施3.4万平方米，商业和活动配套3.4万平方米。特拉派区内将建造5 000套住房（其中1/3为社会住宅），创造1.2万个就业机会、70个商业网点和14套公共设施。

建筑和城市规划师们希望把特拉派区建设成一个多元化、充满活力的立体社区。街区将容纳约1.5万名居民。项目在建筑设计和环境规划上设定了宏大目标，实现商品房、社会住宅、办公空间、绿化面积、商业配套、活动和公共设施的平衡。

高端大气的公共空间是特拉派区规划的一大亮点。街区内有一个平行于塞纳河的7公顷公园，两条林荫大道和多个景观通道，丰富了街区的绿化空间。自然和水元素在街区中随处可见，特别是比扬古公园西侧，一个3公顷绿地供行人休憩和漫步，见图5-11。

图5-11　特拉派区景色图

特拉派区建筑和城市规划师 Patrick Chavannes 以"花园城市"理念为出发点，打造"都市乡村"。他计划利用特拉派区 37.5 公顷规划面积实现 66.2 万平方米建筑面积的利用。在招标阶段，他提出造城运动改良概念，即在尊重自然环境的前提下，平衡区域的自然空间和建筑密度。特拉派区拥有得天独厚的自然条件：蜿蜒的塞纳河、河水两岸、从市中心到塞纳河的斜坡、默东山丘。P. Chavannes 期望这个未来城区能够完美融入所在的自然环境，展示自然和密度混合后的神奇效果。因此，他努力寻找恰当的城市形态，即尽管建筑密度大，但仍可以给人自然无处不在的印象，"自然"和"密度"浑然天成。

这些思考最后形成三个落脚点：

● 空白区和自然景观占整个区域规划面积的 1/2。

● 简化交通结构，限制分割建筑群的道路数量。建筑密度根据位置划分：高层建筑处于建筑群外围，沿交通主干道排列，底层建筑靠近二级主干道和其他通道。建筑群楼房高低错落，中心是自然空间。

● 建筑群中小径纵横交错，自然景观无处不在。土壤和植被覆盖于建筑群内部的空白区。自然景观渗透到建筑群中的各个角落。

在本项目中，城市形态和高密度之间是否能够兼容并和区域发展相协调，取决于以下因素：

● 新旧城区结合发展：新区是密集城市中心（主要为 UAB 区划）的延伸，同时通过更新改造旧区，促进旧区融入新环境，实现新旧两区无缝对接。此外，协议开发区整体与该市中心城区相得益彰，规避区域边缘化的风险。

● 在"花园城市"概念下，绿色景观纵横交错，分割出建设空间（建筑群区块）。自然景观网（中央公园、河岸、林荫道、过道、羊肠小径、景观灌溉渠和池塘）给城市景观形态带来活力，弥补高密度下的自然缺失（见图 5-12）。

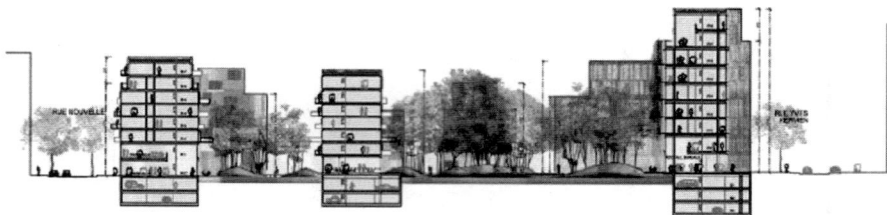

图 5-12　花园城市

● "建筑群区块"的概念得以应用，超越小面积开发的方法。区块的规划面积促进协议开发区在规划布局和内部景观上能够运用独特方法。通过调整建筑体积，创造丰富多样的城市氛围。同时，整合外部公共空间和邻近建筑群形态，保证协议开发区的整体协调性。

● 建筑群区块的私人和公共空间相结合，塑造"城市通道"的理念。通道白天对公众开放，方便行人迅速进出，公共设施也供行人使用。该方法充分利用内部闲置空间和道路，丰富了城市功能，同时在高密度城区也非常有必要。如此最大化利用密集城市的流通空间，落实了"可持续发展城市"的理念。但由于公共和私人生活空间交叠，需要恰当的空间组织形式和法律法规来保护私人和公共领域的权利与义务。居民也需要经历同化过程，使用分享的生活方式。因此协议开发区成立了专门的管理协会（Association Foncière Urbaine Libre，自由城市土地协会，简称 AFUL），负责建筑群区块居民间的维护费用分配，并探索新的保险方式。

● 尝试社会混合新模式。住房面积分割为社会住宅和商业住宅，其中社会住宅集中在低层，商品住宅多位于高层。然而，对住宅如何进行长期管理仍在探索中。由于土地费用问题，中间价格出租房和经济适用房的比例不明确。P. Chavannes 认为征收的土地费用应当与住宅的可持续发展努力成反比。

特拉派区系统地向建筑群区块导入混合体系。单体建筑具备功能混合性，集中了住宅、商业配套和公共设施。功能混合实现了空间的互补和共享，丰富了城市生活。私营开发商未能接受住宅和办公的混合理念。

协调自然空间，不论公共的还是私人的，保证整个区域空间的一致性。因此，人行道一路延伸，经过街区中心花园，最后到达塞纳河畔。

"花园城市"这一概念表明，高密度也可以营造舒适的生活环境，前提是严格控制车流量，同时创造条件，兼顾自然和建筑密度。在特拉派区，自然无处不在，它出现在新街区规划的所有空间中：主干道、小径、建筑群中心。可以说，自然景观把高密度城市有机整合起来。

设计师在空白区规划上费尽心思。按照传统思路，空白区是根据建筑群需要所进行的附属设计和美化，以弥补城镇化带来的自然缺失。但在特拉派区规划中，绿化区却居于首要位置。它明确了规划内容，区分出空白和实部，在各个建筑群中织出一张绿网。

根据项目参考规划，特拉派区的整体规划围绕塞纳河河岸和一个 7 公顷公园进行，公园同时也是洪水防控区。参考规划详尽说明了即将兴建或改造的公共空间和设施、林荫道和人行道系统，以及私人通道等。

特拉派区的规划有南北和东西两大主轴线：

● 在南北方向上，多条通道连接塞纳河和市中心：赛甘岛路、Emile Zola 路，以及其他主要人行通道（如 Robert Doisneau 小径）。

● 在东西方向上，多个区域单位与塞纳河平行：塞纳河河岸和赛甘岛、比扬古公园、道路（Pierre Lefaucheux 大道、Marcel Bontemps 路）及建筑群间的通道。

延伸的人行道确保新区能够很好地融入赛弗尔桥旧区。这点至关重要，由于地铁站、大型商业设施、Général Leclerc 路都分布在旧区。除道路外，景观和自然构成限定区域形态最重要的因素。

2. 三个层次解读街区

P. Chavannes 从三个层次解读街区：大通道、绿色主干道网络和二级通道网络。大通道指大路和天道。绿色主干道指宽阔、自然的道路（绿化、绿色交通、露天下陷沟渠），或仅供行人通行的道路。二级通道指建筑群内植物织成的景观绿网，建筑间由绿化带相连，植被覆盖建筑的天台和面积很大的阳台。

二级景观带的构思在建筑设计之前就完成了。它白天对公众开放，不仅方便街区进出，也营造出远景视角。建筑镶嵌在这些绿化区和景观的空白空间之间。清晰高效的雨水管理系统（雨污三水分流制排水系统）和漏水管理办法，能够有效处理和回用水资源。雨水从露天沟渠向下渗透，浇灌绿化区和公园。塞纳河的急缓涨退，形成高低不同的河面高度，为公园景观增添活力。因此，Trapèze区的设计特别注重让自然渗透进街区各个角落。

Trapèze区被划分成若干个建筑群区块，由SAEM和开发商们举办联合招标，评选出各区块的协调建筑师（主要负责项目管理和协调），评审委员会由布洛涅-比扬古市政府、SAEM、开发商团体和协议开发区建筑师和城市规划师组成。建筑群区块是介于协议开发区层面和建筑群层面的中间层次。

从2005年起，评审委员会针对大小各异的建筑群区块共开展了16次协调建筑师招标。新颖的管理模式，吸引了国际知名建筑师和众多年轻团队前来，促成了这个庞大项目的设计和施工，为项目赋予丰富的创造力和创新能力。目前，整个特拉派区项目共汇聚60多位设计师（建筑师、城市规划师和景观规划师），包括J. Nouvel、Raphaelle Hondelatte、Brenac & Gonzalez、Muoto Architectes、Studioninedots、Beckmann N' Thépé、Xaveer de Geyter、Floris Alkemade、Sauerbruch Hulton等。

道路和通道的结构决定了建筑群区块的形状和大小。这些建筑群区块长200~400米，宽150~200米。区块占地面积大，简化了景观和远景设计，也使得建筑群高度变化成为可能，和外部空间结构相协调。

每个建筑群区块被再细分为多个建筑群，容纳办公楼和住房。开发商团体根据每个建筑的性质（社会住宅、商品房、办公和活动的比例）分配开发权。每个建筑群的开发面积权限在3万~5万平方米。

规划设计根据城市形态，优先提高建筑群区块边界的密度。因此，沿着主干道，根据道路的重要性，在0+8+2和0+5+2间变化层数（法国0层相当于我国一层）。次级通道和建筑群内部放宽限制，促进形态多样化，比如建筑楼层数可在0+1和0+8间变动，甚至更高。

建筑群区块的制高区必须留有"开口"，不论是完全分离建筑物还是通过设置门廊，保证建筑群区块内外视线通透，内部空间和外部公共空间之间形成疏松空隙。建筑群区块内部则分割成多个建筑群，密度和自然空间相互贯穿，形成多维尺度和多样氛围的城市环境。为提高绿化区的可见度，并最大限度引入光线，建筑群内部建筑间的距离也逐渐拉大，部分建筑外形略微倾斜。

特拉派区项目规模庞大，存在建筑设计单一化的风险。协议开发区发展出一套新颖的管理办法：

- 项目尺寸调整到建筑群区块（建筑面积3万~5万平方米），每个建筑群区块由一个协调建筑师管理。
- 各个建筑群区块分解成多个建筑群，每个建筑群包含一栋（办公楼）或多栋楼房（住房和设施）。每个建筑群由一个建筑设计师负责设计。
- 每栋楼房建筑面积在5 000~10 000平方米。

P. Chavannes的管理办法优势在于，既在上游设置了严格的限制条件，又给设计师们留出任其自由发挥的绝对空间。作为特拉派区总建筑和城市规划师，他设定了建筑和规划设计的不变量，在此前提下，又提出多个变量（后反映在招标任务书中）：多样化的建筑容量、建筑顶饰处理和建筑群内部建筑类型（三到四层楼房和独栋别墅）。

最后，该管理办法也有利于设计者多样化，吸引各种风格的建筑设计方案，在遵守相同限制条件的前提下，最大限度地发挥设计者的创造性。以正在施工的特拉派东区为例，各个建筑群区块的设计理念、建筑师、空间分配都不相同。

3. 特拉派区的管理模式

特拉派区运用了非常新颖的管理模式，各利益方在合作的基础上，区域发展战略一步步推进。该区域项目的管理极其复杂，需要逐步制定明确的法规框架，并组成有效的管理结构。

为重新把握雷诺工厂旧址重建项目，布洛涅-比扬古市政府和城市规划师J. Subileau自2001年起就采取渐进策略，逐步推进项目的发展：

- 项目初上轨道，完成区域规划初步研究。
- 在F. Grether指导下，完成三个区域（Trapèze、赛弗尔桥区、赛甘岛）协调发展研究。采取行动，解决三区域地形地貌差异大的问题，设法使新街区和旧建筑融为一体，将原计划外的赛弗尔桥区纳入项目规划。

● 确立规划法律法规框架，使其和项目发展方向相一致，并将项目纳入地方城市规划。

● 项目的可行性研究和前期准备。

● 最后由各个建筑群区块开展建筑和城市规划师招标。

项目规划参考通过后，随着项目开发的细化（剧院、初中等项目），研究团队又进一步修改区域协调发展纲要。住宅和办公区域施工进度也根据需要逐渐调整。第一批竣工的住宅和办公区域在2006年实现商业化。2009年举行赛甘岛路的启动仪式，然后节节跟进。

理论上，施工许可颁发权限能够有效管理地产开发项目中的建筑质量。然而，特拉派区项目庞大，项目的质量取决于开发商能否落实该街区和外部空间的联通。开发商们显然无法达到这些要求，因为他们并不精通城市规划，这也不属于他们的知识范畴。开发商团体在和雷诺间达成的前期协议中也没有表示在公共空间上大力投资。因此，市政府提倡的"区域发展"的理念改良了原本的纯地产开发项目，但项目并未质疑开发商的开发权限，而是选择在多个利益方间展开。理念改良受到开发商们的欢迎，因为它进一步挖掘了楼盘的销售潜力。在这种情况下，需要一个谈判好手，促成开发商团体、雷诺和市政府之间达成三方协议，根据各方的职能分配国土整治费用，并重新评估开发权的价格，使其和项目质量相协调。

塞纳河谷国土整治混合经纪公司（SAEM）在2003年成立了，负责整个赛甘岛-塞纳河岸协议开发区项目的管理，J. Subileau担任总经理，以便完成公共空间和公共设施的国土整治。他做的第一件事，就是建立一个全新的管理系统。自成立以来，SAEM组建了一个多学科、多能力的团队：建筑、规划、环境。SAEM的目标是："发起讨论，让项目的不同参与者接受该区域发展的主要原则，这些原则已纳入协调发展纲要。"

这个组织构架完成后，市政府通过三个关键步骤把握街区发展控制权：

步骤一：确立法律法规框架，订立协议

最初阶段，地产开发商掌握了土地所有权，没有人预料到会成立"协议开发区"。因此，两个管理方式启动了：

● 把区域发展项目的大方向归并到地方城市规划中。

● 确立三方工作规定，合作建立在出售方（雷诺）、市政府/SAEM 和开发商团体三方协商的基础上，确定工程的总体条件和经济条件。

这个协议对项目接下来的推进起着决定性作用。它清晰确立了各开发商在公共设施和国土整治方面的费用分配和参与数额，以及其他补充义务：

● 雷诺负责所出售土地的土壤改良。

● 针对街区生活所必需的国土整治达成协议：竣工住宅区的道路、公共空间、管网。

● 一旦施工许可证到位并免除诉讼，地产开发商需向雷诺付清土地款。

● 开发商需要以 1 欧元的象征性价格，把所有承担公共空间和公共设施的土地转让给市政府。

步骤二：建筑群区块的建筑和规划招标

项目的第二个关键点在于开发商保证项目质量和可持续发展目标。正如协调发展纲要所纳入的原则，这些都是市政府所期望的。因此，SAEM 和市政府强制要求开发商团体针对每个建筑群区块举行招标，来确定建筑群外部公共或私有土地的整治以及建筑所构成的城市形态。这个操作方法的一大优点是，该市不需要进行土地征收，在规避连带风险的前提下能够得到一个高质量的街区。

步骤三："协议开发"拓展到整个街区

为了保证管理机制的持久性，市政府施行"协议开发"的必要性，2004 年 4 月 8 日，市政府审批通过了赛甘岛-塞纳河岸协议开发区项目，协议规定开发区的管理由 SAEM 负责。

该协议开发区项目的运作模式别出心裁：

● 协议开发区总规划面积 74 公顷，包括 Trapèze 区、赛弗尔桥区、赛甘岛以及其他分散建筑群。总建筑面积最初为 90.5 万平方米，2005 年与民间协会协商之后，调整到84.2万平方米。其后又根据项目需要，提高到93万平方米。

● 项目整体没有进行公共用途申报（déclaration d'utilité publique，简称DUP），因为市政府没有必要提前征收土地，但除赛甘岛外，市政府后来逐渐征收了赛甘岛所有土地（11.5公顷）。

● 开发商团体参与设施建设和国土整治的资金投入。

● 地方城市规划确立了所运用的城市规划准则。此外，开发商必须遵守雷诺旧址土地出让条款附属细则。

工程进度表随即确定下来，从Trapèze西区开始，到东区结束。协议开发区实施特殊的土地法规，显示了谈判在开发商团体、雷诺、市政府/SAEM三方签署协议过程中的重要性。在协议开发区各个子项目的实施过程中，三方协议又再次更新。2004年到2009年3月，三方共签署了三份实施协议。

对于雷诺其他旧址——在协议开发区外的分散建筑群，市政府、雷诺和开发商团体另外签署特殊协议。

P. Chavannes的主要任务之一，就是为地方城市规划中关于协议开发区的部分确立规则。这些规则必须足够详尽和清晰，可作为应对第三方上诉的理由，并且不产生法律阐述上的困难。其中第六到第十条关于区域划分（关于楼房的尺寸和地役）的规则最引人注意。

由于地方城市规划编纂者并没有预见到新颖的建筑群区块开发模式的复杂性，某些规则在后来的实践中多次被修改。为了修改规则，建筑设计师、协议开发区总规划师、SAEM和市政府的地方城市规划负责人进行了多次会议讨论，取得的成果特别包括：建筑群区块外围边界断开以便建筑群能够"呼吸"，以及两建筑间或同一建筑不同部分间的地役权归属。

地方城市规划在2004年4月通过后历经多次修改和补充：2005年，规划降低了总建筑面积上限；2007年，规划修改协议开发区外围边界；2009年，为Y建筑群区块划界，安置一所高中，修改赛弗尔桥区划界。

2013年2月，赛甘岛总建筑面积从33.5万平方米下降到25.5万平方米①（根据2012年居民投票结果）。

管理系统的目标是，体系中的各参与者能够全面跟踪项目的各个层面，保证项目顺利进行。

总规划师确保城市规划和建筑的质量：

（1）在协议开发区整个项目实施过程中，协议开发区总规划师确保城市规划和建筑质量。由他代表市政府的利益。

由于特拉派区项目极其复杂，P.Chavannes积极参与项目施工的各个阶段。他拥有高度的前瞻性，长期接触项目，形成了对整个项目的全局观。在完成特拉派区的规划后，P.Chavannes又被任命为整个协议开发区项目总规划师，成为SAEM和市政府的协议开发区的项目业主助理（assistance à maîtrise d'ouvrage，简称AMO），提高了SAEM和市政府管理团队的专业能力，在项目的不同阶段与不同的参与者展开对话。

他把专业技术应用到项目的完善和修改方面，确立新的限制条件，或者寻找新问题的解决方案。他不仅是谈判人、调解人，有时还充当"摆渡人"的角色，推动项目各参与者加强合作，引导各利益方相互妥协，使项目朝令人满意的方向发展。

协议开发区建设之初，J.Subileau明确定义了项目业主助理在项目不同发展阶段的任务：

● 第一阶段：确立协议开发区的主要原则和城市规划的主要发展方向。项目业主助理负责统筹市政府、SAEM和开发商的要求。

● 第二阶段：调研各部分/建筑群区块可行性，支持SAEM完成工程财务规划。研究建筑面积调整，虽然可建建筑面积不能在建筑群区块间转换，但在可建的总体目标下进行微调仍有余地。

● 第三阶段：起草主要原则，完成工程规章初稿。市政府优化初稿，再由法律专家确认（以避免第三方针对工程施工许可上诉）。因此，地方

---

① http://ileseguin-rivesdeseine.fr/fr/actualite/plu-ile-seguin-le-conseil-municipal-valide-le-choix-des-boulonnais.

城市规划和相关法律法规也随之修订。

● 第四阶段：在每个建筑群区块招标过程中，为 SAEM 提供专业意见。依据各建筑群区块的规划和建筑环境，参与撰写招标细则，撰写建筑群信息表（详细信息包括技术要素）。在招标结果阶段，负责分析和评估竞标方案。配合 SAEM 和市政府，从项目质量出发，为建筑群协调建筑师的选择提供战略咨询。

● 第五阶段：在提交施工许可申请前，跟踪从公共采购到工程竣工整个过程的城市规划和建筑设计质量。土地出让书上要求所有楼房设计方案展示外观模型和建筑材料。企业意见征集书（DCE）也提出了这项要求。项目总规划师负责鉴定和评估这些模型，并为 SAEM 和市政府提供专业意见。协商后，由 SAEM 和市政府决定接受或拒绝方案。工程采购完成阶段，由项目业主助理跟踪项目进展情况，以避免所有可能出现的偏差或质量上的问题。

这些任务配以足够的资金支持，保证了整个项目在落实过程中项目业主助理的跟踪卓有成效。

（2）系统的招标，建筑语言多样化。

开发商们清楚哪些产品容易销售，因此他们期望使用曾经合作较多的建筑设计师，即4~5个知名建筑师。然而，考虑到项目的复杂性，建筑师人数太少可能导致项目内容被篡改。J.Subileau、P.Chavannes、F.Grether、C.Devillers 和市政府奉行共同参与的理念，主张对每个建筑群区块都进行单独的建筑设计和城市规划招标。他们的主张完全颠覆了行业惯例。四者的视野汇聚起来，从项目利益出发，说服开发商们在建筑风格方面不拘一格，不仅培养有潜力的建筑设计师，更让这些建筑师的才华相互碰撞，突破创新，提高项目的丰富程度。

各个建筑群区块的建筑设计和城市规划招标都基于不同的招标细则，经协议开发区项目总规划师和市政府协商产生。招标细则确定了建筑群区块构成的主要原则，以便和协议开发区其他部分统一起来。同时，它也确立了可建建筑面积总量和构成（商品房、社会住宅、办公楼、活动和设施配套），以及办公和公共设施的位置。招标细则经过市政府和开发商们确认后生效。

（3）加速建筑群区块项目成熟。

建筑群区块的成功关键是保持整个规划项目的完整性，同时丰富各个区块的发展，采取多种手段，创造一个生气勃勃的街区。协议开发区的总规划师着力促进中标方案的成熟：

● 协助各建筑群区块建筑师撰写建筑和规划规定细则（le cahier des charges de prescriptions architecturales et urbaines，CPAUP）。这些规定细则将运用到相应的建筑群区块中，同协议开发区的规定细则相一致。

● 参与遴选各建筑群或住宅的建筑设计师，最后需得到市政府、SAEM和开发商的一致同意。

● 如果各项目参与者产生不同意见，负责与他们商议。

总规划师和各方研讨内容包括：建筑体积、高度、建筑群的构成、如何同外部空间和其他建筑群区块产生共鸣。

当建筑设计师之间的立场不同时，由协议开发区总规划师出面协调，引导项目向最好的方向发展，避免项目陷入僵滞。这样的沟通机制能够保证全体参与，最终得到一个集体合作的作品。

（4）跟踪每栋住宅的设计质量。

住宅既是公共财产也是私有财产。住宅设计不仅决定使用舒适度（私有方面），它的各方面性质（外观、面积、容积）都直接涉及公共利益。

住宅的形态、建筑群区块的分布形式和建筑用途（社会住宅、中间价格住房、商品房）属于开发商的职能范围，也是和SAEM商定的结果。协议开发区总规划师能够介入某些特殊问题，对城市规划和/或建筑设计产生影响。

● 为了使方案最优化，他可能指出结构上的矛盾（表现在成型难），协调建筑的容积和外观。

● 他观察住宅面积和分配情况以及总量和层数。一些外观问题可能源自建筑结构设计不当。有些建筑师设计的住宅太臃肿，这可能使住宅面积和市场支付能力不匹配，又可能导致住宅整体朝向单一。为解决这些问题，可以加入楼梯井，或者把面积最大的住宅安置在楼房尽头，让住户拥有双层套间或三层套间的选择。

　　● 他建议避免大量多层套间，或者把这类住宅放置在一层或者顶楼。

建筑群设计师助力街区建筑多样化。

　　各区块内的建筑群不再通过招标确定建筑设计师，而是从 SAEM、协议开发区总规划师和开发商共同准备的名单中选择。名单中某些建筑师曾是另一区块的协调建筑师或建筑群设计师，因表现突出，再次获得任用。项目避免使用在建筑群区块招标阶段被淘汰的建筑师团队，避免后者不遵守中标协调建筑师团队的要求。他负责协调建筑师最终确认是否采用推荐的建筑设计师。他也可能受邀补充这份建筑师名单，以确定新的团队在最佳条件下工作。建筑群设计师间产生分歧时，市政府将出面发表意见并进行仲裁，在保证项目整体协调的前提下，尽可能实现建筑语言多样化的目标。有时，仲裁非常棘手，这就要求市政府仲裁人员具备一定的专业知识。

　　建筑设计师直接和相关开发商合作。他必须综合考虑区块协调建筑师、协议开发区总规划师和开发商规划细则的要求。他在协调建筑师和协议开发区总规划师的双重指导下工作。建筑设计师重新诠释规划细则，项目鼓励他的创造力和创新能力，但必须尊重项目的总体协调方案。如果设计方案不符合整体利益，协议开发区总体规划师和 SAEM 有权否决方案。当各方产生意见分歧时，他们也可以帮助协调建筑师同建筑群设计师和相关开发商进行谈判。

　　（5）在共同遵守不变量的前提下，采取以协商为首的管理模式。

　　三方协商（SAEM/市政府、开发商团体、土地所有者）是项目能够获得成功的一个重要条件，在深入调研的基础上，项目应用 PPP（政府和社会资本合作）模式。依靠长期协商，项目从传统的地产开发向宏大的城市发展转变。

　　这个经验表明，私营部门在创建可持续发展街区中扮演着重要角色。公共利益需要公共和私营部门共同合作来实现，所有参与者朝共同方向建设可持续街区。私营地产开发商直接负责可持续新街区的开发、生活条件的改善、住房和写字楼使用舒适度的提高，他们必须加强自我职业道德修炼。公共和私营部门共同参与，各自的角色、权利和义务也需要重新界定。

市政府不是土地所有者，但仍可以通过调控手段控制区域发展。整个项目的操作过程极具代表性：指导单位 SAEM 既是权力机构，也是预算管理机构。不变量和规划、建筑与景观原则确立后，生成应用规则和管理工具，保证区域规划的一致性。这些规则也鼓励设计形态多样化。主要参与者通过协商完成整个过程。

经验表明了项目指导团队长期享有职权的重要性。面对强势的开发商，专业的智力机构不可或缺。市政府、SAEM 以及项目总建筑和规划师作为长期沟通人，面对地方房地产市场的压力，承担项目管理者的重任。P. Chavannes 从初期就参与项目，经历了项目发展的全过程。全体团队也在不断完善项目管理总体办法，引导建设步伐。指导团队与开发商以及土地所有者长期沟通和协商，制定参与条件和标准以及需要的指导工具。它保证项目建设在每一关键步骤达成一致，平衡以下要素：项目质量（规划、建筑和环境质量）、实施条件（参与机制、设施和公共用地征收）和整个项目财务平衡（如建筑总面积）。

协议开发区项目分期、分块进行，预计期限 15 年，以遵守主要不变量为前提。根据前期经验和规划与法律法规的变化，每期施工前签订施工协议，调整和细化开发商的参与准则和市政府的要求。此外，在协议开发区总建筑设计和规划师的协助下，每块建筑群区块招标细则和规划、建筑和景观构成原则都经过 SAEM、市政府、开发商逐一研究、讨论和确认。

项目的所有参与者从项目运作之初就本着同样的宗旨：城市建设应举集体之力。因此，在尊重不变量的前提下，实现了建筑语言多样化。各个建筑群区块通过招投标，吸引多学科国际、国内、大区和当地团队参与，最终通过建筑群设计师的选择再次升级方案。

为了保证整体规划的质量、建筑和规划的多样性，持续不断的协调和协商是必需的。协议开发区的总城市规划师负责确立项目的基本核心思想、主要不变量和数据汇编。每个建筑群区块都需通过招投标确定协调建筑师，各个部分构成了丰富的项目整体。协调建筑师负责优化和细化项目容易被忽略的问题。协调建筑师针对各自的区块，提出特定的限制条件，促进项目整体上的和谐。在此基础上各建筑群的建筑师重新解读这些不变量，各抒己见，丰富街区形态。

开发商团体参与项目前期策划和决策，他们从未被迫接受任何既有决议。不同观点和利益的碰撞极大地丰富了项目内容，因此开发商对这样的项目管理模式持肯定态度。建筑群区块招投标的媒体曝光率非常高，成为项目吸引建筑设计师和城市规划师的原因之一，因为该项目能够成为他们今后引以为傲的案例。

在建筑群区块中，P. Chavannes 扮演规范开发商和建筑师的重要角色。他积极参与建筑师和开发商间的协商。他的主要任务之一，是在项目实施过程中，保持并不断提高规划的整体协调性。他如同项目的"护航者"，在鼓励多样性的氛围中，防止项目脱离可控范围。

在施工过程中，开发商需要制作原型，避免施工过程中产生偏离或方便及时调整项目。另外，不断更新信息的管理方法也是该长期项目的亮点之一。虽然不同参与者的权限各不相同，但这样的管理方法能够预测项目区未来的管理需求。

项目参与者相互沟通，建立信任关系是项目管理成功的保障。

项目开始之初就强制引入了协商原则，它有助于建立参与者间的信任，共同推动项目在可持续发展方面的实践。项目的不同参与者不断重新讨论参与条件。在这个合作框架下，建立严格的限制条件，可避免出现偏离。由于项目关系到众多利益方，参与者们只有首先倾听他人的意见，协商机制才能奏效，建立在协商和倾听基础上的方法促成了这个雄心勃勃的试验项目。

SAEM 代表市政府的利益，也是协议开发区规划质量的最终保证人。它重视项目的长远利益（保证项目质量），并从项目之初同议员分享这份雄心。议员和市政府不断探索如何简化新项目的实施。

在这个协商体系中，协议开发区的总规划师承担多重新的重大任务。他是项目实施过程中的积极合作伙伴，协助 SAEM 或市政府进行国土整治。SAEM 与之签订 15 年合同，保证他能够长期持续提供服务。他作为外部或中立的咨询师，在 SAEM 和市政府的要求下，参与不同层次的决策协商。

他拥有丰富的实地操作经验，与开发商和地方政府在城市建设方面合作多年，因此，他在赛甘岛-塞纳河岸协议开发区项目中能够高效地完成任务。长期的合同关系保证他在项目不同阶段不断分享经验，梳理项目脉络、提升项目质量。当观点出现分歧时，他扮演规范者和协调人的角色。P. Chavannes 形容自己是"交响乐团指挥"。他鼓励建筑群的建筑师发挥创造力，前提是考虑项目的核心要素。他认为，在个体创造的背后，是集体责任。为了维护城市、城市治理者和未来居民的利益，各方必须达成妥协。因此，协议开发区的总建筑设计和城市规划师的工作重点在于，激发共同分享的意愿。这项任务需要大量时间、无数次协商，以及细致的调停和决策。

总规划师为协调建筑师提供支持。有时协调建筑师承受项目管理者的压力，特别在与企业进行市场协商的过程中，要求其放弃过于大胆或成本过高的设计方案，以及开发商对其施加的压力，要求提出与项目预设建筑质量不相符的设计方案。建筑师与开发商持不同意见时，建筑师也能够请求 SAEM 或协议开发区总规划师参与协商，避免招投标阶段和建筑施工许可阶段的设计方案不一致。

偏离的风险随着项目的进行逐渐降低。P. Chavannes 希望看到项目施工管理与建筑设计和城市规划的质量要求逐渐相融合。在协议开发区项目的整个发展过程中，开发商团体与 SAEM 积极开展协商，学习和不同建筑设计师开展合作。在潜移默化中，这种多样化的项目改变了开发商们的想法和工作方式。这些全国知名的地产开发商也开始寻求具有类似经验的创新性建筑设计师，共同完成这个复杂有难度的重大项目。

案例 5-4　　　　　　　　　　生态技术应用

自项目伊始，布洛涅-比扬古市和 SAEM 即引入严格的环境标准，从全局出发，系统地向赛甘岛-塞纳河岸开发项目所有建筑（包括住宅、写字楼、公共设施等）中系统地引入高品质环境质量建筑评估体系，树立了高于现行环境标准的建设目标。

　　生态街区理念不仅指低能耗，还包括采取各种协同措施以促进可持续发展。例如，冷热供水管路的设计从源头考虑节能问题，这与高品质环境质量建筑评估体系标准的要求是一致的。这个规划理念的另一个要点值得一提：可持续发展措施在开发区域内得到越多应用，它就会越有效，且建设成本更低。所以SAEM将严格的环境标准贯彻到各个建设领域、层面和各个建筑时间节点——从总体建设到各细分模块，从设计到施工。

　　全局及交叉结合的建设理念是由SAEM及其合作伙伴遵循"创新并参与，实现可量化目标"的愿景而提出的，包含下列九大行动指南：

　　（1）混合性：充满吸引力和活力的综合城区

　　（2）系统、节约及创新的水资源管理方式

　　（3）严格的建筑节能标准

　　（4）优先利用可再生能源的冷热系统

　　（5）充裕的公共空间，高质量的景观

　　（6）生物多样性

　　（7）降低环境风险的出行方式

　　（8）开放性

　　（9）绿色工地

　　这个生态街区建设的行动指南首先考虑到的不是技术，而是社会理念，并且具有法国特色：引入社会保障住房、社会公共服务及设施共享。"平等"的国家理念融入了它的具体城市建设：只有保证社会多元，行区才有活力；只有公共设施齐全且共享，社会才会和谐、安全、舒适，最终才会做到可持续发展且有活力。这是法国生态街区的灵魂。

　　1.系统节约及创新的水资源管理方式

　　和能源一样，水资源是全球可持续发展的核心要素之一。管理好水这一宝贵资源是赛甘岛-塞纳河岸协议开发区项目的重要目标。为此，SAEM安装了雨污三水分流制排水系统，其中比扬古公园是排水系统的关键部分。

　　多重挑战随之而来。协议开发区处在洪水区，因此防控暴雨和洪涝风险是水资源管理的首要任务。同时，SAEM也列出了其他三项重要目标：

保证排入塞纳河的雨水水质并限制排水量，降低该区域饮用水消费量，将水资源管理系统与整体景观设计相结合。最终落实的排水系统满足了这些目标。

1）雨污三水分流制排水系统

该系统分别收集和处理以下三类水：

- 生活污水；
- 净雨水，即非公共区域和屋顶雨水；
- 负荷雨水，即公共区域（如马路、人行道等区域）的雨水。

在以上三类水中，第一类水（污水）排入已有的市政污水管网，从上游降低了污水厂的处理负荷。负荷雨水通过二级地埋管网送入专用处理装置，出水在达到主要污染参数标准下排入塞纳河。屋顶或非公共区域收集的净雨水，一部分经过协议开发区各建筑群内的花园，另一部分导流到人行道的景观灌溉渠。开发商应严格遵守每块地15升/公顷/秒的排水限额。随后，净雨水流向比扬古公园，被收集和储存在灌溉用的蓄水池中。景观灌溉渠又称"下陷式花园"，是一种浅而宽的排水沟，有利于雨水的自然渗透。

特拉派东区中，负荷雨水经过严格处理和控制后存入比扬古公园的蓄水池中，而非排入塞纳河。在暴雨或洪灾的情况下，公园发挥蓄水功能，可被部分或全部充满。为排出超额水量，协议开发区设有塞纳河防倒灌系统、渗水井等设施。

除雨污三水分流制排水系统外，协议开发区还通过其他方式优化雨水管理。大部分建筑顶部由植被覆盖，具有雨水初级缓冲功能；每个区块都必须保证有一定的土壤面积（该市的地方城市规划强制要求）；最后，公共和私人地下停车场经过特殊设计，必要时可作为蓄水池使用。

2）系统的具体优势

雨污三水分流制排水系统所达到的效果完全符合可持续发展的要求：

- 露天景观灌溉渠收集雨水，不仅拥有美学价值，也具有文化和教育意义。这种有趣的方式，为密集城区创造了高质量的环境景观，人们也因此意识到水资源的自然循环和雨水收集再利用的重要性。

- 净雨水回收后用于植物灌溉，特别是比扬古公园和小区内的花园。
- 滗水器只处理负荷雨水，提高设备的使用效率。
- 负荷雨水经过处理，减少对塞纳河的排水量。
- 净雨水流经景观灌溉渠，降低地下管网建设成本。
- 减少地下管网的维护问题。

3）水资源管理的四条主线

赛甘岛-塞纳河岸协议开发区的水资源管理围绕四条绿色主线来布局，涉及整个区域的水资源管理及管网线路。

- Le cours de l'île Seguin 赛甘岛路：雨水经景观灌溉渠天然过滤，过量雨水经地埋管道送入比扬古公园的蓄水池，作为喷淋水使用。
- Robert-Doisneau 小径：景观灌溉渠遍布楼房立面脚下，收集房顶流下的雨水。
- Emile-Zola 路：景观灌溉渠沿路东分布，收集步行区域及屋顶流下的雨水。
- Jules-Guesde 步行道与 Robert-Doisneau 小径的设计原则一致。

TER 事务所的景观设计师 Olivier Philippe 说，"比扬古公园项目对于我们事务所来说是一个极富创新的项目：这是我们首次以水作为基准矢量来考虑项目设计。公园的小岛形状、环境、植物群等设计都是以水的进出和路径为主线。公园如同受潮汐控制的海景，空间广阔，内部环境变化多端，同时还要以抗洪等级为指导。随时间变化的水体，即使设置了调节装置，随机性仍比较大。赛甘岛-塞纳河岸协议开发区项目在水资源管理上实现了突破创新。单从这方面看，协议开发区项目是个典范，因为这样的水资源管理模式在法国乃至整个欧洲都非常罕见。

水资源问题无疑是整个项目的核心要素，除此以外我们还将面临其他可持续发展的问题：创造半自然环境区域以提高生物多样性；对区域进行分类管理，降低维护成本，同时排除使用化学品（如化肥和农药）；公园内除了入口外几乎无照明设施。最后一个问题看起来微不足道，但它与法国公园实行封闭照明的流行做法截然相反。"

4）多样且多变的景观

随着整个水管理系统逐步投入使用，规划区中的景观也将不断变化。暴雨来袭时，我们可以看到水流慢慢淹没景观灌溉渠，逐渐将建筑群分割开来，一个个"小岛"出现了，形成一片"群岛花园"。另外，植物群根据公园水管理系统和水平高度不规则地装饰公园。景观灌溉渠所种植的植物随公共区域的变化而变化，勾成新区独特分明的元素。

5）分类浇灌系统

比扬古公园内部环境不同，灌溉方式也不同。对于直接接触蓄水池中存续水并受潮差影响的区域，如洼地边缘及泥炭层的首层，设计师建议收集雨水及停车场排水，含水层的干净水作为浇灌用水。相反，其他区域将经受自然干旱期，如莒地、滩涂及含沙水渠。泥炭层是个特殊例子，反映出 SAEM 对可持续发展的强烈意愿。由于泥炭层非常稀有且被过度开采，直接引入泥炭藓的做法不符合生态要求，因此，SAEM 使用了一种由纤维和椰子壳为原料的替代品，这种混合物的保水能力不如天然泥炭藓，埋入地下 10 厘米，并以滴状出水来缓解该区域干旱期的水资源流失状况。

6）比扬古公园——水管理系统的主体

7 公顷公园是赛甘岛-塞纳河岸协议开发区水资源管理系统的运作核心。它的地下污水处理系统可有效收集和处理协议开发区的负荷雨水。

公园的地形设计同样考虑了净雨水的收集及塞纳河丰水期的洪水截留。公园由花园和低地组成。花园略高于周边的公共空间，如一个个小岛。低地为强降雨时的雨水收集而设计，如滩涂、含沙水渠、沼泽、泥炭层。雨季时，低地被雨水充满，水中的"小岛"组成成片的"岛群"。理论上，关闭阀门导致"沼泽"的水位上升，低地被充满，最终将雨水引入"滩涂"的渗水井中。降雨停止后，打开阀门可更迅速地控制水位，避免植物长时间被浸泡。

此外，在公园景观整治中，修建一个长期蓄水池收集含水层的干净水，这些水来自附近的停车场。公园 30 厘米的潮差（水位变化）创造出适合"小岛"水边植被生长的环境。

7）赛甘岛上的花园

赛甘岛以同样的原则进行水资源管理。雨水统一收集在蓄水池中，经过沉淀处理，最后在水质和流量监控下排入塞纳河。下大雨时，赛甘岛花园的低地可作为蓄水池收集雨水。

2.严格的建筑节能标准

在法国，约1/4的温室气体排放来自建筑。因此，采取措施减少排放迫在眉睫。赛甘岛-塞纳河岸协议开发区的所有建筑都将获得环境认证。SAEM超前考虑未来的环境要求，设定的建筑能耗目标比热力标准低10%~20%。并且，随着未来技术的日新月异，协议开发区对节能的要求将不断提高，特拉派东区和赛甘岛的新建筑的能耗也将更低。

1）建筑的高品质环境质量

自2005年以来，SAEM成功地在整个协议开发区项目中推行高品质环境质量建筑评估体系，特别针对以下方面：社会住宅、商品房、公共服务公寓、学生和研究人员公寓的"住宅和环境"认证，写字楼和教学楼的"民用建筑HQE"认证，并且体育、文化、商业建筑和设施遵循示范项目建设标准。

SAEM是第一批从项目初期就系统地引入认证办法的国土整治机构。在SAEM的强力推动下，赛甘岛-塞纳河岸协议开发区项目成为可持续发展的全国示范性项目之一。

2）明确的项目框架，不断提高的建设标准

SAEM采用的建设标准不断提高：2005年建设的第一批建筑达到RT2000-8%标准；2006年SAEM建成高能效建筑，达到RT2005-10%标准。此后"超高能效建筑"（THPE）和要求更高的低耗能建筑（BBC）相继问世。今天，在SAEM的要求下，比扬古市的所有住宅和写字楼的能耗参数要比RT2005标准低20%，已获得超高能效建筑2005标识。SAEM在V和Y分散建筑群大胆引入更为严格的能耗标准，以RT2005标准计算，小于或等于65kWhep/m²/年，即小于或等于每人每年65千瓦时/平方米。一些新建项目也以低耗能建筑标准为目标，向分散建筑群采用的环境标准看齐。

3）雄心勃勃的零能耗托儿所项目

随着项目的进展，SAEM 采取越来越严格的环境标准，并在此基础上更进一步，建造零能耗托儿所。通过竞标，Hondelatte-Laporte 建筑师事务所（与 HQE Gestion Conseil Batiment 公司联合竞标）中标，担任零耗能托儿所项目建筑设计师。同时，SAEM 也委托 Alto Ingenierie（HQE 标准咨询事务所）提供 HQE 咨询服务。托儿所公共项目的规划面积 1 400 平方米，位于 J. Nouvel 设计的 Eorizons 大楼脚下，拥有 60 个幼儿床位及 20 个多功能床位。为实现可持续发展的愿景，"零能耗"方案雄心勃勃，也更尊重自然环境。它意味着建筑的能耗将降到足够低，建筑产生的能源将足以补偿所有能耗，最终能量产生和消耗总和趋近于零。与低能耗建筑标识不同，这里的能量计算包括所有的能耗单位，如办公设施及厨房设备。

为了实现低能耗及避免热量流失，建筑被一个高性能包裹物包住，外层还设有隔离层。建筑表层最优化对实现 HQE 认证来说至关重要，同时以被动式节能方法作为补充。项目避免使用成本过高或过于复杂的技术方案。

在能源系统上，零能耗托儿所将采用水源热泵，以保证冬天的暖气及夏天的冷气供应（可逆系统）。同时设计一个双流道机械风机从抽取的空气中收集热量；一个加拿大通风井，将完善夏天的温度调节系统。为保证卫生热水供应，最终以光伏太阳能板作为热能转换装置。

零能耗托儿所的建筑设计师 Raphaelle Hondelatte 说："为了尽量减少外墙厚度，我们采用非常集约的方式设计这个建筑。我们选择三层建筑结构，居住部分——需要供暖的部分——设在中间层。建筑所有开放墙面都朝南，透过玻璃窗户，朝向户外景观。在能源方面，我们尽最大努力设计建筑形态和它的朝向。"

3.优先利用可再生能源的冷热系统

赛甘岛-塞纳河岸协议开发区项目的供暖、供冷及冷却系统将最大限度地控制温室气体的排放。系统管网的选择——IDEX 公司承建——由市政府及 SAEM 共同决定，避免出现建筑分别采用独立技术的局面。从系统规模和所服务建筑的人口密度上看，该冷热系统都堪称示范性工程：不久的将来，系统将可供 10 000 户使用。因此，从上游充分考虑系统的安装至关重要：需要预先考虑道路下的管网路径，并连接所有地产开发商的建筑。目前，所有竣工建筑都已接入了该系统。

通过利用季节性地热贮存系统，布洛涅-比扬古市已证实能够达到65% 的可再生能源，90 克/千瓦时的二氧化碳排放：这样大尺度的街区地热项目在全球范围内尚属罕见。

1）不污染大气的热量

住宅中的热量大部分来自位于伊西莱穆利诺市的 Isséane 生活垃圾焚烧厂的可再生能源。这里产生的热水由管网送至新街区。供热系统提供的热量，占能源供给的 32% 以上。与使用化石天然气能源的供热系统相比，本系统大幅度降低了热量生产带来的温室气体排放。开发商被强制要求将38.23 万平米住宅接入供热系统，省去了壁炉和燃烧设备或电力对流器的设计安装。另外，IDEX 公司通过光伏太阳能板，利用太阳能补充街区的热量供给。B2b 建筑群的教学楼及社会住宅是第一批安装太阳能板的建筑。IDEX 公司的目标是将可再生能源比例从 35% 提升到 65%。为此，IDEX 展开含水层地热利用的相关研究。IDEX 公司的供暖系统也将覆盖赛弗尔桥区和该市的 Silly-Gallieni 街区。

2）长期稳定的供热成本

多能源系统具有显著的成本优势。一方面，多能源系统比单一能源（如石油或天然气）系统更容易实现控制和稳定成本；另一方面，所有建筑的认证要求（写字楼获得民用建筑 HQE 认证，住宅获得住宅和环境认证）推进了建筑供暖的低能耗创新，热量需求和对供热管网的产热需求因此明显降低。

3）创新的制冷系统

制冷系统安装在赛弗尔桥的桥墩中，故整个系统都是不可见的，它的美学价值对于高密度的城市环境来说非常值得一提。能量由制冷机组生产，配备了冰块贮存设备（占总产能的 30%），通过塞纳河水进行冷却

（这个过程对河水温度变化的影响较小）。因此，该区域的各种潜在资源都被挖掘和利用起来。所有民用建筑的开发商被强制要求接入制冷系统，提供所有制冷需求。未来，30 万平方米的办公区、商业区、活动区最终都将受益于该系统，省去安装屋顶冷却装置，解决了噪声和卫生（军团菌病）问题，且视觉上更美观。

4）全法先试先行的项目

在整个项目区落实这样的冷热供给系统，预示着协议开发区"可持续规划"的未来战略目标。今天，在法国只有 5% 的人口享受到如该系统一样的供暖服务。而在瑞士，这个比例是 50%。对于制冷系统，赛甘岛-塞纳河岸协议开发区项目显得更加突出，因为至今只有巴黎、里昂、蒙彼利埃和拉德芳斯商务区使用了此项技术。Grenelle 环境法规定，所有协议开发区项目都必须研究落实城市能源系统，这大力推动了该领域的发展。未来，协议开发区冷热系统的成果还将进一步升级，随着生产的规模效应，动员大型投资和跟踪能源变革将更为容易，也更有可能应用更高效的新兴技术。

5）区域集中供热系统的优势

在可持续发展的背景下，类似该项目的区域集中供热系统具有极大的优势。首先，它取代了小型供热系统，通过能源混合和多样化，能够选择价格低及污染少的原材料。其次，统一供热降低了单一业主的使用成本，否则某些可再生能源（地热能和生物质能）的高生产成本令个人难以承受。

6）制冷系统的优势

此制冷系统具备以下两大优势。第一，省去了气冷装置的安装，从外观上得到改善，消除了噪声污染。第二，所使用的地热能是百分之百的绿色能源。

4. 充裕的公共空间，高质量的景观

雷诺旧址近一半的规划面积将用于公共活动和步行区域建设，这一想法从项目策划阶段就确立下来，是该区域吸引居民和职工的重要方面。这些土地大部分将用于建设绿地、花园及林荫漫步道，编织一张真正的绿网，联系整个项目区，连通它与所在城市的其他区域。建筑设计师和景观规划师以及公共和私营项目管理者共同合作，确保建筑和公共空间的和谐。因此，虽然协议开发区是密集城区，它仍然能够提供宜居的生活环境和自然景观。除赛甘岛外，整个开发区将种植 1 200 棵树，突出了项目区对绿色空间的重视。这些树木产自本地，品种丰富，既尊重原有生态系统，又保护了生物多样性。

1）比扬古河岸：各个层次引入植被

新区的各个层次将种植多种类型的植物，覆盖道路、慢行道和绿化带等各区域。建筑群区块的中心花园构成静谧的绿色空间。这些区域内设置庭院、露天阳台等，或封闭或开放，体现"城市花园"的特点。大部分建筑的屋顶都将成为城市绿化的一部分。

赛甘岛路建成于 2009 年 10 月，是比扬古河岸区的城市中轴线，延伸至河岸。规划将其加宽并种上树木，道路的视野能够抵达赛甘岛、默东山丘及赛弗尔山丘。沿约 450 米长的道路种上了各类高枝干树木。

比扬古公园（7 公顷）在整个比扬古河岸区占有核心位置。除种有树木的河岸和道路外，比扬古公园向市民提供一大片广阔的散步、会面、休闲、游乐的绿地。

2）赛甘岛：新颖的公园

根据雷诺时代留下的地形地貌特点，赛甘岛公园将被改造成激发灵感和追溯历史的场所。景观设计师 Michel Desvigne 设计的赛甘岛公园由一系列"下陷花园"构成，分布着草坪、花圃、高树木区、苗圃、沙地、盐碱地等。这些下陷花园地势高低不同，但都具有水资源管理功能及防洪蓄水能力。

赛甘岛公园的设计极具趣味和教学意义，公园里的微型农场将吸引路人发现某些特殊植物品种。此外，人们还可以看到用来生产绿色燃料的植物以及本土植物的不同种植手法，表现如何最大限度地保护环境。

5. 生物多样性

自项目伊始，协议开发区的设计师们就梦想打造一个"城市乡村"。因此，项目区拥有大片的绿化面积。不仅如此，设计师们还期望建立一个真正的多样生物系统，增强众多物种的活力。

1）成功整合生态系统

SAEM致力于修复雷诺工业旧址的生物多样性，因此，公共区域规划大面积采用本土植物。另外，赛甘岛拒绝引入任何入侵性植物，因其可能占据生态环境空间，对其他植物生长构成威胁。事实上，一个特定区域的生物遗产多样性建立在生物多样性和基因遗产多样性的基础上，它们决定这个生态系统的持久性。因此，物种管理应当适用于保持和发展当地的生物遗产，还需要考虑原有植物及相关生物的繁殖周期。

2）194类植物物种

为重塑生物多样性，2009年5月，SAEM委托环境研究所Biotope对项目所引入的植物种群进行研究，并确定了为赛甘岛-塞纳河岸协议开发区建立真正的生物多样性的目标。研究显示，整个项目区共拥有194类在编植物物种：

- 108类生长于巴黎大区的本土植物
- 34类生长于全法的本土植物

上述两者多为地中海植物。

- 52类园艺植物（或栽培品种/本土培育品种）
- 无入侵性植物

可以看出，本土植物占大多数，从生物多样性的角度看，是一个积极信号。

3）公园里多样的动物群落

比扬古公园将适度引入多种城市中很难看到的物种，如两栖类动物、微型哺乳动物，还有鸟类、昆虫等，形成固有的生物圈，成为鸟类、昆虫、两栖类动物长期繁衍的场所。

SAEM还建造了生物多样性观察站，以跟踪该区域生物多样性变化。

4）促进生物多样性的管理

为保持长期的生物多样性，SAEM采用分类管理方式，特别是在比扬古公园。景观分为定期管理的"花园区域"和不定期管理的"自然区域"。只有花园区域安装自动浇灌系统。

分类管理方式极大减少了农药及杀菌剂的使用，优化了水资源管理（减少浇灌用水，收集、使用、排放过量雨水等）。

6.降低环境风险的出行方式

出行方式是可持续发展及高品质生活的核心之一。赛甘岛-塞纳河岸协议开发区项目优先发展汽车替代交通方式，发展以自行车和步行为主的密集的慢行交通网络。

1）慢行交通网络

在协议开发区，自行车道网络将连接既有和未来的公共交通系统。新区边缘将拥有两个公共自行车服务系统站点。人们可以选择更快到达目的地的交通工具，或闲庭信步享受环境的美好体验。值得一提的是，慢行道是连接新区的主要交通基础设施。

2）漫步赛甘岛

新雷诺大桥附近将建成机动车流量控制关卡，这将释放更多公共空间，特别是步行空间。此外，曾经连接布洛涅-比扬古市和赛甘岛及默东市的两座桥——Daydé桥和Seibert桥——将得以重建，为公共交通、自行车及行人提供通道。

另外，为了方便慢行出行方式，并连接现有公共交通系统，将建成两座天桥，一座通往赛弗尔市区，另一座通往布洛涅-比扬古市的赛弗尔桥头。驾驶机动车的人若想进入赛甘岛，可将车停放在比扬古河岸区的公共停车场里，停车场有两个，各有600个车位。

3）高效的公共交通

高效、环保、通达的公共交通将连通新城区。赛甘岛将与T2有轨电车，9、10号地铁线连接。赛弗尔桥作为交通枢纽，将拥有多种交通方式，汇集地铁、有轨电车及16条公交线路。同时，这里还可能设置大巴黎地区自动地铁线路站点。

7.开放性

可持续发展离不开可达性。高品质的环境质量需要与高品质的使用同步。城区设计应该方便有行动障碍、失明或有视力障碍，以及身体或精神残障的人群。设计一个向所有人群开放的城区并不是件容易的事。市政府和SAEM采用了极富创新性的办法，使整个新城区因此实现100%可达性。

1）与当地协会组织密切商谈

为充分实现这个目标，SAEM把项目的所有相关人员都动员起来。它参与当地各组织的会议，并组织考察。所有计划都会就规划内容咨询相关人群，特别是公共设施建造计划。项目同样考虑到特殊人群的需要，通过特殊的设计让残障人群获得方便，不被特殊化对待。

2）便捷的交通规划

公共空间及道路系统地采取了以下措施：

● 建筑物一楼及公共区域的连续性设计

● 宽阔的人行道

● 不光滑路面（使用未经打磨的花岗岩及粒化柏油）

● 人行横道：为盲人设立盲道；为方便弱视人群，安装1.2米的立柱，柱头上色，以突出道路轮廓；设计汽车出入路段，保证车行道与人行道的连续性，高差小于2厘米

● 无线电声控灯：为盲人配备遥控器，以告知路名及红绿灯状态

● 许多加宽的公共长椅

● 考虑轮椅出行人群的植物遮光设计

● 赛弗尔桥的电梯可达楼板上层、桥面、停车场等各类公共空间

● 大量的行动障碍人群专用车位，位于公共设施附近，并易于出入（如斜坡通道）

3）积极的成效

这是首个超过1.2万居民的城区对行动障碍人群实现100%可达性的项目。所有类型的残疾人都被考虑到，这绝对是一个创新。信号系统的设计也考虑到某些类型残疾人的需要。

项目进行方式同样值得强调。项目从初期就考虑到这些需要，并与相关团体进行商谈。事实上，在设施建成后增加这些设计极其复杂且昂贵。因此，从前期进行考虑，无疑大大节省了时间和成本。

8.绿色工地

噪声、粉尘、建筑垃圾……工地总是不可避免地给周边居民带来不

便。赛甘岛－塞纳河岸协议开发区项目脱颖而出，在建设中落实了"绿色工地"的理念，它也是全法第一个要求专业公司控制工地环境的协议开发区。

为了尽可能降低项目施工噪声，保持工地清洁，SAEM采取了各种行动，原则如下：

- 监控排入塞纳河的施工废水
- 建筑垃圾处理
- 工地的清洁和管理
- 施工噪声限制

所有这些绿色工地施工标准都写入了《工地管理细则》（Cahier d'organisation des chantiers，简称COC）合同文本。具体措施如下：

- 建筑碎料尽可能分批通过河道运走
- 建筑垃圾分类管理
- 安装粉尘净化装置
- 使用的机械必须符合现行的噪声控制标准

为了更好地落实绿色工地任务，SAEM委托专业技术咨询公司Ginger Environnement担任项目管理助理。Ginger Environnement负责监控和跟踪工地管理细则和政府对污水排放及负荷雨水排放质量和总量法规的执行。另外，该开发区的噪声章程规定了噪声标准，考虑周围居民的敏感度（使用隔音设备，根据空间和时间进行工期安排，尽可能减少对周边居民生活的影响等）。

为了保证各项指标在限定值和要求内，监管人员每周至少进行一次工地噪声、粉尘测试和水样检测，评估工地情况及垃圾分选情况。现场监测后，形成总结报告，发放给所有被调研的工地，以改正未遵守环境控制标准的行为。

赛甘岛的工地管理同样针对环境问题采取了必要措施，如废旧工厂的拆解垃圾回收用作花园土方，混凝土在现场进行粉碎和筛选，废弃材料原地回用策略也减少了运输成本。

大事记：

- 建筑师评选启动：2007 年 6 月
- 确定建筑师：2007 年 12 月
- 施工启动：2009 年 2 月
- 施工验收：2011 年 3 月

目前这种"绿色工地"的理念在中国日益得到重视，尘土飞扬的建筑工地也在减少，取而代之的是工厂预制、现场快速安装、建筑垃圾循环再利用。表 5-1 显示了 ETIK 项目业主选择的高品质环境质量目标。

表 5-1   ETIK 项目业主选择的高品质环境质量目标

主题	N°	目标	基本	高效	超高效
生态建设	1	建筑和环境的关系			
	2	材料的选择			
	3	低冲击工地			
管理	4	能源管理			
	5	水管理			
	6	生活垃圾管理			
	7	维护			
舒适度	8	热液			
	9	听觉			
	10	视觉			
	11	嗅觉			
卫生	12	空间卫生质量			
	13	空气质量			
	14	水质量			

SAEM 要求项目获得高品质环境质量建筑认证，也努力争取高品质环境质量运营认证，5 年内对项目进行跟踪，保证建筑投入运营后保持高能效。

在 Grenelle 2 框架内，写字楼的租户签订"绿色租赁合同"，实现环境承诺合同化，同时分享节省的开支。以下是高品质环境质量若干目标：

目标 1：建筑和环境的和谐关系

根据地方城市规划要求，赛甘岛-塞纳河岸协议开发区建筑 0+5 层以上的墙面需要后移。低层建筑被附近楼房遮蔽阳光，为使最低两层可全年享受阳光，设计师将其设计成玻璃立方体。乍看之下，它们全部为玻璃板结构，实际上隔离水泥墙隐藏于部分玻璃幕墙之后。

目标2：材料的选择

建筑内部采用模块组装（墙面和1.35米天花板），因此无须进行大型施工。环境标准是建筑内部材料选择的决定因素之一：

● 吊顶木材经PEFC（label certifiant la gestion durable des forêts，森林可持续管理标识）认证

● 地毯获GUT标识（德国标识，用生命周期方法认证地毯的生态和卫生质量）

● 油漆获欧洲环保标识，保证挥发性有机化合物的低挥发率

目标3：能源管理

（1）外墙的生态气候设计

ETIK建筑结构紧凑，总体看玻璃窗面积少，以水泥结构为主。建筑南面的玻璃窗更少，在冬季周围建筑遮挡阳光，又避免建筑在夏季和季节中期过热。由于建筑使用者散发大量热量，夏季写字楼容易产生过热的问题。

● 不透明墙面

水泥结构墙面分割建筑内外部，墙面隔热材料厚12厘米、气刀4厘米、水泥10厘米，热阻达3.5平方米·开/瓦特。屋顶的热阻同样为3.5平方米·开/瓦特。

● 木工工程

所有窗户和玻璃窗洞都采用隔热断桥铝型材和中空双层玻璃，Uw整窗导热系数为2瓦/平方米·开，太阳能的热系数为0.3。

外墙的总损耗比法国RT2005标准的要求低7%（建筑外墙损耗=参考损耗−7.1%）。

（2）采暖和制冷

● 能源生产

建筑的采暖和制冷由协议开发区的冷热系统提供（项目业主要求，反映在项目任务书中）。该系统65%的能源为可再生能源。地下5米深配备了加拿大井通风系统，为建筑中庭提供冷气。

● 能源输送

热水和冷却水在管道内循环，保证天花板辐射的冷热传播。每个区域的温度可自行调节。

● 优势

被动式冷却系统不引起空气流动，因此不产生卫生问题。系统维护便捷，通过通风管罩进行，无须更换过滤器。冷热传播均匀，保证最好的热舒适度（房间内的温度差异小，无冷热气流）。

（3）通风

建筑配备能源回收器的双流式通风系统，效率达80%。如打开窗户，触碰槽口，供暖和机械式通风将被切断。

（4）照明

建筑安装节能型照明设备，用电量为4.6瓦/平方米，比RT2005标准10瓦/平方米低。照明根据自然光线强弱变化，同时配备有照明感应装置。

（5）预计能源消费

建筑预计能源消费每人每年65千瓦时/平方米。

初级能源率=参考率−52.7%

预计能源消费分配如下：

● 采暖：每人每年24.8千瓦时/平方米

● 冷却：每人每年9.9千瓦时/平方米

● 通风：每人每年18.4千瓦时/平方米

● 照明：每人每年9.8千瓦时/平方米

● 辅助：每人每年1.9千瓦时/平方米

建筑安装90平方米单晶硅太阳能光板，额定输出功率为13千瓦/平方米（日照强度为1千瓦/平方米、气温25°C的条件下），相比之下，个人安装的平均额定输出功率为3千瓦/平方米。电力并入EDF法国电力集团的电力系统。

目标4：水管理

雨水管理系统降低雨水的管网排放量。雨水流经可渗透景观渠，汇聚到协议开发区的池塘处理。此外，屋顶植物能够发挥蓄水功能，减少雨水直排量。

目标5：维护

建筑使用集中技术管理办法，配备采暖、冷却和通风控制柜，能够调节、编程设计并跟踪能源消费。

建筑自构思阶段就考虑到玻璃清洗，因此在外墙和中庭安装了吊篮。

大楼向使用者发放建筑使用手册，以保证设施使用的最优化。绿色租赁合同与HQE运营认证为大楼的持久稳定性能提供有力保障。

目标6：热液

设计者对建筑进行气动模拟，调整加拿大井尺寸，避免中庭在夏季或季节中期过热。此外，还进行了热力模拟，研究写字楼的热舒适度。

目标7：视觉

建筑拥有丰富的自然采光，通过白昼光线因素模拟，优化窗户的位置和尺寸，使写字楼光线充足。此外，中庭的玻璃墙也为建筑带来充足的自然光线。

5.5 评价

赛甘岛-塞纳河协议开发区尽管只有0.74平方公里，但其地理位置和历史背景的特殊性从一开始就引来了极大关注，关注的目光来自从国家领导到周围居民。此特殊性对它带来必须成功的要求，也给项目带来了复杂性，项目从最初构思到项目全面竣工将近20年，是难以想象的。

通过以上数据，我们发现此生态街区与中国的生态城相比规模小很多，最多算是国内生态城的一个起步。但在欧洲，这是一个典型的社区单元规模，而且算是比较大型的社区，极具代表性。所以选这样一个案例来研究，样本符合要求。

案例引发我们对一个城市发展"快与慢"问题的思考。该协议开发区项目是法国城市发展的一个缩影，它很好地解释了法国城市发展"慢"的问题：立项的复杂，规划设计的曲折，公众的广泛参与、政府和社会资本合作的推进。尽管建设比较慢，但是现在做出来的效果非常令人满意，不仅取得了"生态街区"标识，而且成为整个法国的示范项目、焦点项目，似乎印证了中国的古话：慢工出细活。

尽管之前我们说，我们不过分着墨此项目的生态技术，但它无可厚非地展示了法国最好、世界领先的生态治理技术，这对我国有极大的借鉴意义。如它的先进水资源管理技术，为目前中国正在热烈讨论和建设的海绵城市提供了参考；如它的雄心勃勃的零能耗托儿所项目，可成为我国商业地产开发和智能建筑学习的榜样；如它对生物多样性的追求，以及建设"城市乡村"的热情，再一次鼓舞了我国建设绿色城市的信心；如它的慢行交通网络，为现在的城市快节奏降温，让我们有更多时间来体验和感受平常熟视无睹的周围风景，让环境来滋养我们的心性。

赛弗尔桥区的建设是一个非常成功的改造项目，针对性极强并同时为我们展示了节约原则。这个地区的最大问题就是与外界交通及沟通不畅，带来了社会及发展问题，所以从一开始就明确思路，有针对性地解决流通问题；而且它还通过与外界共享设施，吸引周围的职场人士，增加社区活力，充分考虑到新旧城区的和谐以及新旧城区的互动。另外，对原有的商业楼及基础设施并没有拆除，而是选择改造、翻修、重整，让它重新获得生机。在改造的过程中应用现代的环境科技力量，这极大地节约了能源和材料，真正地做到了低碳和生态保护。我们建设生态城市，大部分情况是在原有的城市基础上进行建设，所以改造是利器，节约是原则，注重与周围的和谐沟通是法宝。

城市升级改造项目将涉及很多利益相关方，如果信息沟通不及时、不到位，会碰到很多阻碍。中国在这方面的反面事例很多，如因赔偿不公而上访。法国也同样遇到了这样的问题，但这个区的系列做法很值得称道，如协商委员会、街区年会、一对一租户面谈等。

特拉派区的发展启示我们城市和街区发展一定要注重形态的多样性。特拉派区开发规模大，有建筑模式千篇一律、形态和空间选择单一的风险。但它通过优化管理模式、分解建筑群、设计理念多样性来激发街区的多样性，同时又保证多样性的有机融合。当走入街区时，生活或工作在这里，每日感受到的是花园的清新、宽敞的空间和多样的建筑，不会感到疲倦，有和周围人群及邻居交流的意愿。

赛甘岛的发展案例告诉我们，城市或街区发展一定要创立自己的品牌，即唯一性。它的品牌首先立足于它的历史和地理，然后再根据时代的发展趋势来创新创造品牌。赛甘岛根据自己独特的地理优势，选择建立自己的"文化岛"和"24小时活力岛"，并大力采用新技术来应对未来的生活方式，建成后将成为独一无二的法国品牌。目前它还在建设当中，但从它的建设方案中我们已经感受到了它未来的活力和影响力。

特拉派区和赛甘岛开发也给我们展示了一个极其成功的政府主导、社会机构广泛参与的合作共赢案例。目前我国很多生态城市建设或环境整治项目，政府资金投入有限并且缺乏专业人士参与，在这种情况下如何调动各方资源，如项目开发商、设计单位、公共管理机构等，且能发挥指导性来保证项目的质量，是一个严峻的问题。其实这是一个政府责任平衡的问题，政府既不能失责，把土地"一卖了之"，任由开发商设计规划开发，最后造成城市的整体规划混乱，也不能大包大揽，越位经营，不考虑调动专业机构和私营机构的主动性，最后增加政府负担且造成项目整体开发水平落后。

目前国内已经启动了很多政府和社会资本合作的项目，其实质是政府通过确立法律法规、确定城市或地区发展规划，在区域发展高质量规划、公共利益得到保障的前提下，和各私营机构参与方充分协商、共同建设，最终达到市场开发的成功。在这一过程中，信任的建立和维护是核心，这是一个政府和市场的平衡过程、公共机构和社会机构的博弈，是公共事务管理的艺术。

法国在推广法式可持续城市上不遗余力，其中的做法很值得推崇：

（1）品牌建设，而不是模式复制。法国在生态城市建设推广上，不主张发展某一"模式"并向国内外推广这一模式，而是鼓励多样性，聚集生态城市建设方面的所有相关团体，对内形成强大凝聚力，对外逐步树立影响力，并借助各种国内、国际宣传渠道，推动法国生态城市建设经验技术的本土化和国际化。因此，"法式生态城市"不代表某种城市形态或建筑类型，而是在生态建设方面汇集了智慧、技术、经验的精髓。

（2）加强各部门、各领域之间紧密合作。发展生态城市，政府、企业、协会、科研机构缺一不可。政府发挥调控职能、提供资金支持，企业既是技术的实践者也是经验的积累者，协会编织沟通网络，科研机构为技术革新提供动力。此外，城市作为一个综合体，能效、水管理、垃圾管理、材料等各个生态建设领域也缺一不可。Advancity 和 Vivapolis 都具有组成成员和合作伙伴多元化、涉及领域多样化的特点，增强了法国生态城市建设的协同效应与综合实力。

（3）管理上，Advancity 的组成构架较为完整（包括董事会、科学委员会、战略委员会及管理团队），组成成员在政府部门、私营企业、科研机构担任要职。由于他们在政府公共政策和企业决策上能够产生一定影响，他们间的紧密合作使得"生态城市"相关具体项目更加务实。这能够避免战略与市场脱轨、决策执行力低等问题。

5.6　其他低碳城镇国际案例借鉴

案例 5-5　　　　　　　英国 BedZed 生态村

英国伦敦南部有一个零能耗社区——BedZed 贝丁顿生态村。BedZed 是贝丁顿"零能耗"开发的缩写。该生态村位于萨顿市贝丁顿地区，坐落在一片居民区中，与其一墙之隔的是英国普通住家，它是世界第一个完整的生态村，也是英国最大的零碳生态社区。

贝丁顿所在的英国南部地区属于典型的温带海洋性气候，气候温和，四季湿润，温差较小，一年当中气温通常不低于 -10 ℃，最高不超过 32 ℃。英国冬季由于雨水较多，日照时间较短，这样阴冷的天气使得接近半年的时间需要使用暖气；而夏季则要舒适很多，短暂的高温过后是一个凉爽的夏天。

生态村于 2000 年动工，2002 年建成，占地 1.7 公顷，共有 99 套住宅，1 405 平方米的办公区以及一个展览中心、一家幼儿园、一家社区俱乐部和一个足球场，共有居民 210 人，工作人员 60 人。

贝丁顿生态村的设计目标是建成一个"零化石能耗发展社区"，即整个小区只使用可再生资源产生满足居民生活所需的能源，尤为强调对阳光、废水、空气和木材的可循环利用，不向自然界排放二氧化碳，其目的是向人们展示一种在城市环境中实现可持续居住的解决方案以及减少能源、水和汽车使用率的各种良策。

生态村在示范建筑建设的过程中，通过两项重要措施极大降低了建筑成本："就近取材"和大量使用回收建材。在35英里范围内拆毁建筑场地和废弃火车站回收钢材，示范建筑结构用钢材来源于回收的就占了95%；建筑窗框选用木材而不是未增塑聚氯乙烯，在制造过程中减少了10%以上（约800吨）的二氧化碳排放量；许多木料和玻璃都是从附近的工地上"拣"来的。

在能源利用方面，采用零采暖技术，住宅的整个墙壁共分三层，内外的两层分别是150毫米厚的混凝土空心砌块和150毫米厚的石砖，中间夹着一块300毫米厚的岩棉，这样的设计可积蓄热能，温度过高时，房屋即可自动储存热能，甚至可以保留每个家庭煮饭时所产生的热能，等到温度降低时再自动释放，以此减少暖气设备的使用。

所有住宅都朝南，各建筑物紧凑相邻，以减少建筑的总散热面积。每家每户都设双层低辐射真空玻璃的玻璃阳光房，夏天玻璃房门打开后作敞开式阳台，利于散热；冬天关闭阳光房的玻璃可以充分保存从阳光中吸收的热量。屋顶上一排排的漏斗状"烟囱"是以风为动力的自然通风管道——风帽，一个通道排出室内的污浊空气，另一个通道引入新鲜空气；房屋使用了可积蓄热能的材质建造；社区建筑的屋顶还种植了大量的景天类植物。

建筑门窗的气密性设计，如外窗为木窗框以减少热传导、外窗玻璃采用三层中空充氩气玻璃以减缓热量散失的速度，达到良好的保温功能。建筑的屋顶种植大量的景天类植物，以达到自然调节室内温度的效果。冬日，景天类植物就是防止室内热量流失的绿色屏障；夏天，这些隔热降温的绿色屏障上还会开满鲜花，把整个贝丁顿装扮成美丽的大花园。

在循环利用方面，利用废木头发电并烧热水。功率为130千瓦的小型热电联产厂，燃料是附近地区树木的修剪废料，这些木头燃烧后成为可利用的有机肥料。

　　具体运作流程：碎木材片从储藏区自动流入干燥机，然后再从干燥机进入气体发生器，在受限空气流里加热后，通过气化过程转化为含有氢、一氧化碳和甲烷的可燃气体。

　　木材的预测需求量为 1 100 吨/年，其来源包括周边地区的木材废料和邻近的速生林。小区有一片三年生的 70 公顷速生林，每年砍伐其中的 1/3，并补种上新的树苗，如此循环。树木成长过程中吸收了二氧化碳，在燃烧过程中等量释放出来，因此它是一种零温室气体低碳社区。

　　发电过程中产生的热量得以保存并用来烧热水。热水通过一个由超导管道组成的小型社区供暖系统输送进每家每户。每户人家在门厅过道位置都安装有一个 1 米多高的热水桶，小型热电联产厂产生的热水就进入这个桶里。水桶上方有一个散热器，当室内温度低于 18℃ 时，散热器还能自动释放热量，起到增温作用。

　　该热电联产厂还与国家电网相连，在生态村用电量较低时，产生的多余电能可以输送进国家电网。

　　社区建有独立完善的雨水收集系统和污水处理系统：每栋房子的地下都安装有大型蓄水池，屋顶雨水通过过滤管道流到蓄水池后被储存起来。蓄水池与每家厕所相连，用雨水冲洗马桶。经屋顶花园、路面和铺地流走的雨水被排向社区入口一侧曾经干涸的渠道里，形成水景，增添野趣。

　　每家都安装了小型生物污水处理设备，称作"生活机器"。可以将污水中的养分提取出来作为肥料，污水处理后与收集的雨水一起用来冲洗厕所。冲厕所后的废水经过生化处理后一部分用来灌溉生态村里的植物和草地，一部分重新流入蓄水池中，继续作为冲洗用水。

　　在交通方面，生态村拥有两个火车站和两条公交线路。当地政府还在公路上划出专门的特快车道，专供载有 2 人以上的小汽车行驶，用以鼓励人们合坐一辆汽车出门，降低人们对汽车的使用量。

　　生态村内有方便的步行路，设置良好的照明系统，童车和轮椅的停靠路线，道路的形状使得车速被迫降到步行速度。每个家庭拥有 2~3 辆自行车储存空间，村内有与市区连接的自行车道路。为减少对汽车的依赖，居民可以使用共享制的电动车，其电能由社区安装在每户的光伏发电板自产电力供给，通过使用电动车的方式解决短距离交通问题。总面积为777平方米的太阳能光伏发电板，峰值电量高达109千瓦/时，可供40辆电动车使用。

案例 5-6   德国弗赖堡"太阳能之都"

弗赖堡被誉为德国的环保"硅谷"和"欧洲太阳能之都"，是世界绿色运动的发源地，也是全球研究太阳能和世界环境科学的重要中心之一。其应对气候变化的核心政策有3点：节约能源与资源、提高能源效率及运用可再生能源替代化石能源。政府以重点示范项目、示范区建设为出发点，制定和实施环境政策，不断探索新的发展领域，稳步推进计划的实施。

早在1986年，弗赖堡政府就准备计划以太阳能替代核能作为城市的主要能源，并设立了德国第一个环境保护办公室。弗赖堡政府通过众多示范项目，推动太阳能技术与产业应用发展，如日光浴室或"冬景花园"、太阳能光伏发电板、太阳能透明隔热、被动式太阳能设计等。

沃邦居住区位于德国弗赖堡市南郊，距市中心约3公里。该地原为法国占领军兵营，面积38公顷，始建于1938年，当时是建在不久前刚并入弗赖堡的St.Georgen区。第二次世界大战之后，该地区由法国军队占领，并且以法国建筑大师之名给该地区取名为"沃邦"。法国军队撤退后，沃邦城区归属于联邦资产管理局。1992年，弗赖堡市政当局以204.5万欧元的价格买下了这块面积为38公顷的地皮，把它作为城市居民区来开发。

在沃邦小区，位于沃邦大道的东侧，有一座巨大的太阳能发电站，被称为"太阳能船"，已成为绿色都城弗赖堡的象征。这组建筑长约80米，宽约15米，上下共四层。最底层是地下车库。地面一层是两家超市。地面二层是太阳能研究机构的办公室。最上面一层是住家。住家的房顶全部是发电的太阳能光伏发电板。每家房顶的发电量都超过自家的用电需求，多余的电卖给电网，并从那里获得相应的收入。顶层的住户不多，但各家住户门前都有一些多余的空地。住户们把它变成了空中花园，既截留了雨水，又美化了环境。

"太阳能船"的后面有一个院落，里面约有10栋长约10米的两层楼房。它们与"太阳能船"一起形成了沃邦太阳能生态住宅区。沃邦的建筑全部符合弗赖堡市对建筑节能的要求（每年每平方米65千瓦）。但这里也分三个档次。一种是耗能很少的房屋和建筑。第二种是被动式房屋，自身产生的能源与消耗的能源大体相等。第三种是自身生产的能源大于本身的消耗，即"增能建筑"，多余的能量可以为产权所有者带来额外收入。沃邦小区内三类节能建筑的成本不一：沃邦小区每平方米低能耗房屋的建筑成本约为1 800~2 000欧元；被动式房屋的成本约为2 000~2 200欧元；"增能建筑"的成本约为2 200~2 500欧元。

太阳能生态住宅区属于后者，它属于沃邦小区中对环境、生态贡献最大的一组建筑。为了使小区有新鲜的空气，南北走向楼距为七八十米。各楼间的场地既是消暑聚会的场所，又是小区与外界空气流通的通道。楼房住宅占地面积和绿化绿地的比例为1：6。

小区规定行人优先、自行车优先和公共交通优先。小区内拥有汽车的家庭不多。除了卸货和拉货之外，小区禁止汽车通行。有车的家庭必须将车停放在小区边缘的两个车库内。居民上下班大多是骑自行车或坐公交车。坐公交有轨电车到城里需要15分钟，骑车需要10分钟，步行需要25分钟至30分钟。因为骑车更快捷方便，所以沃邦小区的居民，无论大人还是小孩，人人都有自行车。

沃邦小区内只有一条公路，承载着三种功能：公路、有轨电车和渗水渠。在路面的分配上，大约各占1/3。公路的旁边是有轨电车道。双轨下面铺设了减震材料。电车在轨道上驶过，几乎听不到任何声响。这是为了不给两侧居民造成干扰。在轨道的另一侧，大约七八米的地方有一条沿街走向的渗水渠。水渠地表下面有储存水的水槽，水槽由高向低依次排开。一般下雨天，雨水几乎流不出小区。因为屋顶花园留住了部分雨水，剩余的通过管道进入渗水渠。下大雨或暴雨时，渗水渠还有排水的功能。

沃邦大道与当地著名的"黑森林"为伴，可以将森林里的"氧气"源源不断地输送到小区。小区产生的二氧化碳也可作为营养反哺森林。沃邦大道全长550米。这么短的一段路设有3个有轨电车车站。乘坐电车可直达弗赖堡市中心和中央火车站，从那里转车可通往全国各地。

弗赖堡的住宅建设以住房合作社制度著称，沃邦小区没有开发商。该小区所有的住宅建筑都是居民和建筑师合作的成果。市政府把需要开发的土地划分为若干个小块，所出售的土地既包括面向个体业主的面积很小的地皮（162平方米），也包括面向较大的建筑团体或商业投资者的大面积地皮（约5 400平方米）。谁有建房意愿，只需和建筑师一起将设计图纸拿到规划部门去审批。如果地块较大个人用不完，则必须联合其他的建房者，共同设计好图纸，经过审批后即可拿到地，或者由建筑设计师负责承担某个地块，然后建筑师再去找建房人，商量好图纸后到规划部门去审批。

这种建房模式的所有环节都是公开的，便于监督。更重要的是，建房者是设计师的老板雇主，有权参与和修改设计的图纸，这是沃邦小区成功开发的秘诀之一。没有哪个建房者愿意和其他人的房子一模一样，这就带来了房屋建筑风格的多样化，给人以美的享受。房子的外观和颜色不仅必须令主人满意，客观上也形成了姹紫嫣红、异彩纷呈的视觉效果。这里的建筑质量好，住宅使用成本低，建房者到目前为止几乎没有出租的，绝大部分都是自住。

区内2 000户共5 000位居民都是社区的拥有者和设计者，自行构成小组，向政府申请购买建筑用地，并严格遵循高效节能的理念设计和建造房屋。节能建筑的节能效果明显，其能耗与普通建筑相比可减少50%~60%。仅仅是供暖一项，每年就可减少一笔庞大的支出，这还不包括热水的开销。以沃邦小区的一套120平方米住房为例，每年水、电、暖气、煤气的全部开支只有740欧元，如果分摊到每个月只有几十欧元。换言之，仅仅是节省下来的能耗开支，在二三十年后就相当于当初建房的全部投入，这还不包括空气质量提高、生活更加健康等带来的生态和社会效益。

任何居民想在屋顶上加装太阳能光伏发电板，除了可获得10年或20年不等的3%~4%低息贷款补助设备与施工成本，更可获得20年保证收购太阳光电的优惠电价措施。在近来兴建的沃邦小区，我们还能见到超过

50 栋的增能屋。所谓增能屋，就是这些建筑所产出的能量甚至比消耗的能量还要多，这些多余的能量会由能源公司收购。一眼望去，每栋住宅屋顶都是满满的太阳能光伏发电板。这种以太阳能光伏发电板作为屋顶的建材，免去一般屋顶上再加装太阳能板的设计，一体成形，相比太阳能板，太阳能光伏发电板更为坚固，使用寿命超过 20 年。

　　沃邦小区的住宅不仅保暖隔音而且环保，这要得益于新建筑材料的应用、建筑技术的进步以及对居民身体健康的重视。例如，用化工塑料制造的隔音保暖建材，虽然效果很好，但由于不利于环境和居民健康而被禁止采用。小区很多新型建材都是用复合材料制成的，如一尺多厚的板材，只有上下各 10 厘米是水泥或木屑的硬质材料，中间全是稻草、锯末或谷物的壳，在制作过程中经过压缩黏合而成。用新型建材铺地，不仅隔音而且保暖，人在上面走动还有一种弹性感，好像踩在地毯上。其实有时只要多动一点脑筋，就能带来建筑技术的革新。比如室外的楼梯或台阶，它们与主建筑之间有一定的距离，只要在中间填充一些绝缘材料，室外的人上下楼梯，里面的人根本听不到任何声音，而且冬天台阶上的冷气也不会传递到建筑的外墙，从而达到保暖的效果。

　　社区拥有自己的利用木屑进行热能发电的热电厂，可以满足 700 户家庭用电，良好的隔热及有效的供暖减少了约 60% 的碳排放；政府通过"弗班论坛"推动"弗班区可持续发展模式计划"，广泛发动民众积极参与各类气候项目。

　　沃邦小区的成功还有两点需要提及：一是政府对节能建筑的支持。凡属节能住宅，根据其节能的程度，可从联邦和州政府获得约合建筑成本 8% 的补贴。对旧房进行节能改造，也可获得相同的政府补贴。二是居民具有很强的环保意识。沃邦小区的地表水在渗水渠中只有一掌深，甚至剥开表面的草皮，用手挖一个坑，地下水就会渗出地面。在水源如此丰富的沃邦小区，仍有居民储藏雨水或购买二次用水设备，用处理过的雨水和过滤了的废水洗衣服、冲厕所或浇花园，其环保意识可见一斑。

案例 5-7　　　　　美国西雅图——标准减排城市

　　美国主张重点发展低碳技术以应对气候变化，如新能源领域的相关技术、高效电池、智能电网、碳捕集及封存等。西雅图是美国低碳城市的典范，作为美国西北部重要的工商业城市、港口，是美国第一个达到《京都议定书》温室气体减排标准的城市。金融危机的爆发促使美国政府寄希望于发展低碳经济，建设低碳城市，以增加就业机会，维护社会稳定，促进国家经济增长。

西雅图低碳建设的特色是形成了龙头企业带动，以西雅图气候合作项目为平台，城市各个部门共同参与的气候行动：一是公众参与；二是家庭能源审计，以较低的审计成本来计算家庭以及企业办公室的碳排放；三是阻止城市继续向外无限扩大，把重心重新放到中心城市建设；四是积极改善电力供应结构；五是第三方评估减排结果，每隔三年，西雅图政府都会邀请第三方机构进行减排结果评估。

早在西雅图市前任市长格雷·尼克尔斯（Greg Nickels）的领导下，该市就建立了由政府部门的代表和气候领袖组成的气候保护绿丝带委员会（Green Ribbon Commission on Climate Protection），为全市制订了应对气候变化的解决方案。该委员会于 2006 年提出 18 项政策建议，为西雅图市在 2006—2012 年期间如何减少温室气体排放献计献策，最终形成了西雅图应对气候变化行动方案。该方案设立了明确的目标（相对 1990 年减排量），其中政府部门的目标为 2012 年减排 7%，2050 年减排 80%；城区的目标为 2012 年减排 7%，2024 年减排 30%，2050 年减排 80%。2009 年 2 月，美国政府出台了《美国复苏与再投资法案》（American Recovery Reinvestment Act），投资总额将达到 7 872 亿美元；力争到 2012 年，保证美国人所用电能的 10% 来自可再生能源，到 2025 年上升到 25%。

2016 年，西雅图市长穆雷上任即宣布了"驾驶洁净西雅图"（Drive Clean Seattle）提案，称西雅图排放的温室气体中，大约有 65% 源自交通运输。这项提案将有助于降低导致气候变化的碳污染。穆雷市长的计划列出了实现西雅图市减排目标的四大具体措施：

1. 到 2025 年，降低市政用车 50% 的碳排放量。使用更清洁的能源、效率更高的车辆、在电动汽车上做投资。

2. 到 2025 年，将市内的电动汽车数量增加至 15 000 辆。西雅图打算将市内的公用充电桩的数量提高3倍。西雅图"城市之光"亦将启动一项试验计划，通过创新的"到账还款"（on-bill repayment）和"按一天中时间定价"（time-of-day pricing）的方式，支持在住宅区内设置充电桩。

3. 在繁忙的交通要道，选择使用电动交通工具以及其他共乘运输方式，提高空气质量。

4. 制定策略，帮助商家、组织、居民参与到电气化交通运输经济之中，节省燃油费用。调整城市条例、政策、法规和计划，鼓励使用电动汽车，以及私人对更清洁的运输方式的投资。

西雅图组织了一系列以实现低碳为目标的实施体系。首先，阻止城市继续向外无限扩大，把重心重新放回中心城市建设。第二次世界大战以后美国居民出行大量依赖汽车，市民上班越远，碳排放越高。西雅图的工作主要集中在两个重点领域：首先，改善建筑物的能源效率；改善公交系统的效率，控制公共交通的碳排放。其次，积极改善电力供应结构，西雅图电力公司大量利用融雪等水利设施进行发电，另外还在华盛顿州东部地区投资风电厂。这些措施都取得了显著的减排和经济效果。例如，通过提高建筑排放标准，西雅图不但实现每年每座建筑减排二氧化碳1 000吨，并且使该市的低碳可持续建筑密度跃居全美前列，逐步形成年收入达67亿美元的可持续建筑工业。

第6章

深圳国际低碳城剖析

"我们必须走向一条更安全、更可持续和更公平的道路。"

联合国秘书长古特雷斯

深圳国际低碳城坚持经济社会发展、绿色低碳转型和城区规划建设有机融合，探索在发达城市的相对落后区域推进高端低碳跨越式发展的有效路径。深圳通过这个项目，重点引进和培育一批具有国际影响力的低碳产业，建设零排放低碳社区，实现低碳的生活方式、生产方式，打造国家低碳发展的战略高地，探索深圳、中国甚至世界未来30年的全新发展模式。本章以深圳国际低碳城的案例揭示其中的成功要素和可复制性条件。

6.1 战略规划与配套支撑体系

深圳国际低碳城位于深圳市龙岗区坪地街道，面积约53.4平方公里，总人口约25万人，包括坪西、中心、六联、坪东、年丰、西方埔、坪地、怡心8个社区。毗邻东莞、惠州。龙岗区坪地街道高桥园区及周边5平方公里是核心启动及扩展区。

坪地街道位于深圳东北部，东北与惠阳区交界，西北与东莞相邻。地处广州、东莞、惠州、珠海、香港中心区等珠三角城市群两小时交通圈内，能够辐射珠三角大部分地区，未来将提供更大的发展空间和可利用资源。尤其是深圳与香港毗邻，有利于借鉴香港的技术和资源，实现优势互补。坪地街道紧邻龙岗中心城、大运新城、前海深港现代服务业合作区、深圳宝安国际机场、盐田港，均在一小时交通范围内，能够依托深圳发达的产业基础和交通设施。

坪地街道面积（主要是山区部分）近一半是绿色的，其中40%是自然保留地，而其余的已经城市化。其建筑大多是质量相对较低的住房和生产分散的工厂，这与有许多高科技公司和高价值住房资产的深圳形成鲜明对比，而且坪地的工业附加值低，污染严重，当时的主要产业是电镀设备、五金加工厂、塑料厂和制衣厂。

这个区域当时在深圳属于边缘的工业地带，与其他未开发的地区，如大鹏半岛不同，处于内陆，毗邻其他城市的工业较不发达地区。这种发展状况在很多地方都很常见，即围绕中心的边缘地带处于相对落后状态。从深圳紧缺的土地资源情况来看，这些地区具有后发优势。坪地处在深圳东部发展轴线上。

总体而言，坪地土地呈粗放式的发展模式，城市空间结构混乱，制约了城镇产业升级和转型，制约了城镇经济发展和城镇建设质量的提升。

项目源起

2010年深圳被列为国家首批低碳试点城市，在全国率先开展绿色低碳的探索，实施生态立市的战略。深圳国际低碳城建设的背后有城市经济发展战略的考量，也是中外在低碳经济领域探索合作的一个成果。

2010年6月，荷兰代尔夫特理工大学校长闻岱博先生率领荷兰代表团一行十五人到访深圳，会见了深圳市领导，提出了"国际大学城"的概念和设想。荷兰代表团的代尔夫特理工大学、欧洲城市网络学院、荷兰下一代基础设施基金会、南山区科技局与哈尔滨工业大学深圳研究生院（以下简称哈工大深圳研究生院），共同签署了五方合作备忘录，各方将在城市生态环境建设、基础建设和城市可持续发展等方面展开多方位、高层次的合作，包括建立项目中心、人员交流互换、人员培训与城市建设工程项目合作等，共同建立"全球生态城市和下一代基础设施研究中心"，定位于高层次的国际合作项目。

在荷兰下一代基础设施基金会、深圳市和龙岗区的资助下，哈工大深圳研究生院与荷兰项目组于2010年6月至2011年3月组织开展了"深莞惠区域合作产业生态示范区战略定位与空间规划"课题的研究。课题组组织二十余名中荷专家在深莞惠交界地区进行实地调研。调研期间，项目组成员认真考察坪地、新圩和清溪的每一条街道，每一个工业园区的基础设施以及产业状况，实地拍摄1 000多张照片。

调研结束后，荷兰项目组成员与中方成员一起，利用专业制图软件，重新描绘了坪地、新圩和清溪三地的现状图，清晰地展现了坪地现状结构。

课题组中外专家还考察了国内北京、上海、天津、重庆、广州、苏州、南京、杭州、大连、香港等城市，以及国外的荷兰埃因霍温、莱顿，新加坡，印度班加罗尔，美国波士顿等城市，收集了大量的资料，实地考察了知识城、科技园的建设，接洽了许多世界著名大学、科研机构和中国公司。从2010年9月底，课题组中荷负责人王东和马丁教授向市政府和龙岗区政府领导及有关部门进行了多次汇报，得到了深圳市政府的高度重视。

2010年11月12日，荷兰下一代基础设施基金会、哈工大深圳研究生院等共同举办主题为"生态城市与下一代基础设施"国际会议（3rd International Conference on Next Generation Infrastructure Systems for Eco-cities），深圳市副市长唐杰及荷兰驻广州总领事范吉米出席了会议开幕式。借此机会，双方提出了推进双方政府间合作的初步想法。

会议汇集了世界范围内该领域上百位专家共同参与，并以深莞惠（坪新清）区域合作为主题举办专家研讨会。课题组顾问、荷兰下一代基础设施基金会主席玛戈特教授根据课题组的研究论证，正式建议将该区域建设成为"世界级生态知识城"。中外专家支持合理利用"坪新清"地区，吸引国外著名大学及研究机构，将其建成一座"基础设施先进，环保宜居，新兴产业聚集，为珠江东岸总部经济提供支持"的生态知识城。

2011年1月13日，深圳商报、龙岗区委党校、哈工大深圳研究生院等单位，邀请了由深圳市政府办公厅牵头的"推进深莞惠一体化拓展发展空间"课题组、规划国土部门主导的"深莞惠边界地区规划协调试点研究"课题组，以及来自国家发改委、科技部、中国社科院、广东省以及深圳、东莞、惠州三市的官员和学者，共同探讨这块土地的未来。

2011年3月14日，唐杰副市长第三次会见荷兰驻广州总领事范吉米先生，双方正式提出将该项目推进为中国政府与荷兰政府间合作的国际项目，并进入正式的程序阶段，通过荷兰驻北京使馆、驻香港使馆总领事一起推进合作事宜。

2011年7月，国家商务部副部长钟山访问荷兰，与荷兰经济事务部大臣布勒克共同主持召开第十五次中荷经贸混委会，讨论了深圳生态城议题并明确表示支持。许勤市长签发了向国家商务部汇报关于此项目的材料。

2011年9月，唐杰副市长率领深圳代表团赴荷兰考察。荷兰基础设施与环境部等部门领导以及前首相吕贝尔斯先生等会见交流。国家发改委副主任解振华听取汇报并指导。与此同时，荷兰基础部长致信中国科技部部长万钢，希望在深圳低碳领域开展合作。

2011年12月11至13日，在国家发改委的支持和指导下，深圳市人民政府与荷兰驻广州总领事馆，荷兰经济、农业与创新事务部，荷兰基础设施与环境部等在深圳举办"深圳国际低碳城专家研讨会"。荷兰原环境、规划和住房部秘书长弗利斯特，荷兰驻广州总领事馆罗安怡，唐杰副市长，国家发改委气候司蒋兆理处长等出席会议。会议论证了深圳国际低碳城的发展定位及合作模式，探讨低碳城的规划和愿景，在能源、城市交通、绿色建筑、知识基础设施、城市治理、城市规划与基础设施等六个领域的有关案例进行交流的基础上，就深圳国际低碳城合作项目的下一步工作路径达成了共识。

会上，国家发改委气候司蒋兆理表示，国家发改委高度支持深圳低碳发展以及低碳城建设的一系列努力，并随时准备给予一切必要的支持和帮助。会议认为，深圳是国家低碳试点城市，开展低碳国际合作，是应对气候变化的重要举措，符合国家发展战略和深圳未来发展需要。深荷双方致力创新合作开发模式，整合绿色环保技术，打造生态、环保理念和品牌，在深圳建立一个新区域，展示中国的低碳发展。

2011年12月11日至13日，深圳与荷兰方面共同组织召开了"中荷（欧）低碳城专家研讨会"。12月23日，唐杰副市长率相关领导向国家发改委应对气候变化司报告了低碳城工作进展情况及碳交易工作筹备情况。苏伟司长建议将中荷（欧）低碳城项目更名为深圳国际低碳城，并加强与世界各国的联系合作，深入开展深圳国际低碳城总体规划的编制工作，建立低碳城建设指引，为我国低碳城镇建设提供案例和借鉴，并加快推进碳交易相关筹备工作。

2012年8月21日，深圳国际低碳城建设正式启动。

1.落后现状诊断

从坪地经济增长水平来看，坪地是深圳市经济发展水平较低的区域。相对于深圳市和龙岗区经济发展的速度，坪地街道的经济发展速度较缓慢。坪地街道的人均地区生产总值是龙岗区的1/2，是深圳市的1/3。坪地街道的单位面积产出与龙岗区、深圳市的差别越来越大，从2005年龙岗区的16%和深圳市的36%，下降到近年的15%和30%左右。

从能源消耗水平来看，坪地的单位水耗与能耗水平远远高于深圳市和龙岗区，是不折不扣的高碳经济区。坪地街道的人均耗水量是龙岗区的1.5倍左右，是深圳市的1.7倍左右；人均耗电量约为龙岗区的1.5倍左右，是深圳市的10倍左右。坪地街道的万元地区生产总值水耗是龙岗区的3倍多，是深圳市的4倍左右。坪地街道万元地区生产总值电耗不断增加，从2005年是龙岗区的2.2倍、深圳市的2.9倍上升到2010年的3.4倍和3.6倍，而龙岗区、深圳市的这一数据则逐步降低。

从产业结构来看，坪地产业低端，布局散乱。产业以传统加工制造业为主，现代制造业初步发展，新兴产业尚属培育发展阶段。工业用地规模较大，容积率低，大部分社区缺乏连片大规模的储备用地，大部分工业区规模小且较为分散（见图6-1）。

而坪地的外商直接投资近年平均增速维持在5%左右，仅为深圳的约2/3，龙岗的约1/2。坪地常住人口平均增长速度高于龙岗区、深圳市平均水平；流动人口超过10万人，主要从事劳动密集型产业。

2.规划过程

深圳在解决产业发展布局和产业升级方面，势必要采取"东进"战略，将相对较落后而利用率不高的地区发展起来，龙岗区是一个重要选择，该区向北可以扩张到东莞和惠州发展较落后地区，具有非常大的梯级扩展空间。作为深圳的东北门户，龙岗区坪地位于龙岗中心组团，素有

企业数量

3% 16%

■新兴产业
■现代制造业
□传统产业

81%

单位：万元

800 000

600 000

400 000

200 000

0

新兴产业　　　现代制造业　　　传统产业

■营业收入
■资产总额

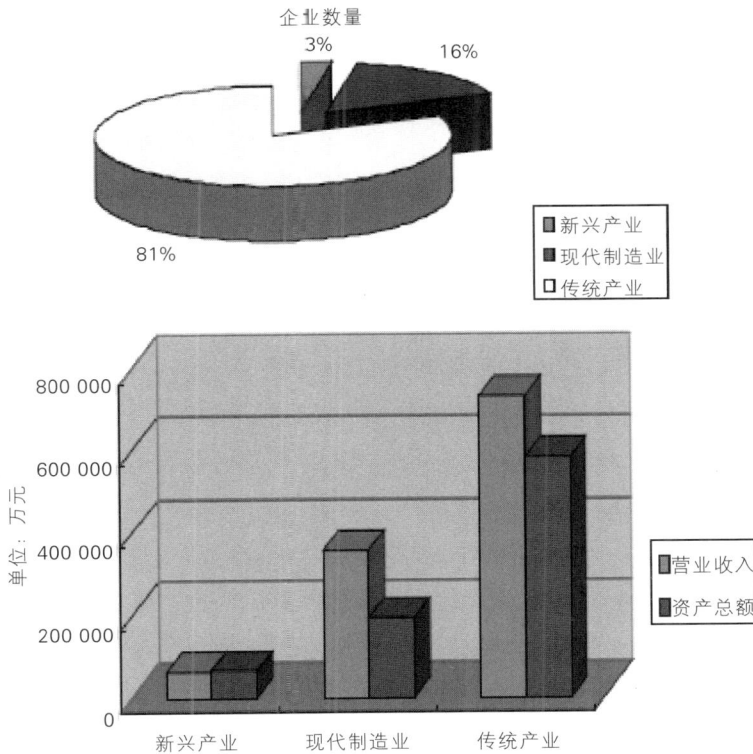

图6-　坪地产业结构及产值

"龙岗后花园"之称，是龙岗区实现"产业大区"目标的重要产业基地，是深圳未来进一步拓展腹地，进一步发挥辐射带动作用的桥头堡。

龙岗区"十一五"规划纲要明确提出，坪地街道属于龙岗中心组团，规划发展成为先进工业园区，主要功能定位为高科技产业、先进制造业、传统优势产业。龙岗区于"十二五"规划中提出重点发展坪地高桥工业园，全区产业结构调整的重点是：大力培育低碳型战略高新技术产业，扶持新型电子产业发展，巩固发展先进制造业，大力推进文化旅游产业和现代服务业发展。

建设深圳国际低碳城，不仅符合全球当前及将来的环保、生态和低碳的理念，为全国各城市产业低碳转型升级提供示范，将低碳城的战略腹地辐射到全国更广大地区，创立和巩固深圳在国内乃至国际范围内发展低碳经济的龙头地位，而且深圳国际低碳城的建设能加快推进特区一体化。低碳城也是深惠发展主轴线上重要的产业功能区，在深莞惠一体化发展的格局下，有条件成为区域合作的中心区。

国际气候组织对低碳城市的定义是：在城市内推行低碳经济，实现城市的低碳排放，甚至是零碳排放。低碳城市是在政策引导和制度安排下，通过政府、企业、个人和组织机构四个方面的努力，最终达到碳源小于碳汇，并且倡导低碳生活方式和低碳生产方式的城市，见图6-2。

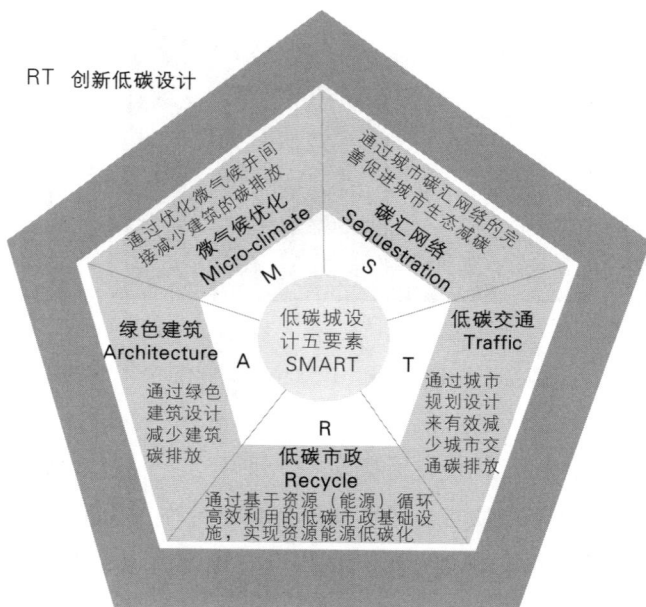

图6-2 创新低碳设计

低碳城是通过零碳和低碳技术节约和集约利用能源，有效减少碳排放；以自然系统和谐、人与自然和谐为基础的社会和谐、经济高效、生态良性循环的人类居住区形式，自然、城、人融为有机整体，形成互惠共生结构。

深圳国际低碳城的选址，可以通过SWOT分析总结如下（见表6-1）。

表 6-1　　　　　　　　　深圳国际低碳城选址的 SWOT 分析

优势：区域条件优势　独特（客家）文化 　　　土地存量充足　产业支撑 　　　生态条件良好　政策支持 　　　建设改造成本较低　智力支援	劣势：高碳经济特征明显 　　　产业基础较差 　　　已建成区土地开发水平低 　　　人才缺口较大
机遇：全球关注低碳发展 　　　中国加快转变发展方式 　　　珠三角加强区域合作 　　　深圳积极推进转型升级	挑战：面临国内外的竞争压力 　　　资源（资金、人才）竞争日趋激烈 　　　从高碳经济向低碳经济转型难度大

在划定区域内部分别有丁山河、龙岗河两大生态轴，山林、园林和水域分布丰富，区域周边分布三大生态体系：清林径郊野公园、黄竹坑水库、龙筋山系。

深圳国际低碳城拟在 53.4 平方公里内建设 30 万人的世界一流低碳新城，这将是全球标杆性低碳综合示范区，也将作为一个国际低碳领域卓越中心。深圳国际低碳城的发展理念是，在低碳城内实现"低排放、高能效、高效率"的规划设计与建设；通过技术创新和资本流动，推广有效节能减排的低碳技术。

深圳国际低碳城建设分为近期目标和中长期目标。

1. 近期目标

到 2015 年，地区生产总值争取达到 100 亿元，年均增长率约 20%。启动区建设取得阶段性进展，城市基础设施项目不断改善，重点产业稳步推进，低碳发展的质量效益明显提高，重点低碳产业园区初步形成。

2. 中长期目标

到 2030 年，地区生产总值力争超过 1 000 亿元，人均生产总值和单位土地面积增加值均高于目标年全市平均水平，实现跨越式发展，成为全球性的低碳发展先锋区域。

近期和中期目标的进一步分解细化见表 6-2。

表6-2　　　　　　　　　　近期和中期目标的进一步分解细化表

目标	一级指标	编号	二级指标	单位	指标值		先进性
					启动区 2015年	低碳区 2020年	
综合指标（结果指标）		1	万元地区生产总值碳排放量	吨/万元	<0.56	<0.32	领先
		2	人均碳排放强度	吨/人	—	5	创新
低碳产业	产业水平	3	单位工业增加值二氧化碳排放量	吨/万元	0.39	0.28	领先
	产业聚集	4	重点行业产值比重	%	≥80	80	创新
	产业创新	5	低碳技术研发投入占地区生产总值比重	%	≥4	4.5	领先
		6	低碳产业风险投资占地区生产总值的比重	%	≥0.2	≥0.3	领先
		7	国际化低碳创新载体	个	5	10	领先
低碳环境	土地混合使用	8	职住率（就业和住房比例）	—	0.8~1.2	0.8~1.2	领先
	生态环境改善	9	环境安全比例（土壤、水、大气）	%	≥95	100	领先
		10	绿容率	—	≥1.0	≥1.0	领先
		11	物理环境达标率（含风声光热环境）	%	100	100	创新
		12	城市热岛强度	℃	≤1.2	≤1.0	领先
	资源集约利用	13	非化石能源占一次能源比重	%	20	30	领先
		14	污废水深度处理率	%	100	100	领先
		15	建筑废弃物资源化利用率	吨/万平方米	<350	<350	领先
	绿色交通创建	16	绿色出行分担率	%	≥65	≥75	领先
		17	清洁公共交通比例	%	100	100	领先
	绿色建筑建设	18	绿色建筑比例	%	100	100	领先
低碳生活	引导低碳的自发行为	19	城区内全社会碳交易覆盖率	%	50	100	创新
	提供低碳的生活条件	20	五类配套设施服务半径覆盖率（15分钟生活圈）	%	80	95	领先
		21	园区内蔬果自给率	%	5	20	领先
		22	无线生活覆盖率	%	100	100	创新
		23	生活垃圾无害处理率		100	100	领先

3.产城融合

深圳依碳城有别于一般开发区和园区，打破传统的开发区"孤岛"模式，强调功用的混合，低碳城按照三个维度的功能，分为产业功能、空间功能、城市功能，有别于其他的"生态城"。

深圳国际低碳城在建设过程中设定了自己的原则，表现出了以下特色：

●清洁生产，低碳生活

既要有生产活动（产业发展），又要有生活活动（人的发展）。培养"低碳公民"，全社会具有较强的低碳生活、低碳消费的理念。

●注重低碳技术

强调最新的低碳技术的研发与应用，吸引国际上有实力的以及国家级的低碳技术研发中心落户；强调人才的聚集，注重创新与创意。

●坚持产业低碳标准

强调新进入的产业要有更高的低碳标准，形成以低碳排放为特征的产业体系，推动"低碳、高增长"的发展模式成为现实；强调对已有高碳产业的改造和提升。

●综合的低碳配套服务

综合的服务业和"软"产业，特别是形成碳核查、碳审计、碳足迹、碳金融、碳交易一条龙服务的完整"碳产业链"。

深圳国际低碳城主要从低碳城市规划设计、低碳建筑、低碳交通、低碳能源、低碳公共意识和行为方式几大方面着手建设。

深圳提出低碳城"四大示范板块""十百千万示范工程"，这也是深圳国际低碳城首创。

1）低碳城区内的规划建设，可分为四大示范板块

（1）空地新建：利用下一代基础设施，在空地上积极开发可再生能源建筑，推广节能住宅和环保型建筑材料的使用和建设。

（2）低密度建筑功能改造：改造一些旧的高能耗建筑，进行低密度改造，重点改造成工业写字楼、专家住宅、低碳特色企业。

（3）高密度建筑节能改造：对一些高密度建筑进行原地低能耗改造，学习荷兰逐街逐栋依次改造的方法。荷兰对于高密度建筑并不是一次性全部改造，因为一次性改造会给原来的居民带来很多的不便。所以针对每栋

原有的建筑物，要有针对性，一栋一栋改造。

（4）建设未来中心：建设具有先进性、后现代概念的未来中心城，达到零碳排，引领未来技术潮流。这是深圳国际低碳城的后期理想蓝图。这个未来中心用到的能源都是可再生能源，其中太阳能占比最大。太阳能提供的电能还将用于未来中心以外地区的运转。城市大部分建筑的屋顶和墙壁，都安装有太阳能光电板，能够产生高达130兆伏的电力。

深圳国际低碳城的未来中心实际上是在探索一种城市生活的新模式，它所耗能源是同等规模常规城镇（约5万人口）的1/4，并且可以自己生产所需能源，城市里没有汽车，使用无人驾驶电动汽车，空调也是由太阳能驱动。

2）"十百千万示范工程"

为了鼓励社区民众参与低碳行为，深圳国际低碳城建立了一些激励机制，在社区、企业、家庭、个人之间举办一些活动，让大家积极地参与到低碳行动中来，此活动命名为"十百千万示范工程"：即十个低碳示范社区；百个低碳示范企业；千个低碳示范家庭；万个低碳示范个人。

6.2　核心启动区的样板作用

万事开头难。

在规划和实施阶段要以点带线，再扩大到面，核心启动区能否成功决定了整个项目的命运和结局。"魔鬼"藏在细节中。这一节告诉读者操作层面的细节。

深圳国际低碳城规划面积约151平方公里，第一期规划面积53.4平方公里，以高桥园区及周边共1平方公里范围为核心启动区，然后再向外拓展约5平方公里。启动区外进行土地整备和试验型项目建设。

1.核心启动区条件

核心启动区为北、西北、东部山体半围合的狭长地块，区域中线位置为丁香河，多数区域坡度处于0度到15度的坡度范围，地形总体上比较平坦。

核心启动区现有物业以工业厂房为主，占现有物业总量的72.16%，且分布于外环快速路线沿线及区域内东北部。2010年核心启动区总建筑物业为109.24万平方米，包括原村民住宅、工业厂房、厂房宿舍、市政建筑、军事建筑，见表6-3。

表6-3　　　　　　　　　核心启动区各类建筑占地面积和比例

建筑类型		面积（万平方米）	比例（%）
总建筑面积		109.24	100.00
其中	原村居住宅	23.87	21.85
	工业厂房	78.83	72.16
	厂区宿舍	4.94	4.52
	市政建筑	1.05	0.96
	军事建筑	0.55	0.51

核心启动区初期拆迁改造区域包括白石塘、高桥、果园、岭背四个民居区（见图6-3）。

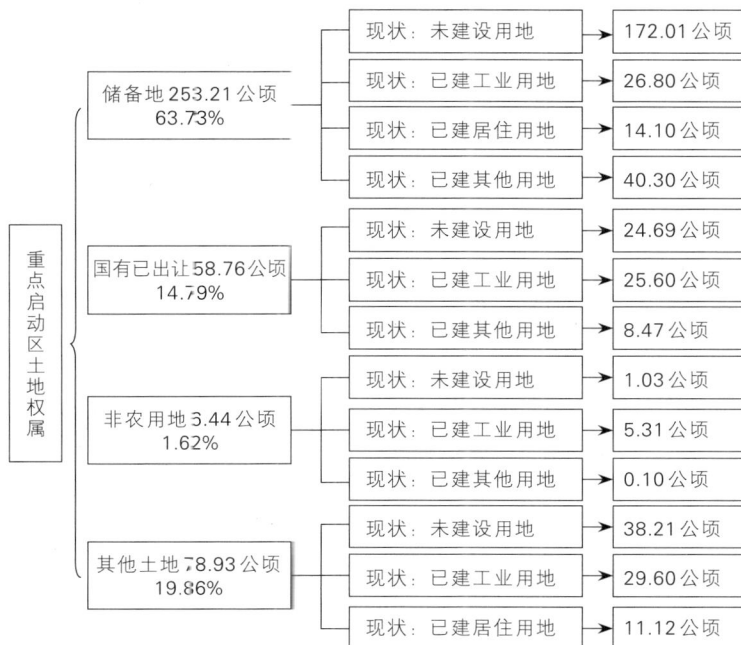

图6-3　重点启动区土地权属情况

　　核心启动区现阶段拆迁改造可供选择的方式包括货币补偿和产权置换
（见图6-4、图6-5、表6-4）。

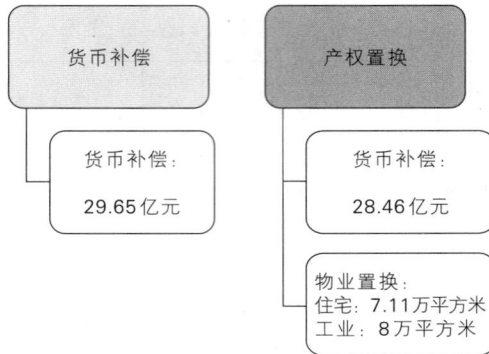

图6-4　核心启动区拆迁改造可供选择的方式

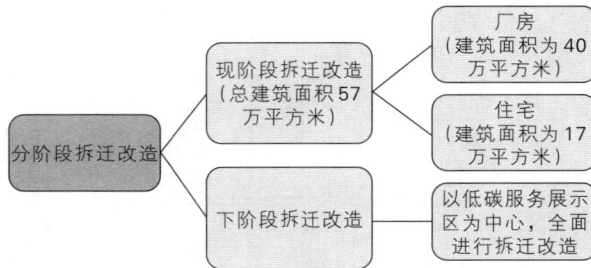

图6-5　核心启动区拆迁改造各阶段图

表6-4　　　　　　　　　　折迁改造方式及费用

序号	项目名称	说明	金额（万元）
1	征地拆迁费	根据委托方所给数据，土地整备面积总计57万平方米	269 211
2	市政工程	六通一平、下一代基础设施等	400 000
3	治水工程	首期工程包括增设排涝设施、污水截流处理、河道排涝清淤、中央水系、生态湿地建设	110 000
4	景观、绿化工程	道路两侧绿化带景观工程、其他景观工程	80 000
5	建筑外立面改造工程	初步粗略估算	250 000
6	公共配套设施		180 000
7	其他费用	规划设计、勘探测量等	150 000
8	合计		约150亿元

此外，土地整备片区市政道路及综合服务中心建设预计产生费用2.21亿元。

2.核心启动区规划

深圳国际低碳城将以高桥为启动片区，由北至南、由中心向外逐步拓展。初期以重大项目带动高桥建设。

启动区的主导功能包括：低碳教育研发、低碳服务展示、低碳先进制造、低碳生态。其中重大项目包括：低碳展示交流中心、国家低碳博览中心、低碳技术孵化器、低碳人才技术学院、低碳休闲观光区（见图6-6）。

	功能定位	发展目标	主导产业选择
低碳服务展示区	●核心区，成立低碳技术厂商联盟，构建低碳信托期权交易中心等碳服务中心	●预计引入20多家低碳产业服务商，实现区域总产值在100亿元左右	●碳金融、碳交易、低碳服务业、文化产业
低碳研发区	●核心区，构建重点启动区技术基本核，奠定片区在低碳技术开发的先行领先地位	●引进1~2家低碳目标产业领型企业，并培养50~100家相关卫星企业	●生物技术、智能绿色IT、能源环保、低碳经济新材料
低碳先进制造区	●升级区，实现区域企业能耗减排，鼓励采用节能减排技术，提高绿色产值	●预计引入5~10家大型先进制造企业，实现区域总产值在300亿元左右	●新能源、新材料、电子、通信等产业
低碳生态区	●配套，建设低碳生态区，体现现代绿色环保理念，强化启动区生态休闲功能	●引入1~2家国内外知名房产（如旅游）运营商，建立高品质示范生活休闲区	●绿色地产，现代农业、旅游观光业等

图6-6 启动区功能的划分和定位

根据深圳市城市发展及龙岗片区产业结构发展趋势，核心启动区重点发展先进制造及高新技术产业。同时，产业内部将会进行升级，调整的方向是中心商业化和外围产业化，划分为四大板块，分别为东部地块、中部地块、北部地块及西部地块。

遵循前述对核心启动区发展定位及功能定位，核心启动区按照现状将分成：东部低碳先进制造区、中部低碳服务展示功能区、西部低碳研发区、北部低碳生态区及南部区域发展轴，形成"西进东拓南连"的区域战略发展格局（见图6-7）。

分区名称	短期发展目标	规模设想（km²）	容积率建议	建设策略（或方向）
低碳服务展示区	引进国家级碳交易中心，金融中心、工程技术中心、碳展示中心	1.35	4.0~6.0	重点建设低碳服务中心，发展碳交易、金融、技术、展示中心，产值超百亿
低碳研发区	引进1~2家领导型企业，形成50~100家卫星型企业，重点考虑国家级低碳工程技术中心、低碳技术孵化中心的建设与申请	0.67	3.0~5.0	重点引入国家级实验室（或研究中心），促使产业链区域化，同时园区配套的建设同步进行。此外，考虑在片区引入开放式园区，完善区域人才培养和建设
低碳先进制造区	引进5~10家大型先进制造企业，并且提升旧有企业的低碳产值贡献率	1.35	2.5~4.0	建议与坪地东部片区形成制造产业联动，同时考虑与惠州形成区域联动
低碳生态宜居区	引进1~2家主题房产开发商	0.67	0.5~1.5	考虑进行低密度主题地产开发，进行适度的生态控制线调整

图6-7 启动区的规划设想

核心启动区经过一年时间的建设，完成了会展中心、丁山河生态整治、客家围屋改造、市容环境提升等项目，满眼的绿色扑面而来，水清岸绿的美景让人心旷神怡，城市面貌发生了显著改观。

6.3 产城融合的布局

对于中国政府来说，城市经营是城市经济的一部分，产业发展是其核心，这一点要比欧美发达国家的倾向性和目的性更强。深圳在探索过程中提出的"产城融合"的理念，坚持走一条经济社会发展、绿色低碳转型和城区规划建设有机融合，在相对落后区域采取高端低碳跨越式发展的有效路径。通过加大对产值低污染重的企业的淘汰力度，大力发展低碳产业，成功引进了一批以节能环保、新能源、新材料等战略性新兴产业及航空航天、生命健康等未来产业为主的高端优质项目，实现了低排放和高增长并行不悖的新城镇发展模式。

深圳国际低碳城整体生态格局良好，三面环山，三水纵横。北部为龙筋山生态涵养地，有黄竹坑、长坑、白古塘、屯梓河等水；南部为龙岗河生态走廊，东部为龙岗坑梓生态廊道；规划范围内有丁山河、黄沙河两条河流，成为片区南北向重要的生态骨架。但目前河流污染较严重，对山水资源利用较为低下，城市空间品质较差。

通过生态敏感分析发现，基地生态核心区主要集中在山林地、水库周围、河流沿岸以及城区内部的绿地斑块，建成区内有三条连贯的生态廊道，但局部地区受人工干扰较为严重。

1.产业规划与布局

项目所在区域在低碳城启动前已建成面积约为15.8平方公里，主要集中在深惠路、北通道两侧及坪地镇中心。土地利用较为粗放，可利用土地不断减少，大量旧工业用地开发强度较低，居住与工业用地混杂。较低的经济发展水平和改造成本，使得旧工业用地极具二次开发潜力。

在建成区的边缘，坪地中心村吉祥二路以北以及高桥片区，是增量用地的主要集中区。坪东地区、深惠路沿线、龙岗河沿线以及坪西地区为更新发展潜力较大的用地主要集中区。东片区规模较大厂区、丁山河中段沿线、吉坑片区新建厂区以及高桥新建厂区是重点保留用地主要集中区，尤其是质量较好的建筑（历史建筑），如客家围屋等。

盐惠高速、深惠路、北通道通过坪地，成就了坪地良好的交通基础。此外，规划中的轨道3号线延长线和深圳市外环高速公路一旦完成建设，将对坪地与其他重要功能区如坪山新区及龙岗中心的联系起到加强作用，同时改善和提高坪地的区域定位。

深圳国际低碳城确定以现代农业、低碳服务业、低碳经济新材料、能源环保产业和智能绿色IT技术产业作为五大重点产业，遵循产城一体的发展理念，规划形成内部功能混合、具有不同主导功能的产业片区，主要包括综合服务区、研发试验区、绿色制造区、观光度假区等。

综合服务区：位于深惠路和丁山河交界处，依托低碳综合服务中心，发展金融服务、技术服务、生产性服务、交流展示、商业、文化等低碳服务功能，形成低碳服务业中心。

研发试验区：位于综合服务区西北侧的高桥片区，发展低碳研发、低碳技术服务、绿色IT等产业，形成以第三产业为主的研发试验区。

绿色制造区：位于综合服务区、研发实验区的两侧，主要发展智能绿色IT技术、能源环保、低碳经济新材料等绿色制造产业。

观光度假区：利用外围山体、河流、农田等生态资源，结合主要绿色廊道发展低碳农业、都市农业、绿色观光农业及休闲度假等产业，形成旅游休闲区。

2.城市规划

国际低碳城按照"中心集聚，轴带拓展"的总体思路，合理布局城市功能区，构建"一轴一带，一核三心，十字拓展，组团布局"的总体空间结构。强化各个组团内生产、生活和公共服务资源的合理配置。通勤时间低于30分钟，城市热岛强度是全市平均水平的1/2。

1）一轴一带

（1）城市功能拓展轴

沿轨道交通3号线延长线拓展，向西连接龙岗中心城，并串联低碳综合服务中心及外围团块，主要承担城市生产性服务和生活性服务功能，引导城市功能集聚，以城市服务助推产业发展。

（2）丁山河城市活动功能带

位于丁山河沿线，自北向南贯穿低碳城全域。充分利用河流生态景观资源，围绕滨河绿地、滨水公共空间、公共服务设施，主要发展商务商业、休闲娱乐、康体、文化创意、生态居住等产业，打造城市的功能主轴和景观名片。

2）一核三心

（1）低碳综合服务核心

位于地铁3号线、环龙大道、环城西路、教育路围合的片区及外围区域。在启动区会展中心的基础上，借助西北侧良好的山体资源，主要发展低碳技术服务、低碳展示、低碳金融、生产性服务、文化产业等，为整个低碳城提供低碳综合服务。

（2）坪西、教育路、六联组成三个 TOD 中心

依托轨道交通 3 号线轨道站点，形成服务于各个团块的 TOD 片区中心，主要发展片区级服务。

规划根据空间结构进行概念性空间布局，主要体现四个特征：呼吸空间、共生社区、紧凑集约和绿色交通。

①呼吸空间

呼吸空间是指通过城市生态结构的搭建，增加碳汇，营建森林呼吸之城。低碳城善用山水格局，对坪地北部、东部、南部山体进行生态优化，形成大的碳汇区。优化内部两纵一横的水系格局，作为生态廊道连接三大山体斑块，渗透城区。

形成绿手指，构建碳汇空间和迎合夏季主导风的散热廊。低碳城内部通过引入指状绿廊，构建城市碳汇边界，从而提升碳汇效率和能力；通过指状绿廊的引入，联系南北生态基底；通过现状功能保留与新功能置入，构建多样化的绿廊空间。廊道将迎合夏季东南主导风，利于缓解热岛效应。

在大生态廊道道基上，组织贯通组团内的绿地链接形成内部"公园之链"。

②共生社区

共生社区是通过复合功能的引导，促进土地混合利用，形成低碳活力的单元体系。低碳城将研发、生产、生活、服务等功能混合，形成不同类型的共生社区。通过强化不同产业功能与生活、服务的复合集聚，引导短路径的交通与慢行为主导的交通方式，并形成充满活力的城市空间。

根据社区单元的空间组合，形成三级服务中心。城市级服务中心位于轨道站点附近，提供良好的城市公共服务设施。在核心公交站点或轨道站点附近是片区级服务中心，备有公共服务设施，提供片区级服务。在内部公交环线站点周围，以社区为单位组织形成社区级服务中心，以建立与城市中心和片区中心便利的交通联系。

③紧凑集约

紧凑集约是通过城市形态控制，引导土地紧凑集约利用。结合 TOD

理念，对站点周边用地进行集约高效开发，最大限度地发挥中心地区的土地价值。

与三级服务中心体系契合，形成从深惠路沿线的高密度向南北两侧低密度延伸的、疏密有致的城市空间形态。

④绿色交通

绿色交通是指以绿色交通为导向形成低碳健康的交通体系。公交站点和社区公共配套设施安排的距离尺度为步行距离10分钟，建立步行单元。

低碳城将借助通勤绿道建立慢行街区，沿通勤廊道构建慢行交通系统，为人们的通勤提供安全、健康和最便捷的路径。鼓励人们利用低碳交通工具出行，并有效地缓解交通压力。以林荫道、骑楼、通廊等方式，营造良好的慢行空间环境。

结合休闲型的慢行交通，慢行交通系统连接河流、公共服务设施和历史文化节点，编织公共活动网络，让便捷的都市生活与城市记忆触手可及。利用绿色公交引导低碳出行，通过线路引导和停车系统设置，完善交通转换体验。设置内部快速巴士解决片区间交通。

6.4 开发管理与保障

为了促进深圳国际低碳城的发展，大力吸引荷兰乃至欧洲优秀的企业投资，促进双方间的相互投资、交流，推动双方在教育、科研、文化等方面的合作，拓展双方未来合作领域和内容，逐步建立和完善一系列政府双边合作机制，深圳决定成立国际低碳城管理委员会。委员会由双方政府经济、综合部门和大企业理事组成。

委员会内部成员由发改委结合中方科技部、商务部、住房和城乡建设部、深圳市等部门和地区，荷兰方经济事务部、基础设施与环境部、科技教育部、代尔夫特市、鹿特丹市等部门和地区，共同协调低碳城发展中的各项合作事宜。深圳国际低碳城管理委员会也是深圳和荷兰政府之间进行沟通、磋商与合作的官方渠道，以共同确定、推动和落实双方在各领域的实质性合作，提高合作的效率和收益。

委员会主要致力于三方面的工作：一是确定低碳标准，二是致力于两国企业合作，三是深圳在此标准下建设低碳城市。前两方面是中国与荷兰共同合作完成，第三方面三要由中国完成。其中两国企业的合作可以从产业概念、交通概念、建筑概念和新能源推广使用概念着手，在每一个概念范围的寻找三个项目，然后去国家发改委报批，争取得到一些政策上的支持。

建成区的更新

低碳绿色城镇与一般行政城镇的开发管理差别很大。项目地除了高桥片区及吉坑片区少部分外，其他之前都已基本建成。因此不同于其他低碳生态城（如马斯达、天津中新生态城）在未开发地区建设的低碳城，深圳国际低碳城是在已建成地区进行建设。

低碳城的土地利用将包括服务、产业、居住等综合用途。总用地面积53.4平方公里。城市建设用地21.1平方公里，其中，6.4平方公里为生产用地，占30.3%；2.9平方公里为公共设施用地，占13.7%；市政公用设施用地约为0.5平方公里，占2.4%；对外交通和道路广场用地约为4.1平方公里，占19.4%；居住用地3.6平方公里，占17.1%；公共绿地面积约为3.6平方公里，占17.1%。城市非建设用地32.3平方公里，其中水域约为3.3平方公里（见表6-5）。

表6-5　　　　　　　　　　　　　低碳城的土地用途

序号	类别名称	面积（平方公里）	比例（%）
1	总用地	53.4	
2	城市建设用地	21.1	100
其中	生产用地（含产业、教育、科研）	6.4	30.3
	公共设施用地	2.9	13.7
	市政公用设施用地	0.5	2.4
	对外交通和道路广场用地	4.1	19.4
	居住用地	3.6	17.1
	公共绿地	3.6	17.1
3	城市非建设用地	32.3	100
其中	水域	3.3	10.2
	城市其他非建设用地	29	89.8

由于基地的现状建成度较高，规划将避免大拆大建，而采取小规模、渐进式、精明化的低碳更新路径。

（1）低碳更新模式选择

一方面，积极推动建筑高质量地区在现有基础上的功能改变和综合整治；另一方面，以重大项目建设和选址为依托，拆除或重建低质量、低强度地区。

对低密度建筑进行功能性置换改造。针对功能改变单元内的旧高耗能建筑，进行低密度建筑功能改造，主要是将其更新成为低碳文化创意建筑、低碳产品专业市场及低碳公寓等。

对高密度建筑进行技术性节能整治。针对综合整治单元内的高密度建筑，应用低碳建筑技术，进行原地节能改造，对拆除后的建筑材料进行合理循环利用。

制定推动政府主导的低碳更新政策机制。目前深圳城市更新采取的是"政府引导、市场运作"的机制，但生态敏感区内的城市更新，却难以完全依托市场动力进行改造。因此，为支撑"低碳城"的打造，有必要针对上述情况建立"政府主导"的更新机制。如设立"低碳更新专项资金"用于"政府主导"的更新项目，保障公共利益的落实和生态本底的维系，并作为资金杠杆，撬动社会投资实现低碳更新。

（2）开发强度管理

深圳国际低碳城综合考虑潜力用地分布、轨道网布局、社会与自然环境相协调等各项开发建设因素，设置疏密有致的开发强度。低碳城按开发强度基本划分为三个密度区，实行等级化的密度管制。

密度1区——高密度开发的高层建筑密集区，主要位于轨道站周边300米范围内的重点发展地区。

密度2区——中高密度开发的中高层建筑发展区，主要位于中心服务社区和其他各社区的服务中心。

密度3区——低密度开发的低密度控制区，主要为外围社区的除服务中心以外的用地。

（3）国际水平服务配套

低碳城借鉴国际先进经验，高标准配置公共服务设施，建立具有国际水平和国际化特点的公共服务设施，提供国际标准的优质生活服务（见图6-8）。

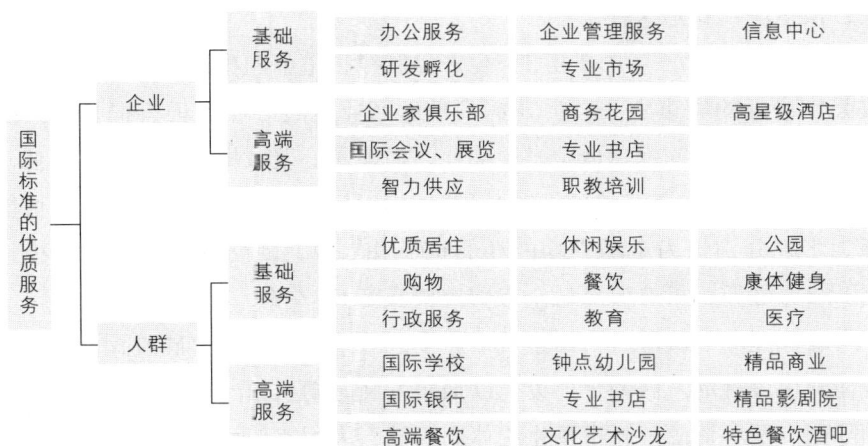

图6-8　国际标准的优质生活服务

结合空间结构和低碳交通引导需求，规划形成三级公共服务体系。

城市级：位于轨道3号线坪地车辆段附近，包括交通枢纽、商务办公、商业设施、文化娱乐设施、公共活动空间等，提供良好的城市公共服务设施，形成高品质的办公场所、创意交流场所和休憩空间。

片区级：位于轨道3号线站点或核心公交节点附近，提供片区级公共服务设施，包括商业设施、文化娱乐设施、教育设施、体育设施、医疗设施、公共活动空间等。

社区级：以社区为单位进行组织，位于内部公交环线站点周边，与片区中心、城市中心形成良好的公交联系，包括商业设施、文化娱乐设施、医疗设施、公共活动空间等。

6.5　发展现状和方向

坪地是传统工业化区域，是一个高碳发展区域，是深圳相对落后的区域。这样的地方，在任何一个发达地区的城市都存在。而在中等发达地区，很多城镇就是这种状态。

深圳尽管划定了中国第一条生态控制线，是全国生态环境最好、碳排放强度最低的城市之一，但在探索低碳产业发展方面，仍有很长的路要走。而深圳多年的绿色低碳发展实践，为国际低碳城规划建设、打造低碳发展"升级版"奠定了良好的基础。2014年，全市万元地区生产总值能耗、水耗分别仅为全国平均能耗的60%和12%，战略性新兴产业规模达到1.88万亿元，可有效降低全市碳排放强度1/5左右。

深圳国际低碳城努力探索城市后发区域跨越式低碳发展模式，运用多规协同手段推动产城融合建设、以低碳发展方向引领产业升级转型、利用国际国内两种资源创新市场化的体制机制，为国家新型城镇化建设和低碳绿色发展进行探路并示范（见图6-9）。

图6-9　深圳国际低碳城掠影

深圳国际低碳城在吸收了深圳三十多年城建经验的基础上，高起点构建"一轴一带、一核三心、十字拓展、组团布局"的空间结构，着力吸引和培育低碳新兴产业、加快发展低碳服务业、加大低碳新兴产业扶持力度；推进现有产业低碳转型，如引导现有产业转型升级、实施高碳产业整治提升行动等，其中既有成功经验，也吸取了各种教训。

自2012年8月规划建设以来，深圳国际低碳城已经深深改变了坪地这块繁华大都市中的后发之地，成为龙岗区乃至深圳市的一张城市产业融合发展的新名片，甚至代表了中国低碳转型发展的最新成就。

国际低碳城启动建设以来，坪地街道不仅没有因为低碳城建设和产业转型而出现经济下滑，反而实现了稳定增长。据统计，项目自启动以来，地区生产总值从2011年的42.8亿元，增加到2017年的109.25亿元，年均增长超过14%；单位地区生产总值碳排放强度从2011年的2.326吨/万元下降到2017年的0.503吨/万元，下降了78.37%。坪地街道发生了根本性转变。

随着低碳城建设不断推进，当地政府紧紧抓住了低碳城带来的国际效应，优先导入高端低碳研发资源，以点带面形成低碳产业集群，低碳经济发展模式初步显现。

龙岗以节能环保、新能源、生命健康、航空航天、高端装备制造、低碳服务业等产业为准入标准，布局和引进战略新兴产业和未来产业。数据显示，该区3年里共引进规模以上高新企业42家，总产值达154亿元。深圳市东部环保电厂已开工建设；德国小镇项目也在加速落地中；国际低碳城分布式能源项目参与广东省售配电业务，探索市场化发展路径，为用户提供多样化的优质服务。为了给优质项目提供空间，龙岗区政府全面开展了启动区27万平方米存量集体厂房清退工作。

国际低碳城还产生了明显的溢出效应，改变了更大区域的发展面貌。龙岗初步形成了"大学+创新平台+科研机构+创新企业+创新人才+孵化器+创新创业资本+创客空间"的创新链条，正在着力打造绿色低碳等六大产业集群。以坪地街道为例，过去几年，其全力推动低碳城建设，绿色低碳发展迈出新步伐，主要经济指标稳步增长工业总产值由2010年的96亿元增加到2015年的227亿元，增长136%；共引进规模以上企业123家，超亿元的企业25家，国家高新企业21家；成功引进了中组部"人才引进千人计划团队""八六三"新材料技术研发中心等企业技术创新平台12个。

按照国家发改委批复的《深圳国际低碳城国家低碳城（镇）试点实施方案（2016—2018）》。到2018年，深圳地区生产总值将达到160亿元，比2014年翻一番；万元地区生产总值二氧化碳排放量低于0.63吨/万元，比2014年降低35%，人均碳排放量低于6.9吨；率先实现新建绿色建筑比率、公交车电动化率100%，将打造1平方公里近零碳示范区。

深圳国际低碳城正在推动建设以天然气为主体、太阳能和风能为补充的分布式能源系统，推进东部环保电厂建成发电，通过碳捕捉和集中处理大幅降低垃圾焚烧碳排放问题。

深圳国际低碳城2018年公交车100%实现电动化，实现交通运输碳排放量逐步下降。新建建筑100%达到绿色建筑标准，2018年既有建筑改造项目绿色化率超过80%，公共建筑碳排放动态监测达到100%，实现建筑全生命周期低碳化。到2018年，个人碳账户普及率超过80%，打造垃圾分类试点示范区。

当地政府还围绕信息管理系统的建设，提升了低碳城智慧化管理水平，对区域内建筑、交通、市政、工业和社区等碳排放源进行全面监测和管理，推动智慧市政、智慧交通、智慧民生等管理平台建设。

国际低碳城的建设不仅为深圳仅有不多的土地资源开发树立了榜样，而且其完整的城市规划和发展方法论，更可以在粤港澳大湾区的建设中运用到周边城市中去，不仅可以用于旧城更新，还可用于新的未建设区域，并且能发挥更大的社会和经济效益。

[第7章]

绿色低碳的金融"翅膀"

"在全球范围内，碳市场正在发挥着越来越重要的作用，成为推动全球气候治理的重要手段。"

中国气候变化特使谢振华

没有金融助力，任何经济活动都难以大规模开展，绿色低碳经济也是如此。碳排放交易方兴未艾，碳排放权交易怎样作用于企业，引导工业制造更加绿色低碳；碳交易可能会给市民生活带来怎样的变化；碳交易能否让我们呼吸的空气更加清新，这些是答案已知的未知数。深圳是国内第一个启动碳排放交易所的城市，在碳金融市场建设方面做出了诸多探索。

7.1 国外"倒碳族"与国内"卖碳翁"

国际商品市场有一个规律，真正拥有商品资源的国家，不一定会成为掌握这种商品定价权的国家，丰富的资源只是定价权的一个必要条件而非充分条件。只有同时掌握这种商品的金融衍生品交易，才有可能获得完整的定价权。石油、金属、农产品等大宗商品市场，皆是如此。碳排放权成为可交易的"商品"，也必然要遵循这个规律。

碳交易是为促进全球温室气体减排，减少全球二氧化碳排放所采用的市场机制。在6种被要求减排的温室气体中，二氧化碳（CO_2）为最大宗，所以这种交易以每吨二氧化碳当量（tCO_2e）为计算单位，通称为"碳交易"。其交易市场称为碳市场。

《京都议定书》规定了发达国家的排放额，而发展中国家则不同于发达国家，拥有大量的排放权，由此发达国家以资金或出售技术的方法购买发展中国家的排放权，这是碳交易市场形成的原因；中国作为最大的发展中国家，2007年碳排放总量超过美国成为世界第一。2013年中国人均碳排放量达到7.2吨，超过欧盟和美国。但是碳交易市场定价权却握在欧美国家手中，中国成为仅出售低端产品的"卖碳翁"。图7-1显示了世界主要国家和地区既有碳排入权交易体系。

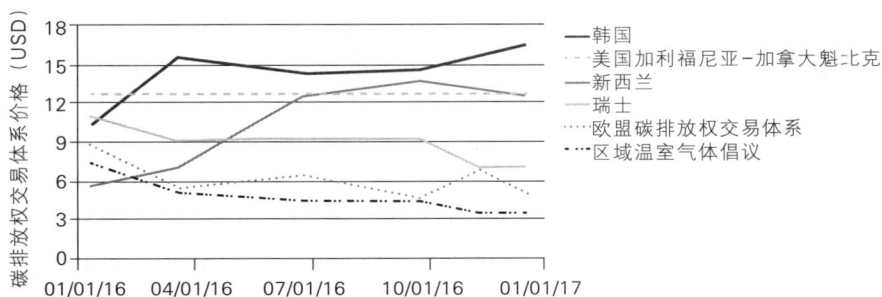

图7-1　既有碳排入权交易体系

资料来源：全球碳市场进展报告（2017）.

目前的碳交易市场主要在欧洲，2008年这一市场价值达1 260亿美元，如果全球碳市场起步，预计到2020年这一市场将暴增至3.1万亿美元。其中中国市场约占1/3。中国如果没有一个欧美那样的国际碳交易市场，就会处于整个碳交易产业链的低端，无法获得碳交易的定价权。

碳市场可以交易现货，比如以每吨二氧化碳当量计算的排放权，也可以交易远期，以及以此为基础资产的衍生品。目前，国际碳市场以交易碳现货和期货为主。中国在这方面与国际差距不是很大。但是由于碳交易的市场和标准都在国外，中国为全球碳市场创造的巨大减排量，被发达国家以低价购买后，包装、开发成价格更高的金融产品在国外进行交易。

中国的碳排放交易市场正在迅速壮大。在发展初期，来自煤炭、钢铁、有色金属和再生能源等行业的中国企业，通过清洁发展机制，从发达国家引入先进技术，实现了减少二氧化碳气体排放的目标。与此同时，将减排所取得的排污权，出售给象富通银行这样的碳交易商，或世界银行等国际组织买家，从而获得巨额利润（出售价格约为当时购买价格的4倍左右）。而这些国外金融机构花低价在我国购买碳排放量后，再通过国外碳期货市场，卖给有减排义务的企业获取更高利润。

这样一个机制长期持续下去，中国只能处于碳金融价值链的低端，被国际金融大鳄压榨和操纵。但其正面作用也有，就是帮助我们了解碳交易市场的巨大潜力和盈利空间。中国作为碳排放资源大国，有条件建立全球数一数二的碳金融现货市场，并通过快速学习，掌握碳金融衍生品交易，从而获得全球碳金融市场的定价权。

即使在碳交易最发达的西欧，仍出现了很多问题。例如，英国环保组织"地球之友"称"总量控制与交易机制"下的碳市场，不仅对于温室气体减排毫无作为，还被低效率和腐败所困扰而不再适合作为减排手段。该组织称，政府对碳交易机制的依赖导致减排效率低下，全球碳交易市场日趋复杂。这一市场已经被金融市场投机者所劫持。大多数的碳交易并没有在高污染行业和碳交易体制内的工厂间进行，而是由银行和投资者所把持，他们将"碳信用额度"打包成日益复杂的金融产品，来赚取碳市场上的投机利润。这种"影子金融"类似于最近引发经济崩溃的次级抵押贷款。

发达国家"倒碳族"最近几年有所收敛，和国内企业不甘于做"卖碳翁"的角色有关，也与中国建立了7个国内碳交易试点市场有关。2005年《京都议定书》正式生效后，全球碳交易市场出现了爆炸式的增长，其中蕴藏着巨大的商机。根据测算，2017年底，全球将有19个碳交易体系运行，负责超过70亿吨的温室气体排放（贡献着全球近一半的GDP），并占全球超过15%的碳排放。

7.2 碳交易市场发展之路

1997年《京都议定书》的签订，使得空气中的二氧化碳成为资产，具有经济价值。在《京都议定书》的框架下，发展中国家主要通过清洁发展机制（CDM）参与国际碳排放交易。

清洁发展机制是《京都议定书》第12条确立的机制，其核心内涵是，发达国家通过提供资金和技术的方式，与发展中国家合作，在发展中国家实施具有温室气体减排效果的项目，促进所在国的可持续发展，项目所产生的温室气体减排量用于发达国家履行《京都议定书》的承诺。

目前，发达国家的能源利用效率高，能源结构优化，新的能源技术被大量采用，因此进一步减排的成本极高，难度较大。而发展中国家的能源效率低，减排空间大，成本也低。这导致同一减排单位在不同国家的成本不同，形成了高价差，碳交易市场应运而生。目前买家主要是西欧、日本等发达国家的企业和基金，主要国际市场有欧盟排放权交易体系（European Union Greenhouse Gas Emission Trading Scheme，EU ETS）、英国排放权交易体系（UK Emissions Trading Group，ETG）、美国芝加哥气候交易所（Chicago Climate Exchange，CCX）、澳大利亚国家信托（National Trust of Australia，NSW）等。中国计划在2017年设立全国性碳交易市场。

根据碳交易的三种机制，碳交易被区分为以下几种：

配额型交易（owance-based transactions）：指总量管制下所产生的减排单位的交易，如欧盟排放权交易体系的"欧盟排放配额"交易，主要是加入《京都议定书》减排国家之间超额减排量的交易，通常是现货交易。

项目型交易（project-based transactions）：指因进行减排项目所产生的减排单位的交易，如清洁发展机制下的"排放减量权证"、联合履行机制下的"排放减量单位"，主要是通过国与国合作的减排计划产生的减排量交易，通常以期货方式预先买卖。

碳交易本质上是一种金融活动，但是更紧密地连接了金融资本与基于绿色技术的实体经济：一方面金融资本直接或间接投资于创造碳资产的项目与企业；另一方面来自不同项目和企业产生的减排量进入碳金融市场进行交易，被开发成标准的金融工具。这完全符合我国提出的金融要服务于实体经济的要求。

在企业自身暂时难以达到规定的减排目标时，只能花钱进行碳交易。因此碳交易具有促使企业通过提升生产技术减少排放的功能。日本和欧美等发达国家及地区已通过碳交易取得了显著的环境和经济效益。例如，英国通过"以激励机制促进低碳发展"的气候政策来提高能源利用效率，降低温室气体排放量；德国通过碳排放权交易管理，做到了经济与环境双赢；美国堪萨斯州农民通过农田碳交易，获得了新的农业收入来源；日本则把碳排放权交易看作"21世纪第一个巨大商机"，通过在世界各地大量购买和销售碳排放权，获得了巨大的经济收入。此外，印度、泰国等发展中国家和地区也看到了全球变暖带来的商机，陆续进入全球碳交易市场"淘金"。

中国在加入《京都议定书》之后，积极参与推动节能减排。在地区性碳交易市场未试点之前，一些企业已经参与国际碳交易市场的交易。

现在无法查清哪家中国企业是首吃"螃蟹"的人。据媒体披露，2005年10月，中国最大的氟利昂制造公司山东省东岳化工集团与日本最大的钢铁公司新日铁和三菱商事合作，展开温室气体排放权交易业务。此项目涉及温室气体排放权的规模每年将达到1 000万吨，是目前全世界最大的温室气体排放项目。2005年12月19日，江苏梅兰化工股份有限公司和常熟三爱富中昊化工新材料有限公司与世界银行伞形碳基金签订了总额达7.75亿欧元（折合9.3亿美元）的碳减排购买协议。这笔创纪录的温室气体排放交易，能帮助这两家中国企业在未来7年中每年减排1 900万吨二氧化碳当量。

自2006年开始，武钢申报了5个CDM（中国清洁发展机制）项目，每年共减排316万吨。根据减排量购买合作协议，意大利国家电力公司将分年共支付近3亿元，购买武钢碳排放指标。所有费用由买家承担，武钢基本没有投入。2007年，武汉新冠投资集团和荷兰亿碳公司共同开发的南昌市麦园垃圾填埋场沼气发电CDM项目已获联合国注册，这个CDM项目将有20年每年15万吨的碳减排量，当时碳买家按7.5欧元/吨的购买价格与公司签订协议。

北京、上海、天津、武汉、深圳等城市从2008年开始，相继成立碳交易所。这次中国环境交易市场的起步只比西方落后了5年。北京、上海、天津三地的环境交易所现在的主要业务是节能环保技术交易、二氧化硫排放权交易和排污权交易。

早在2011年，我国就已经确定开展碳排放权交易试点工作。自2013年6月以来，深圳、北京、上海、天津、广东、湖北、重庆等8个碳交易市场相继鸣锣开市，拉开了我国碳交易从无到有的序幕（见图7-2）。

2009年8月5日，北京环境交易所在成立一周年之际，达成了首单自愿碳减排交易，奥运会限行期间部分市民通过绿色出行方式减少的二氧化碳排放量在北京环境交易所挂牌，其中的8 026吨指标被天平汽车保险股份有限公司以27.7万元的价格购得，用于抵消该公司自2004年成立以来至2008年底全公司运营过程中产生的碳排放。这是"国内自愿碳减排首单交易"。

2009年11月17日，完全由国内企业作为买卖双方的首笔碳中和交易完成。上海济丰纸业包装股份有限公司向厦门赫仕环境工程有限公司购买了6 266吨的碳排放量。在此次交易中，上海济丰所买的6 266吨碳排放量，全部来自厦门赫仕在福建顺昌洋口开发的洋口水电站项目。当时国内市场上每吨碳的交易价在1~3欧元，碳检测费、交易费是购买费用的2倍以上。照此粗略估计，上海济丰花费了2万~6万欧元。

北京环境交易所于2009年9月推出了中国首个自愿减排"熊猫标准"，并拟在哥本哈根会议期间正式推出标准的公测版。北京环境交易所希望在未来两年内，努力使"熊猫标准"得到国内外广泛认可。

2019年全国累计成交量约6 960万吨二氧化碳当量，累计成交额约15.62亿元人民币，分别比2018年同比增加了11%和24%，年度增长主要来源于广东碳市场成交量的突破，占到总成交量的64%左右。8个试点地区涉及的石油、化工、建材、钢铁、有色金属、造纸、电力、航空等行业的7 000多家重点排放企业已在交易。在全国的7个试点地区中，2019年碳市场成交均价从93.42元/吨（北京市）到6.91元/吨（重庆市）不等，成交量相差也较大。

2016年12月22日，作为全国第8个地区碳交易试点，福建碳排放权交易市场正式运行，共纳入石油、化工、建材、钢铁、有色金属、造纸、电力、航空、陶瓷等9大行业共277家企业，约覆盖2亿吨二氧化碳排放，占福建省碳排放的80%以上。在运行的半年中，福建碳配额成交286.1万吨，成交金额8 129.1万元；国家核证自愿减排量成交68.7万吨，成交金额1 390万元；福建林业碳汇成交27.4万吨，成交金额525万元（见图7-2）。

	2013年度	2014年度	2015年度	2016年度
深圳	99.4%（631/635）	99.7%（634/636）	99.8%（635/636）	99%（803/811）
北京	97.1%（403/415）	100%（543/543）	100%（543/543）	100%（945/945）
上海	100%（191/191）	100%（190/190）	100%（191/191）	100%（310/310）
天津	96.5%（110/114）	99.1%（111/112）	100%（109/109）	100%（109/109）
广东	98.9%（182/184）	93.9%（182/184）	100%（186/186）	100%（244/244）
湖北		100%（138/138）	100%（168/168）	暂未公布
福建				98.6%（273/277）
重庆		暂未公布	暂未公布	暂未公布

图7-2　中国8省市试点碳市场成交情况

8个试点碳交易市场履约情况

中国的碳交易市场体量上将超过欧盟的碳交易体系，目前的8个碳交易试点已经覆盖了整个国家温室气体排放量的10%，如果实施了全国的碳交易系统，覆盖的排放量将增加4倍（Carbon Pricing Watch 2017，World Bank and ECOFYS）。

截止到2020年8月，我国试点碳市场已成长为全球配额成交量第二大碳市场。试点省市碳市场共覆盖钢铁、电力、水泥等20多个行业，接近

3 000家企业，累计成交量超过4亿吨，累计成交额超过90亿元，有效推动了试点省市应对气候变化和控制温室气体排放的工作。国家发改委初步估计，300元/吨的碳价是真正能够发挥低碳绿色引导作用的价格标准。据有关人士介绍，如果以7个试点地区的碳价平均标准来测算，未来碳市场排放量会涉及30亿~40亿吨，仅现货交易额就达12亿~80亿元，仍将是世界最大的碳交易市场。

7.3 低碳经济与碳金融市场机制

"低碳经济"最早出现在2003年的英国能源白皮书《我们能源的未来：创建低碳经济》中，之后得到了联合国的支持和响应。2007年7月，美国参议院提出了《低碳经济法案》，表明低碳经济的发展道路将成为美国未来的重要战略选择。奥巴马当选总统之后把清洁能源经济列为振兴美国经济、提升美国领导地位的重要手段。2009年6月，美国众议院通过了《2009年美国清洁能源与安全法案》，该法案的核心有两个：一是大力发展清洁能源技术，减少对化石燃料的依赖；二是建立起温室气体排放贸易系统，发展出新型的碳金融市场，这一市场的规模可与石油期货市场相媲美。

低碳经济是以低能耗、低污染、低排放为基础的经济模式，是人类社会继农业文明、工业文明之后的又一次重大进步。其实质是提高能源利用效率，开发清洁能源技术，优化产业结构，从根本上改变人类生存发展的观念。

低碳经济最终要通过实体经济的技术革新和优化转型，减少对化石燃料的依赖，降低温室气体排放水平。但历史经验已经表明，如果没有市场机制的引入，仅仅通过企业和个人的自愿或强制行为是无法达到减排目标的。

碳交易市场是推动低碳经济的一个重要抓手。从资本层面入手，通过划分环境容量，对温室气体排放权进行定义，延伸出碳资产这一新型的资本类型。碳交易把原本一直游离在资产负债表外的气候变化因素纳入了企业的资产负债表，改变了企业的收支结构。

　　碳交易市场的存在为碳资产的定价和流通创造了条件。本质上，碳交易是一种金融活动，但与一般的金融活动相比，它更紧密地连接了金融资本与基于绿色技术的实体经济：一方面金融资本直接或间接投资于创造碳资产的项目与企业；另一方面来自不同项目和企业产生的减排量进入碳金融市场进行交易，被开发成标准的金融工具。

　　碳交易市场将金融资本和实体经济连接起来，通过金融资本的力量引导实体经济的发展。这是虚拟经济与实体经济的有机结合，也是金融发达国家为了保持实体经济竞争力必须选择的一条道路，代表了未来世界经济的发展方向。

　　举个例子，一家20兆瓦的水电企业，一年产生减排量约10万吨二氧化碳当量，价值约为1 000万元人民币。一个50兆瓦的风电企业，一年产生的减排量约10万~12万吨二氧化碳当量，这是一笔不小的经济收益，如果没有碳交易，那么这些减排产生的价值就无法实现。低碳经济本身是能给企业带来不菲的收益的。图7-3是来自2016年1月—2017年1月全球碳市场进展报告中中国碳排放交易试点成交情况。

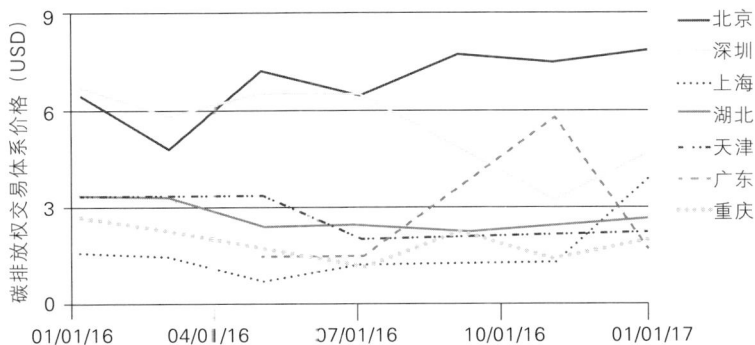

图7-3　2016年1月—2017年1月中国碳排放权交易试点成交情况

资料来源：全球碳市场进展报告（2017）。

　　低碳经济离我们并不遥远，对于企业家来说，尤其真实和紧迫。无论一个国家还是一个城市，经济持续发展和人民生活水平不断提高，必然带来碳排放总量的增加。但碳排放强度的约束性控制，能在实现发展的同时，尽可能减缓二氧化碳排放的增速，取得经济发展与环境保护的平衡。

低碳经济在全球合力应对气候变化的当下和未来，是一块新的大蛋糕。这是国家层面的一个重要发展战略。认清这一点，企业如果能尽早在低碳经济发展的初级阶段占得一席之地，在新兴行业占得先机，就能成为未来经济的领跑者；如果不做，只能眼睁睁看着自己被市场淘汰。多年以后，低碳对很多企业来说，会是一道"生死门槛"。

有一个典型的案例。2014年，一家湖北水泥企业获得2 000多万吨的碳排放配额，但在年度履约期结算时发现，实际排放量超出配额100多万吨，需要花3 000多万元到市场上购买才能完成履约。而这相当于该企业在华中地区一年的纯收入。这让这家企业难以接受。

根据《湖北省碳排放权管理和交易暂行办法》，企业没有缴清的超出配额部分，会在下一年配额分配中予以双倍扣除，即该企业下一年将减少200多万吨配额。此外，未履行配额缴还义务的企业还将被纳入碳排放黑名单，相关的节能专项补贴、节能项目申报也将被取消。该企业权衡利弊后，通过交易中心购买了配额，节省了10%的履约成本。随后，该企业在减排上下功夫，在当地水泥行业率先推动并开展可替代原料、可替代燃料和余热发电等节能减排措施，到2015年已有了40多万吨的配额盈余，通过在碳市场交易获利900多万元。

对于个人来说，碳交易也不是与己无关的事情。比如，中国现在大概有3 000多万农户安装了沼气池，大概今后每年还要再增加500万户。可是有些沼气池用了一年就坏了，维护费用还需要自己筹措。而美国的做法是，政府按照一定的标准衡量沼气池的减碳量，农户可以用这个指标去市场上交易，大概一年就可以卖1万多元钱。不仅有维修的费用，还有收益。这些成功做法，相信很快会在中国推广。

我国目前采取自愿交易，企业和个人可以从社会责任、品牌建设等目标出发自愿进行碳交易。随着"企业自愿减排联合行动"等各种项目的实施，国内越来越多的企业开始有了碳交易需求，市场正在逐步形成。同时，国家也会采取一些政策，要求企业积极开展节能以及相关技术的研发。设定政策目标有助于加快倒逼经济低碳转型，对高碳行业产业的发展形成更为严格的约束机制。政府和市场各司其职，相互配合，可以取得更好的效果。行政手段和市场手段之间不仅不矛盾，恰恰是相互依存的。比如美国在总量控制的前提下，把指标分配到每个排放源，完全通过市场进行交易。最终，美国的二氧化硫排放降低了40%。

中国通过发展碳交易试点，推动了当地的低碳经济发展。

截至2019年7月5日，8个区域碳市场一、二级现货市场累计成交3.36亿吨，总成交额72.61亿元。广东、湖北成交量最高，位于第一梯队；深圳、上海、北京位于第二梯队；而天津、重庆、福建的成交量相对较小，位于第三梯队。

截至2019年7月5日，CCER（国家核证自愿减排量）累计成交1.94亿吨，其中上海的CCER累计成交量最高，达8 487万吨，占全国成交量的44%；广东、北京、深圳、四川位列第二梯队，CCER累计成交量在1 000万~4 000万吨之间；湖北、天津、福建位列第三梯队，CCER累计成交量在200万~1 000万吨之间；重庆CCER无成交。

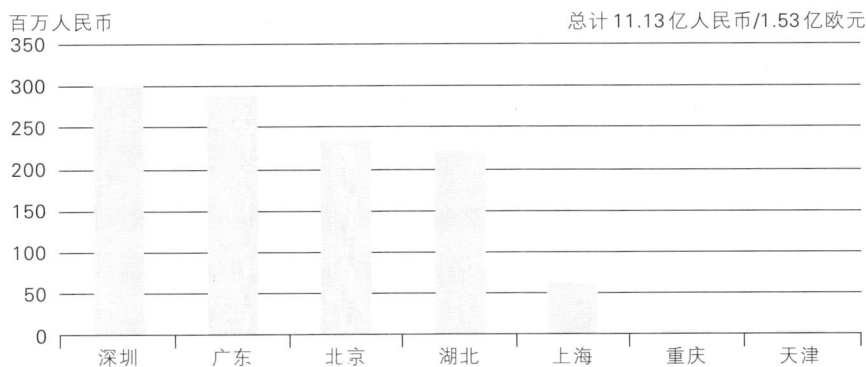

图7-4　截至2016年底7个试点碳交易市场的累计市值，ICAP 2017

根据一些试点地区出炉的数字，可以看到碳交易市场达到了促进温室气体减排的效果。北京市是交易量相对较高的试点地区之一，2016年，北京市重点排放单位的覆盖范围为行政区域内固定设施和移动设施年二氧化碳直接与间接排放总量5 000吨（含）以上的企业、事业、国家机关等单位，一共有947家纳入了重点排放单位。2019年北京碳市场配额分配量0.45亿吨，总交易量301.37亿吨，总交易额25 563.38万元。据初步核算，2013—2015年，北京市重点排放单位碳排放总量分别同比下降约4.5%、5.96%和6.17%，地区生产总值碳排放分别同比下降约6.69%、7.17%和9.3%。

履约率是评价包括北京、上海、深圳等试点碳市场制度设计与实施运行情况的一面镜子。从各试点的履约情况来看，整体接近99%，且每年的按期履约率都明显好于前一年。这反映出无论是以地方人大立法还是政府规章为基础的碳交易制度保障，都对控排企业形成了一定的政策约束力。在试点过程中，各地对于不能按时履约或者未能履约的企业，都制定了相应的惩罚措施，包括罚款、扣除配额、列入失信记录、取消优惠政策等。

虽然各个试点碳交易市场成立的时间还比较短，但都在纷纷扩大碳市场覆盖行业、降低控排企业的进入门槛，控排企业的数量越来越多。四川、福建碳市场才正式开始运行，另有一些省市已经开始对重点行业的企业进行碳核查，为全国碳市场成立做准备。国家发改委预计，2017年启动全国统一的碳排放权交易市场后，石油、化工、建材、钢铁、有色金属、造纸、电力、航空等八大高耗能行业的7 000~8 000家企业将被纳入全国碳市场，形成一个覆盖30亿~40亿吨碳配额的市场，取代欧盟成为全球最大的碳市场。

生态环境部发布《碳排放权交易管理办法（试行）》（以下简称《办法》），该办法自2021年2月1日起施行，意味着自2021年2月1日起，全国碳交易市场发电行业第一个履约周期正式启动，2 225家发电企业率先被纳入全国市场（包括纯凝发电机组和热电联产机组，自备电厂参照执行，不具备发电能力的纯供热设施不在范围之内）。准入门槛由1万吨标准煤降到5 000吨标准煤。届时，将有10万多家企业进入碳交易市场。2020年以后，还将对5 000吨标准煤以下或未纳入碳市场体系的排放企业征收碳税，形成完整的碳管理政策体系。各地碳交易市场试点正在完善碳金融市场体系，开展碳交易法人账户透支、配额托管等业务，研究开发配额远期合约、期权等交易衍生品；加快建立碳金融服务体系，鼓励银行、保险和基金公司等金融机构探索开展碳债券、碳信托、碳资产抵押质押贷款等业务，为实体经济和企业转型提供绿色融资服务。按照国家主管部门的要求，在做好现货交易的基础上，研究碳期货交易的可行性。

从试点地区情况看，不少受到排放量控制的企业起初对于参与碳排放交易抱着不情愿的态度，认为这会增加企业的成本，各地开始时发放的配额相对充裕，之后各地区的配额总量逐年收紧。这反映了碳交易市场的推进是渐进的，但不会止步，在经济快速发展和可持续发展之间，会结合各地经济情况做出调整，但是推进低碳经济的战略是不会变的。

7.4　碳交易市场的华南经验

广东省和深圳市碳排放交易所位列全国首批7个试点市场，一直勇于创新探索，走在全国碳市场的前列。广东碳市场是全球第三大、中国第一大碳交易市场。广东是全国唯一采取碳配额的有偿竞价发放的试点，同时也先后推出碳排放权抵押融资、碳配额回购交易、碳配额远期交易等一系列创新型碳金融产品。

统计显示，广东省碳排放配额履约率已连续三年达100%。控排企业在2016年度除了使用碳配额外，还包括（用于抵消的）国家核证自愿减排量303 641吨，广东碳普惠减排量239 197吨，为节能减排做出了巨大贡献。

低碳发展与能源、产业结构调整密切相关。这个方案还提出了能源总量和强度的双控，并着力打造低碳产业体系。到2020年，广东省发改委印发《广东省2020年能耗"双控"工作方案》：珠三角区域煤炭消费总量控制在7 006万吨以下，全省煤炭消费总量控制在1.65亿吨以下。2020年全省非化石能源消费比重超过26%。

广东省在碳交易市场方面结合欧美金融市场经验，采取创新的对冲风险工具。比如期权交易，买方只需支付很少的费用，就能提前锁定盈亏额度、对冲风险，可以刺激市场交易活跃度。碳配额期权交易是期权交易的一种，买方向卖方购买在未来以特定价格进行一定数量碳配额交易的权利。

广州碳排放权交易所发布了中国碳市场100指数。这是首只全国碳市场指数，也是国内首只体现碳市场与股票资本市场联动性的指数，从而将碳市场与资本市场紧密结合起来。而碳配额期权交易工具的推出，也是在向股票、期货等资本市场学习，引入对冲风险机制，丰富碳市场交易策略，让参与者拥有更多的选择机会，降低交易者的参与成本，增加市场流动性，促进市场交易额度增长。

目前全国现有的8个碳市场是建设全国碳市场的基础，深圳碳市场不仅运营规范，而且在体系建设上，在交易的设计和运行上，代表了中国碳交易的最高水平。在成功保持经济增长的同时，深圳实现了单位产出碳排放水平以更快速度下降的目标，有效控制了经济增长驱动下工业能源消耗和温室气体排放上升的势头，有力促进城市走向了国内生产总值与温室气体排放脱轨的绿色低碳发展道路。具体而言，深圳2013—2015年的平均万元工业增加值碳强度下降率分别为53.2%、116.1%、57.7%；2016—2018年度万元工业增加值碳强度仍然保持持续下降，2016年及2017年度履约的794家管控单位、2018年度履约的766家管控单位及2019年度履约的707家管控单位碳排放绝对量分别下降271.71万吨、102.92万吨、272.84万吨，其中制造业企业碳排放强度分别下降41.14%、46.77%、48.72%。

1.深圳碳交易市场的建立

由于深圳的碳排放量较小，国家发改委在拟定首批名单时没有将深圳列入。深圳被列入国家试点范围，可能是因为深圳产业结构的特殊性。相比全国其他城市，深圳没有重化工、钢铁、火力发电等二氧化碳的大型直接排放源。而碳排放权交易是以市场化的手段，以较低的成本推动企业节能减排，最终实现绿色低碳发展。如何通过市场机制的建立，让一大批"间接排放源"实现节能减排，是深圳此次试点的意义所在。

深圳市政府对这项工作高度重视，专门成立了碳排放权交易试点工作领导小组及办公室。市领导挂帅并成立了由市发改委牵头，财政委、人居环境委、经贸信息委、科技创新委、交通运输委、监察局、住房建设局、水务局、税务局、市场监管局、统计局及法制办组成工作小组。由深圳排放权交易所、深圳市建筑科学研究院、北京大学深圳研究生院、清华大学深圳研究生院、哈尔滨工业大学深圳研究生院等机构组成专家研究团队。

为更好地完成深圳市碳排放权交易试点的各项工作，在深圳市政府的支持下，2012 年 4 月，交易所注册资本金从 1 500 万元增加至 3 亿元，成为国内同类交易所中注册资本金额最大的交易所。按照"总体设计、分步实施"的总体思路，经过精心、高效的筹备工作，2010 年 9 月 30 日，深圳排放权交易所成立。深圳碳排放权交易市场于 2013 年 6 月 18 日正式启动，成为"七试点"中第一个鸣锣开市的碳交易试点，再一次发挥了深圳创新改革的引领作用。

深圳碳排放权交易的准备工作历时长达 2 年多。2013 年 9 月 24 日，深圳碳价突破 11.50 美元，接近欧盟碳价的 2 倍。12 月，深圳排放权交易所正式推出异地自助开户系统，意味着全国各地的投资者可以足不出户，在深圳排放权交易所开立账户并进行碳市场投资。

2014 年 1 月，深圳碳交易市场引进首家国有商业银行——中国建设银行深圳市分行。4 月，深圳排放权交易所成为世界银行国际金融公司（IFC）首个国内碳交易合作伙伴。6 月 24 日，深圳碳交易市场总成交量突破 100 万大关；6 月 27 日，深圳碳交易市场总成交额突破亿元大关。8 月 8 日，国家外汇管理局发出《关于境外投资者参与深圳碳排放权交易有关外汇业务的批复》，同意深圳外汇管理局为深圳排放权交易所及境内外投资者办理跨境碳排放权交易的相关外汇业务，深圳碳交易市场成为全国首家向境外投资者开放的碳市场。12 月 3 日，深圳碳交易市场首个托管会员正式诞生。12 月 22 日，深圳碳交易市场总成交量突破 200 万吨大关。

深圳在碳交易市场试点中，实现了数项第一：我国第一部规范碳交易的地方性法规《深圳经济特区碳排放管理若干规定》；我国第一个组织层面温室气体量化、报告和核查规范及指南；我国第一个主要采用基准法进行分配的碳交易体系；我国第一个配额博弈（也称配额集中）分配系统；我国第一个投入使用的温室气体信息管理系统、注册登记簿系统和交易系统。

与国内其他试点城市相比，深圳产业结构中缺乏传统重工业，碳排放管控单位的体量偏小，在7个试点省市中，深圳碳市场所获配额规模最小，却是配额流转率最高的一个，连续3年在全国碳市场中排名第一，并且2013—2015年连续3年碳市场平均价格保持在40元/吨以上，居7个试点市场首位。

成熟的市场机制和丰富的商业机会，使得深圳碳交易市场的运行效果好于设计的预期。截至2019年度履约期，管控企业减排绝对量超640万吨，相当于少烧了28亿升汽油，或10 600万棵树苗生长十年的效果。年均减排量约为106万吨，年均减排率约为3.8%，年均减排量占碳市场配额的3.2%，占全市碳排放的1.3%。截至2019年度履约期，平均碳强度由0.43吨/万元下降至0.26吨/万元，下降幅度达39%，远超于全市制造业平均的碳强度下降速度，2014、2015、2017、2019年碳强度下降率甚至超过10%。2018年深圳是全国唯一工业增加值突破9 000亿元的城市，连续2年位居全国大中城市首位；而且先进制造业和高技术制造业增加值分别增长12.0%和13.3%，增速远超于全市规模以上工业的整体水平，占全市规模以上工业增加值的比重分别提升至72.1%和67.3%，可见先进制造正在成为深圳制造的标签和主导力量。深圳的实践证明，实现经济增长和碳排放增长之间的脱钩是完全可能的。深圳运用市场机制降低减排成本，充分体现了成本效益，在实现碳强度下降和排放减少的同时，促进产业结构优化升级和能源结构优化，增强了企业和社会的减排意识，使经济增长在真正意义上迈上了可持续低碳发展之路。

深圳碳交易市场充分发挥了市场机制在快速城市化和经济转型区域节能减排工作中的积极作用。其一，碳市场的建设为企业减少温室气体排放提供了灵活手段，使得温室气体减排能够发生在"成本最低"的环节或地方。相对于传统行政指令式环境管理手段，深圳碳交易市场利用不同主体间减排成本的差异，有效降低了城市整体温室气体减排成本，充分体现了成本效益。其二，碳市场价格机制的形成促进了城市产业结构优化升级和能源结构调整，推动了深圳绿色低碳经济的发展。温室气体排放空间使用权的稀缺性价值越来越多地被政府和个人纳入决策行为。这一价格激励机制使得深圳电源结构更加低碳化，加速了落后产能淘汰、"三来一补"企业转型，以及合同能源管理、碳排放核查与咨询管理、新能源等新兴环保行业成长发展，促进了深圳市能源结构调整和产业结构优化，最终推动了深圳绿色低碳经济发展。

深圳碳市场有效提升了企业和社会民众的减排意识。这一市场的建设和运行使越来越多的深圳企业认识到应对气候变化和企业节能减排的问题，促使企业将温室效应气体减排纳入生产管理和投资决策，提高了企业社会责任感。与此同时，随着碳交易相关知识的推广和宣传，深圳碳市场不仅涌现出一批公益会员，还在更大范围内促进社会民众对低碳生活和绿色出行方式的了解，提高了全社会的节能减排意识。

深圳碳交易市场基本结构

深圳排放权交易所允许的交易参与人包括交易会员以及通过经纪会员开户的投资机构或自然人。其中，交易会员分为经纪会员、机构会员、自然人会员和公益会员，经纪会员可作为代理投资机构或自然人的代理开立交易账户。交易会员不仅需要实名在深圳排放权交易所开立交易账户，还需要实名在深圳市碳排放权注册登记簿开立碳排放权账户；通过经纪会员开户的投资机构或自然人必须以实名方式委托经纪会员代其开立交易账户（见图7-5）。

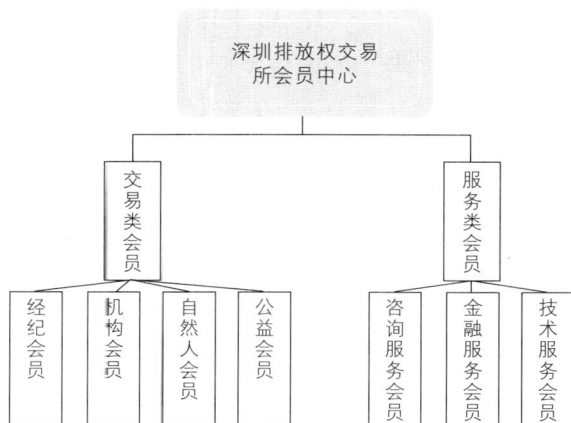

图 7-5　深圳排放权交易所交易会员结构

　　根据深圳排放权交易所的设计，碳交易体系下的管控单位应该以机构会员的形式参与交易；投资机构和自然人既可以直接成为交易会员（机构会员或自然人会员），也可以通过经纪会员进行交易。经纪会员的资格经交易所审批后可以转让，机构会员、自然人会员和公益会员的会员资格不得转让。

　　经纪会员根据与交易所之间的约定获取交易佣金返还，不准向下级会员收取费用。深圳排放权交易所实行经纪会员席位限额，2013—2017年只设立10个经纪会员席位，而且经纪会员将接受三年一次的指标考核，未实现指标考核目标的会员将被淘汰。

　　公益会员是深圳排放权交易所独创的会员形式，其目的在于鼓励负有责任感的公民和社会团体在降低自身碳排放的同时，对于无法避免的碳排放通过购买配额进行注销的方式进行抵消。这一方式有效地将碳市场和公民及社会团体的自愿抵消行动相结合，体现碳交易除激励企业进行减排以外，还将积极影响公民和社会团体的减排意识，促进社会大众的减排活动。公益会员只可买入不可卖出，通过排放抵消来履行社会责任；公益会员既可以是机构，也可以是自然人。

　　深圳试点的交易品种包括深圳市碳排放配额（Shenzhen Allowance，SZA）和国家核证自愿减排量（CCER）。交易时间为每周一至周五（法定假日除外）的9：30—12：00、13：30—15：30，交易实行T+1交收模式。交易时间和交收模式均与中国内地A股市场类似。

　　深圳排放权交易所允许的交易方式包括：现货交易、电子竞价和大宗交易。同一交易标的，在同一时间，只能以一种方式进行交易。交易初期，将只实行现货交易，后期可能会逐渐引入其他形式的交易。

　　现货交易是深圳目前最主要的交易方式，同国内大部分试点的主要交易方式类似。现货交易只接受交易参与人采用限价委托申报的方式进行申报。限价委托申报，是指交易参与人按照其限定的价格买卖碳排放权，交易参与人买入碳排放权的成交价格等于或低于限定价格；交易参与人卖出碳排放权的成交价格等于或高于限定价格。买入申报价格高于或等于交易系统记录的当时最低卖出申报价格，或者卖出申报价格低于或等于交易系统记录的当时最高买入申报价格时，双方成交。成交价取买入申报价、卖出申报价和前一成交价三者中的中间价格。买卖方向和申报时间相同的，成交时按较高价格买入申报优先于较低价格买入申报，较低价格卖出申报优先于较高价格卖出申报的原则成交。买卖方向和申报价格相同的，先申报者优先于后申报者。先后顺序按交易系统接受申报的时间确定。

电子竞价分为委托挂牌（包括挂牌出让和挂牌受让）、电子竞价资格获取、登录与报价、成交四个阶段，具体流程见图 7-6。在挂牌期限内，需要有两家及以上的意向方才能进行报价。只有通过交易所审核的意向方才可能获得电子竞价资格。竞买时，首次报价不得低于底价，以后每次报价应高于前次报价；竞卖与之相反，首次报价不得高于底价，以后每次报价应低于前次报价。

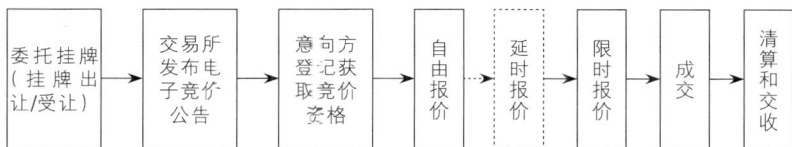

图 7-6 深圳排放权交易所电子竞价流程

报价时段分为自由报价时段、延时报价时段和限时报价时段。如果自由报价时段无人报价的话，将进入延时报价，延时报价时段也无人报价的话则竞价结束，延时报价时段有人报价的话将进入限时报价，延时报价时段结束时的最新有效报价成为限时报价时段的起拍价。如果自由报价时段有人报价的话，直接进入限时报价时段（即没有延时报价），自由报价时段结束时的最新有效报价成为限时报价时段的起拍价。自由报价时段和延时报价时段两个阶段的时长由出让方和交易所协商确定。限时报价一个限时周期长 3 分钟，3 分钟内有人报价的话将进入下一个周期，直到一个周期内无人报价竞价才结束。限时竞价阶段结束时的最新有效报价即为成交价。大宗交易指单笔交易数量达到 10 000 吨二氧化碳当量以上的交易；出让方和受让方就交易达成一致后，出让方和受让方分别进行成交申报。

2.深圳碳交易市场基本制度

应该建立什么样的碳交易体系，以走出一条更平稳、更有效的路，这是作为探路者必须深思熟虑的问题。深圳碳交易市场在建立交易制度时，主要借鉴了欧盟的碳排放交易机制（ETS）。ETS是全球规模最大、最为成功的碳交易市场，创立于2005年。从那时起到2009年，碳排放交易实现了爆炸式的增长。

欧盟碳交易机制的核心是以碳排放总量作为配额，这种配额一旦固定，不能随意增加和减少。在经济活跃、市场环境好的时候，大量企业开足马力，碳排放的需求比较旺盛，交易价格比较高，购买碳排放配额的成本也比较高。在这种情况下，市场会倒逼企业上马节能工程和减排设施。但如果市场环境不佳，尤其是企业开工不足，产能缩减，碳排放的总量下降，市场配额增多，交易价格就会下降，买碳的成本比采购节能设备的成本要低，交易机制就难以起到推动企业节能减排的作用。

对于欧盟碳排放交易机制的利弊得失，深圳进行了深入细致的研究，同时采取多种方式与多国的专家合作，比较了美国、日本等不同国家的交易机制、法律法规等诸多方面。经过反复比较论证，从国情出发，深圳的碳排放交易机制逐步清晰起来，创新性地提出了适应中国现阶段国情的碳排放交易模式——"可规则性调控总量和结构性减排"。这一概念的提出无论在理论探索，还是实践创新方面都具有重要意义。这个交易体系运行一年就让深圳在保持经济稳定增长的同时实现了温室气体减排，促进了城市碳强度下降。2013年，深圳碳交易体系首批纳入管理的635家工业企业增加值增长速度超过10%，万元增加值排放强度较基期（2011年）下降了23%，为深圳完成"十二五"期间万元地区生产总值碳排放强度下降21%的目标做出了重要贡献。

深圳的碳排放权交易机制并不以碳排放总量下降作为配额依据，而是在兼顾经济发展需要的前提下，推动企业通过节能减排技术的更新，提升石化资源的利用效率，尽量控制二氧化碳排放的增长速度。这个机制主要以碳排放强度作为配额分配的标准，会随着经济整体活跃程度而调整，但对于单个企业而言，一旦排放强度确定，其能够享受的碳排放配额，一定与其创造的工业增加值相关。在这个机制内，交易价格不会有大幅的波动，其对企业提升节能技术开展减排，始终具有约束作用。同时，碳排放配额的灵活调整，又不会影响到企业扩大生产规模、追求更高的工业增加值。

碳交易机制的关键在于不能一卖了之。政府必须做到"取之于污用之于污"。出售排放权，如果仅仅停留在企业与政府之间"出钱与收钱"的层面，也就等价于"企业有钱就可直接排放"和"政府以牺牲环境换金钱"，这显然是跟政策制定的初衷相违背的。因此，针对这样的问题，深圳排放权交易所在制度设计过程中不断创新，让"看不见的手"与政府的"有形之手"共同促使企业减排，降低碳排放强度。

深圳碳交易体系具体由五大制度框架构成，包括碳排放管控制度，碳排放配额管理制度，碳排放抵消制度，碳排放监测核算、报告与核查（MRV）制度，以及履约奖惩制度。

3.低碳经济的深圳路径与方法

根据国家的节能减排目标以及深圳"十二五"期间碳排放强度下降的目标，深圳碳排放强度年均下降4.6%，即可完成"十二五"期间累计下降21%的目标要求。在对深圳635家企业的碳配额分配过程中，一些节能减排做得较好、能耗比较低的行业，承担的减排任务相对较轻；而一些资源消耗大、工艺技术相对落后的行业，碳排放强度下降的幅度将远远超出4.6%。

（1）碳排放管控制度

深圳碳交易市场的主体是谁？碳排放管控制度对此进行了明确的规定，这是碳排放权交易制度运行的前提条件，依照法律法规对特定行业内规模以上的企业碳排放进行管理，使企业不能免费、随意排放温室气体，而是需要承担额外的生产成本，将温室气体排放管理纳入企业的发展战略、生产计划、成本收益分析等决策中，提高生产效率，降低温室气体排放水平。

碳排放管控制度规定了凡符合以下条件的企业须履行碳排放控制义务：

● 任意一年的碳排放量达到 3 000 吨二氧化碳当量以上的企业；

● 大型公共建筑和建筑面积达到 1 万平方米以上的国家机关办公建筑的业主；

● 自愿加入并经主管部门批准纳入碳排放控制管理的碳排放单位；

● 市政府指定的其他碳排放单位。

其中第一类，即达到 3 000 吨二氧化碳排放量以上的企业，门槛相对于其他试点来说非常低。其他试点的门槛都在 1 万吨碳排放量以上，最大的为湖北试点的 6 万吨标准煤。深圳试点将更多的碳排放企业纳入范围，一方面说明了市政府采取严格的碳排放控制措施；另一方面也反映了深圳市高新产业、文化产业与金融业发达，第三产业比例高的发展特点，必须降低纳入门槛以提高碳市场的规模。

此外，深圳试点把建筑作为独立的排放部门纳入碳市场。深圳市纳入的大型公共建筑范围较广，大型公共建筑为建筑面积大于 2 万平方米的公共建筑，按照办公建筑能耗限额换算成排放量的话，大约折合为 2 000 吨二氧化碳当量。除了上述管控企业外，温室气体排放量在 1 000 吨到 3 000吨二氧化碳当量之间的企业须向主管部门报告其二氧化碳排放情况，暂时不需要承担碳排放控制义务。

（2）碳排放配额管理制度

深圳碳排放配额管理制度是碳排放管控制度的具体实现方式，主要功能是向既有设施分配碳排放权，包括无偿分配（预分配与调整配额）以及有偿分配（拍卖）。将企业碳排放权具体化为配额，是碳排放权交易的基础，同时也便于企业以及主管部门对碳排放的管理。

深圳碳交易试点的碳排放配额管理制度采取了多层次的管理方式，丰富了配额的管理方式与功能实现。采用无偿和有偿两种配额分配方式，试点期间以无偿分配为主，根据经济结构、行业特点和企业实际，对不同行业采取不同的分配方式，力求配额分配兼顾效率和公平。

预分配配额与调整配额是配额构成的主体，由主管部门免费分配给管控单位，这部分配额决定了企业当年可免费排放温室气体的额度。首个交易期内无偿分配的配额不得低于配额总量的 90%，免费配额主要由预分配配额与调整配额构成，其具体数量结合控排单位历史排放量、在其所处行业中的排放水平和未来减排承若等因素确定。具体来说，电力、供水和燃气基于行业基准线确定，制造业企业采用竞争博弈分配方法。建筑配额的无偿分配按照分类建筑能耗限额标准或碳排放限额标准予以确定。

受管控单位获得的配额分两步分配，首先主管部门按照管控单位的目标碳强度以及预期的产量/产值向其发放预分配配额。这个配额不是其最终的实际配额，每年 5 月 20 日前，主管部门要根据上一年度的实际碳排放数据和统计指标数据，确定其上一年度的实际配额数量。实际配额的数量等于目标碳强度乘以实际产量（单一产品行业）或实际工业增加值（其他工业行业）。配额每三年一发　每年第一季度签发当年配额，这样的设计增加了政策的可预见性，为受管控单位提供参考，便于制订生产计划和管理碳排放。

在配额分配的方案设计中，深圳开创性地应用了基于有限理性重复博弈理论的碳配额分配机制，以及事后通过实际的生产信息调整管控单位的实际配额。应用前者确定制造业企业的目标碳强度，应用后者调整预分配的配额，使配额分配与经济发展挂钩，减少经济波动对碳市场活跃度的影响。

拍卖是有偿分配配额的一种方式，也是最具公平性、最有效率的分配方式。深圳根据碳市场调节和发展需求，借鉴美国加州碳交易机制的做法，明确拍卖的分配方式，规定采取拍卖方式出售的配额数量不得低于年度配额总量的3%，此比例根据碳市场的发展情况可由主管部门逐年提升。管控单位与投资机构均可参加拍卖。

配额的有效期管理指配额能否跨期使用、能否储存、能否预借等安排，对价格有较大的影响。深圳试点的履约期为每个自然年，规定上一年度的配额可以结转至后续年度使用；后续年度签发的配额不能用于完成前一年度的配额履约义务。也就是说配额可以储存，用作来年履约，但是不能预借未来的配额。由于配额可以跨期储存，因此管控单位能够做长期的配额管理安排，而且不能预借配额可防止企业将履约的压力延迟到试点最后的一个履约期。

　　鉴于欧盟碳市场免费配额分配过程中出现过剩导致价格异常，为了避免发生同样情况，深圳在配额管理的设计中加入了一系列的价格调控措施，并设立了市场价格稳定调节资金。

　　一是价格平抑储备配额。价格平抑储备配额包括主管部门预留的配额、新进入者储备配额和主管部门回购的配额，其中主管部门预留的配额为年度配额总量的2%。这部分配额的储备用作平抑碳市场可能出现的价格过高的情况。新进入者储备配额专门给新进企业提供配额，避免了新进企业共享既有企业的配额池而造成配额数量减少。预留配额和回购的配额则是为应对其他造成配额稀缺的情况的应急储备。当碳配额价格由于供给下降而升高触发安全预警线时，主管部门可适量放出储备配额来调节市场价格。

　　市场经济的优势在于自由交易而产生的价格发现，主管部门不宜过多地干预市场，但是市场经济中又会出现市场失灵的现象，需要进行必要的调节。因此对于价格的调控需要把握干预的程度。对于价格平抑，管理办法对可投入市场的配额储备设置了上限。新进入者储备与预留配额的上限为配额总量的4%，而回购配额数量视实际情况确定，配额供给稳定时不需要回购，则不存在回购配额。

　　除了比例上有限制，价格平抑储备配额的应用和出售也有专门的规定。这部分配额应当以固定价格出售，且只能由管控单位购买用于履约，不能用于市场交易。

　　二是新进入者储备配额。新进入者储备配额是为新进企业预留的配额，其数量为年度配额总量的2%。按照管理办法的规定，新建固定资产投资项目，预计年碳排放量达到3 000吨二氧化碳当量以上的，项目单位应当在投产前向主管部门报告项目碳排放评估情况。主管部门按照该单位所在行业的平均排放水平、产业政策导向和技术水平等因素在投产当年对其预分配配额，待投产年度的实际统计指标数据核准后，由主管部门在下一年度重新对其预分配的配额进行调整。

　　三是回购配额。主管部门每年度可以按照预先设定的规模和条件从市场回购配额，以减少市场供给、稳定市场价格；当配额供给过剩时主管部门会进行一定数量的回购，但不能高于当年度有效配额数量的10%。

四是市场稳定调节资金。深圳市政府设立碳交易市场稳定调节资金，专门用于开展市场价格调控、支持企业减排活动、市场服务机构培育、能力和平台建设、碳排放权交易管理等。稳定调节资金主要来源于配额有偿分配的收入、社会捐赠及市政府决定划拨的其他资金。

（3）碳排放抵消制度

为了有力促进在管控制度以外的减排积极性，深圳专门为"卖碳翁"制定了获得"额外收入"的制度，即碳排放抵消制度。

碳排放抵消制度是指将管控单位外的减排项目产生的核证减排量用于碳排放管控制度内履约的制度。关于抵消信用的使用，深圳引入了由国家发改委建立的国家自愿减排交易机制，由其签发的核证自愿减排量可用于管控单位的履约。

虽然深圳没有单独建立专门的抵消制度，而是引用国家自愿减排交易机制，但是对核证自愿减排量的应用数量设定了约束。一份核证自愿减排量等同于一份配额，管控单位可应用抵消比例不高于年度碳排放量的10%。

深圳试点规定管控单位在本市碳排放量核查边界范围内产生的核证自愿减排量不得用于本市配额履约义务，即管控单位在其核算边界内开发的项目产生的减排量不能用于自身的履约。国家自愿减排市场是全国性的减排机制，包括碳交易试点在内的企业都可以进行减排项目开发，但是对于碳交易试点来说，管控单位在其边界内的减排核算已经纳入碳排放核算中，如果其产生的减排量用作履约的话就会造成重复计算，因此这种类型的减排量不能用于履约。

碳排放抵消制度是以柔性机制的形式作为碳排放配额交易的一种补充，对于管控单位和非管控单位来说都有好处：一方面可以促进管控单位范围外的节能减排，另一方面抵消信用的价格一般比配额价格低，故可以降低管控单位的履约成本。

碳排放企业在获得配额的基础上，需要扣除自身所消耗的"碳"，即自身所排放的碳。当配额量大于排放的碳，企业就可以将多余的配额交易；反之，则需要购买配额以弥补多排放的碳量。

（4）碳排放监测核算、报告与核查制度

为了计算企业真正消耗了多少配额量，需要制定碳排放监测核算、报告与核查（MRV）制度。MRV 制度是指企业碳排放的监测核算、报告、核查制度，是保证碳排放核算的规范性、数据的准确性与真实性的措施。

管控单位每年 3 月 31 日前须向主管部门提交温室气体排放报告，并在提交排放报告后及时委托第三方核查机构对排放报告进行核查，每年 4 月 30 日前向主管部门提交第三方核查机构出具的核查报告。

另外，由于深圳配额分配涉及实际生产数据，因此统计指标数据报告应当依据市统计部门的规范要求进行统计、编制，并于每年 3 月 31 日前提交给市统计部门。管控单位应当于每年 5 月 10 日前将经市统计部门核定后的统计指标数据提交给主管部门。

主管部门对核查和排放量的监管机制包括抽查和重点检查。一方面，主管部门应当随机抽取一定比例的控排单位，对控排单位的温室气体排放报告和核查报告进行检查，抽查比例原则上不得少于控排单位总数量的 5%。抽样检查可以由主管部门实施，也可以由主管部门委托其他专业机构实施。另一方面，主管部门应当根据控排单位的温室气体排放总量、数据不确定性、历史数据偏差度、上报数据的时间、数据修改次数和第三方核查发现等要素评估控排单位的风险等级，对于风险等级高的控排单位及其委托的核查机构进行重点检查，重点检查的方式和程序参照抽样检查执行。

深圳的碳排放核算与报告指南以及核查指南由深圳市市场监督管理局发布。深圳的核算报告指南在借鉴 ISO 14064 的基础上，考虑了深圳市本地特点，给出了边界确定、排放源识别、排放量计算、数据质量管理、报告编制等重要方面的规定。

该指南是碳排放核算的通则，没有对特定行业进行专门的叙述，因而具有覆盖面广、内容全面、高度概括的特点。组织边界的确定沿用了国际标准化组织的规定，分为控制权法与股权比例法，但是在实际应用中为了方便核算，以法人作为组织边界。运行边界也沿用了国际标准化组织的规定，需要报告企业的直接排放、能源间接排放，而其他间接排放量可由企业自行决定是否量化报告。指南进一步对直接排放和间接排放进行了分类，以便企业识别，并给出了一般行业和某些特殊行业的常见排放源类型。

在排放量的计算方面，基于计算与基于测量的方法，以及两种方法相结合的方式都可以使用。指南给出了多种活动数据与排放因子的获取方法，并建议优先选用质量较高的层级。指南也就数据质量管理和数据质量分析给出了指引。指南规定须编制碳排放清单与报告两个层面的内容。清单中主要列举温室气体排放量、活动数据、排放因子选择、排放量计算等内容。而温室气体报告中除了对温室气体进行了量化报告之外，还报告了覆盖的时间段、组织边界描述、方法学选择以及其他相关内容。

核查指南中的条款同样借鉴了 ISO 14064，规定了核查工作的要求与流程。核查可分为三个阶段：①核查策划；②核查执行；③报告编写。第一个阶段中要确定核查的目的、准则、范围、保证等级选择、实质性说明；第二阶段要实施核查过程，包括文件审核、抽样计划、核查计划与现场核查，并在此基础上对企业温室气体信息披露体系、温室气体数据和信息、核查准则的符合性进行评价；第三阶段在前两个阶段的基础上完成报告的编写。

由于深圳对工业行业的配额分配采用了可调整的设计，需要用到企业的工业增加值或是产量的数据来确定工业企业的最终配额数量，因此与其他碳交易体系相比，深圳试点要额外地对产值与产量进行统计与核查。

（5）履约奖惩制度

履约奖惩制度用于对不遵守碳排放管控制度、配额管控制度、MRV制度等碳交易相关制度的行为进行处罚，对积极参与碳市场交易的企业和个人进行奖励，是碳交易机制运行的重要保障。

履约奖惩制度应分为几类，其中对管控单位违规行为的相关处罚有：

未缴纳足够配额的处罚。未在规定时间内提交足额配额或者核证自愿减排量的，由主管部门责令限期补交与超额排放量相等的配额；逾期未补交的，由主管部门从其登记账户中强制扣除，不足部分由主管部门从其下一年度配额中直接扣除，并处超额排放量乘以履约当月之前连续六个月碳排放权交易市场配额平均价格三倍的罚款。

未履行相关义务的处罚。管控单位虚构、捏造碳排放或者统计指标数据的，由主管部门责令限期改正，并处以实际碳排放量的差额乘以违法行为发生当月之前连续六个月碳排放权交易市场配额平均价格三倍的罚款。相互串通虚构或者捏造数据的，由主管部门责令限期改正，并分别对管控单位和核查机构处以实际碳排放量的差额乘以违法行为发生当月之前连续六个月碳排放权交易市场配额平均价格三倍的罚款。

除了对管控单位违规处罚外，核查机构、交易平台、交易主体以及主管单位和相关部门及其工作人员存在不依照相关规定履行各自职责和义务的，也将受到相应的处罚。

深圳制定并通过了《碳排放管理若干规定》《碳排放权交易暂行办法》等相关文件，形成了既有法律条文又有政府规章的完整体系。同时，对管控单位实行精准监控、严格核查。如果发现相关未履约、造假等违规行为，将进行全面核查，一旦确认违规行为立即执行相应处罚，包括罚款、暂停优惠，甚至列入"黑名单"。一旦被列入"黑名单"，企业将在财务、税收等方面被"一票否决"。良好的管控机制倒逼管控单位积极践行节能减排。

4.深圳碳市场的交易与履约情况

自2013年6月18日正式启动到2014年6月30日，是深圳碳市场成功运行的首个年度，其间只有2013年碳排放配额（简称SZA-2013）一个交易品种。在首个年度，深圳碳市场线上交易总量为157.33万吨，交易总额约为1.09亿元，并且交易均价约为69.11元/吨。其中：线上现货交易量1 389 202.00吨，交易额99 773 527.97元，交易均价约71.82元/吨；线上大宗交易量109 124吨，交易额6 294 915.70元，交易均价约57.68元/吨；政府配额拍卖量74 974吨，交易额2 656 328.82元，拍卖均价为35.43元/吨（见图7-7）。

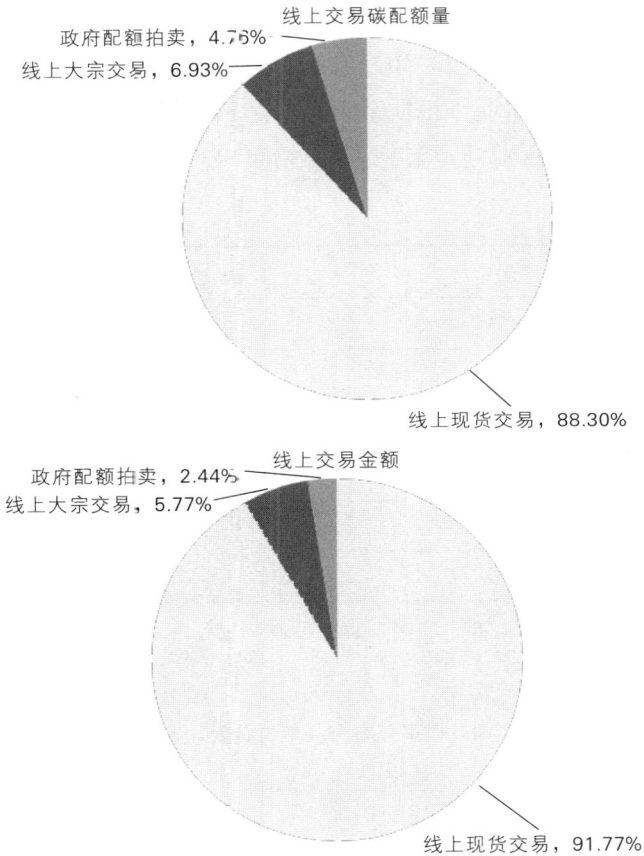

图 7-7　深圳碳市场首个履约年度交易总量和交易总额分布

　　深圳碳市场在首个履约年度共有交易日 256 个，日平均交易量为6 146 吨。其间有效交易日（即当日交易量为非零的交易日）209 个，有效日平均交易量为 7 528 吨。

　　在首个年度内，深圳碳市场成功形成了完整的价格曲线，这既对于管控单位通过市场化的方式实现履约成本最小化起到了良好的促进作用，又对投资者的投资决策起到了良好的参考作用。

　　截至 2014 年 6 月 30 日，深圳碳市场成交价格集中在 60~90 元的价格区间内，成交量比例为 87%。其中，70~80 元的价位的成交量占到近七成，比例为65%；80~90元成交比例在2014年6月份显著下降，从最初的25%下降到仅占到4.5%左右。同时，30~40元成交量主要归因于拍卖；50~60元成交量主要归因于大宗交易。另外根据深圳排放权交易所电子平台数据，深圳碳市场年度最低价格为28元/吨，年度最高价格为143元/吨（见图7-8和图7-9）。

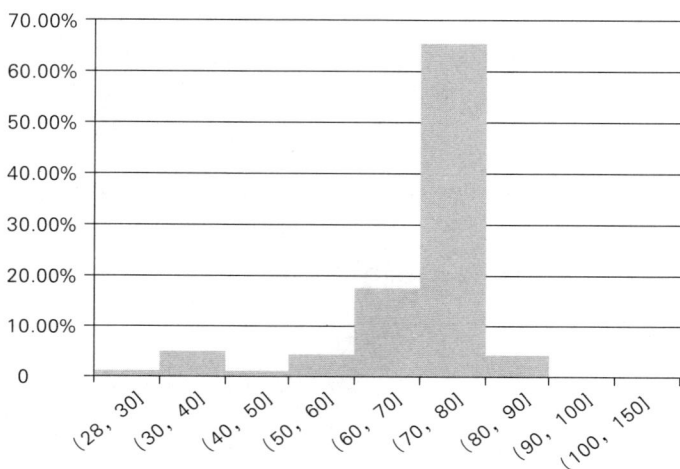

图7-8　成交价格区间及概率分布图（单位：元，截至2014年6月30日）
资料来源：深圳排放权交易所。

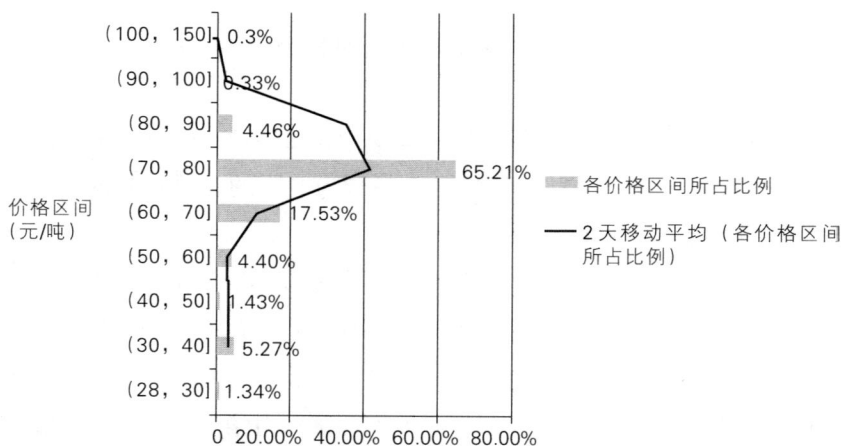

图7-9　深圳碳市场价格区间及占比

在首个年度内，借助公开竞价以及多方参与的电子交易机制，深圳碳市场充分展现了符合预期要求的价格发现能力（见图7-10）。

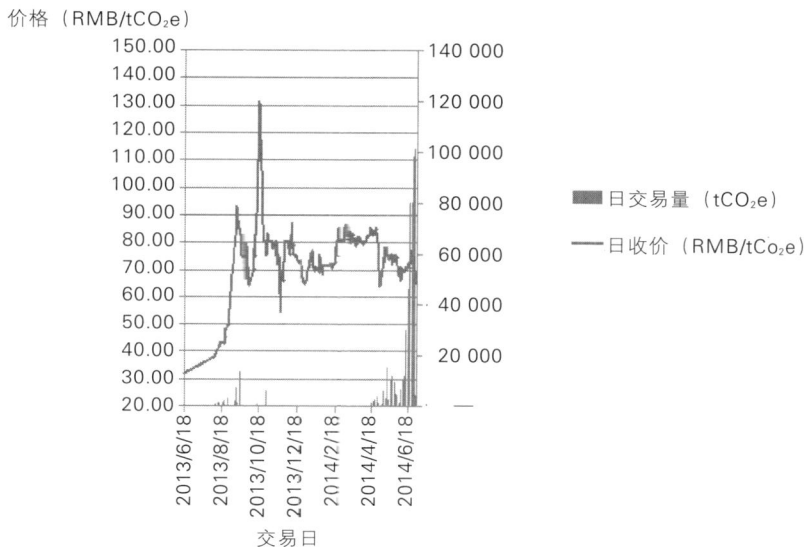

价格（RMB/tCO₂e）

图 7-10 深圳碳市场价格与交易量走势图（2013年6月18日—2014年6月30日）

截至2018年底，深圳碳市场配额总成交量突破4 000万吨，总成交额超过12亿元。另一组截至2017年的统计显示，深圳试点成交额位居全国第二，成交量位居全国第四，占全国2.5%的配额量，实现了21.04%的交易额、13.52%的成交量。深圳碳排放管控单位的年度碳排放履约率一直较高；2014年首次履约期间即达99.37%；2015年第二次履约时，达到99.69%；2016年违约单位数量只有1家，完成率为99.84%。至2018年，深圳碳排放权交易体系运行满五年，碳排放权交易市场成交量和成交额均呈现快速增长，配额市场平均价格基本保持在30元/吨，居7个碳交易试点市场前列。

深圳碳排放权交易体系实施年度履约制，即在试点期间内，管控单位需要按年度履约。管控单位需要按照规定的流程，在既定的时限之前，利用注册登记簿系统向主管部门提交配额或者核证自愿减排量进行履约。根据暂行办法的规定，主管部门应当于每年7月31日前，在其门户网站和碳排放权交易公共服务平台网站，公布管控单位履约名单及履约状态。

在首个履约年度，深圳碳交易试点的管控单位成功完成履约工作。2014年7月1日，深圳2013年度碳交易履约工作结束。纳入碳排放管控的635家单位之中，有631家如期完成履约，所占比例为99.4%。在已经履约的631家企业中，有280家企业碳排放超额，总计购买了130万吨左右的碳配额，所耗费的成本约为9 360万元。另外355家管控单位则因为节能减排有方，碳配额富余无须购碳。

为了更好地满足企业履约过程中的配额缺口问题，深圳排放权交易所根据深圳市发改委的决定和安排，作为深圳配额拍卖的平台于2014年6月初组织了深圳市碳市场第一次配额拍卖活动。

拍卖的参与人为2013年度实际碳排放量超过2013年度实际确认配额的管控单位，其他管控单位和投资者不能参加。参加拍卖的投标人的最大申报数量不得超过其2013年度实际碳排放量与2013年度实际确认配额之间差额的15%，否则视为无效投标。拍卖的中标配额将直接转入中标人的履约账户，由主管部门直接冻结，以专门用于配额履约。中标人不得将中标配额用于市场交易。

拍卖标的为2013年度深圳碳排放配额，简称SZA-2013。预计总拍卖数量为20万吨。拍卖底价为每吨35.43元人民币（以截至2013年5月27日市场平均价格的一半为准）。

拍卖规则设置为：投标人在拍卖时间内只能进行一次拍卖申报，一次申报可提交3组报价，3组报价数量不得超过投标人允许的最大申报数量。申报一经提交不可撤销。

拍卖成交的原则为：有效申报数量高于或等于拍卖数量时，按有效申报价格从高到低排序，以全部拍卖数量募满为止时的价格作为最后中标价格；申报价格等于最后中标价格的投标人有多个，且该价格申报数量超出配额剩余匹配数量时，以该价格各投标人申报数量占各投标人申报总数量的比例乘以配额剩余数量分配，按最后中标价格成交；有效申报数量低于拍卖数量时，以所有有效申报中的最低申报价格成交。申报价格高于拍卖底价的申报为有效申报。中标人按照中标金额的 5% 缴纳拍卖手续费。未中标人不缴纳拍卖手续费。

拍卖从 6 月 6 日上午 9 点 30 分开始，持续 2 个小时。拍卖数量为 20 万吨，配额投标数量 7.4974 万吨，占拍卖数量的 37.49%。拍卖底价为每吨 35.43 元，最高投标价每吨 80 元，总成交额 265.63 万元人民币。此次拍卖是深圳碳交易市场的第一次尝试，有 94 家管控企业参与了此次拍卖，拍卖售出了 37% 的待售配额。

5. 深圳碳交易市场创新

在发展绿色金融方面，深圳碳交易市场结合特区金融业发达的特点，创新性地推出了具有融资、碳资产增值、风险管理等功能的多种形式的碳金融创新产品，曾创造了全国首单"碳债券"、全国首家向境外投资者开放的碳交易平台、全国首只私募碳基金、全国首笔绿色结构性存款、全国首单跨境碳资产回购交易业务等一系列碳交易记录，为碳市场的参与者提供了更便捷的价格发现工具、风险管理工具和低碳融资工具，大大活跃了市场交易。

深圳在碳金融创新上也走在全国最前列。深圳在全国率先推出跨境回购融资。2016 年初，深圳能源集团股份有限公司控股的妈湾电力有限公司和 BP 公司在深圳排放权交易所的协助下，完成了标的为 400 万吨配额、交易额达 1.8 亿元人民币的碳资产回购交易。这是全国试点碳市场启动 3 年以来最大的单笔碳交易业务，也是国内首单跨境碳资产回购交易业务。

在促成国内外市场联动、促进开发合作方面，深圳也走在前面。2014 年，深圳碳市场成为世界银行国际金融公司（IFC）首个国内碳交易合作伙伴。双方共同探索和开发创新性碳排放权交易产品，为深圳建设可持续发展的碳交易市场和碳交易金融中心提供核心竞争力。

截至目前，深圳在碳交易市场上推出了碳资产质押融资、跨境碳金融交易产品、碳债券以及绿色结构性存款产品，一系列碳金融服务产品发挥了资本杠杆的放大效应，极大地活跃了深圳的碳排放交易。

深圳碳市场运行五年以来，结构性减排成效显著。2016—2018 年度万元工业增加值碳强度持续下降，2016及2017年度履约的794家管控单位、2018年度履约的766家管控单位及2019年度履约的707家管控单位碳排放绝对量分别下降271.71万吨、102.92万吨、272.84万吨，其中制造业企业碳排放强度分别下降41.14%、46.77%、48.72%。2018年深圳是全国唯一工业增加值突破9 000亿元的城市，连续两年位居全国大中城市首位；而且先进制造业和高技术制造业增加值分别增长12.0%和13.3%，增速远超过全市规模以上工业的整体水平，占全市规模以上工业增加值的比重分别提升至72.1%和67.3%，可见先进制造正在成为深圳制造的标签和主导力量。截至2019年度履约期，管控企业平均碳强度由0.43吨/万元下降至0.26吨/万元，下降幅度达39.5%，远超于全市制造业平均的碳强度下降速度，2014、2015、2017、2019年碳强度下降率甚至超过10%。截至2019年度履约期，管控企业实际碳强度平均比分配碳强度低8.7%，说明管控企业超预期完成碳强度下降目标。

实践证明，深圳碳市场的运行效果远超预期，碳排放管控单位在保持经济稳步增长的同时，实现了碳排放量和碳强度的双下降，很好地控制了由经济增长带来的工业能源消耗和温室气体排放上涨的势头，促进深圳市实现经济增长和温室气体排放脱钩的绿色低碳发展。2016年12月，深圳市凭借碳交易体系突出的减排成效及机制优势，在第六届C40城市气候领导联盟全球市长峰会中获得C40城市金融创新类大奖。2017年3月27日，《人民日报》"生态"版刊登"深圳碳交易效果超预期"一文，对深圳市碳交易体系给予了高度评价。

[第8章]
展望与建议

"必须要所有国家一起合作，一起去实现绿色增长的战略。"

联合国原秘书长潘基文

广东省和深圳市被列入国家首批低碳省区和低碳城市试点，既有成功的经验，也有可供后来者汲取的教训。我们只有一个地球家园，每一步绿色低碳发展的探索都弥足珍贵，都有可能为更加高质量和更加绿色的发展添砖加瓦。

8.1　低碳城镇建设的经验与教训

国家低碳城市试点取得了很多经验和教训，广东和深圳位于华南经济发达地区，由于改革开放较早，在产业经济和社会发展中经历了较多起伏波折，深圳是全国改革开放的排头兵，它们的经验值得总结。

8.1.1　广东经验

广东提出了建设低碳示范省的目标，以可持续发展为根本理念，强调从广东省的生产、生活以及社会、资源、环境可持续发展的各个层面实施低碳排放。

广东在生产层面，提出发展可持续、低碳强度的经济；在生活层面提出提供良好的住房和生活环境、低碳的建筑和公共基础设施；在社会层面，提倡公众参与、社会公正、文化与智慧传承、低碳价值观和生活方式；在自然资源利用方面，提出简约、高效的土地利用，最少的资源消耗；在生态环境保护方面，提出最少的污染和废弃物排放，可持续的生态环境。

广东低碳示范省建设的主要实施途径有以下六个方面：低碳产业、低碳布局、低碳能源、低碳建筑、低碳交通、资源再生。

（1）加快推动产业低碳转型升级

广东省长期以来以传统产业（如轻工产品等）见长，所以并没有抛弃传统产业。部分传统产业，如家电、食品、造纸、纺织服装等优势传统产业经过高新技术手段或提高技术装备水平等，减少了生产过程中的碳排放。此外，广东还通过实施品牌带动战略的方法来改造传统产业，如在市场的指引下，将珠三角多数家电传统产业的企业发展成适合现代人所需要的新型、节能、智能化家用电器生产商。

加快淘汰落后产能，积极化解过剩产能。广东省组织实施一批国家、省级工业园区、骨干企业的低碳化改造工程。鼓励企业将传统制造环节有序转出，培育工业设计、品牌营销等高附加值、低碳排放的价值链环节，实现产业低碳转型。严格控制高耗能、高排放、高污染产业发展，停止审批、核准、备案，严格限制产能过剩行业扩大产能项目，开展淘汰落后生产能力和高耗能重污染行业整治提升行动，坚决淘汰电镀、印染、造纸、制革、化工、建材等落后行业。

广东省将大幅降低能源消耗强度作为主攻方向，鼓励企业通过开展节能技术改造和技术创新，利用节能新技术、新工艺、新设备和新材料，推进重点领域节能降耗，降低碳排放强度。重点抓好钢铁、化工、建材、电力等重点行业和年综合能耗 5 000 吨标准煤以上重点企业的节能降耗。积极推行能耗限额管理及节能对标管理。建立能源信息统计通报制度，定期发布全省重点用能单位名单和能源利用状况报告。

（2）积极培育和集聚低碳新兴产业

优先发展现代服务业，提升发展先进制造业，重点发展战略性新兴产业，积极培育节能环保产业和低碳服务产业。战略性新兴产业是以重大发展需求和重大技术突破为基础，对经济社会全局和长远发展具有重大引领带动作用，知识技术密集、物质资源消耗少、成长潜力大、综合效益好的产业。

尽管广东省珠三角地区已成为全国半导体照明、新型显示、太阳能光伏和生物医药产业的集聚地，但其战略性新兴产业还处于培育阶段，仍存在产业自主创新能力不强、产业链尚不完整、产业同构化明显、产品附加值较低、规划引导和政策支持有待加强等问题。因此广东省着力培育新一代信息技术、互联网、新能源、新材料、生物、文化创意、节能环保等战略性新兴产业，鼓励发展节能环保、航空航天、新能源、生命健康、高端制造、低碳服务业等行业，形成各地低碳产业特色。制定和完善低碳新兴产业培育目录，尽快完善既有引导性和约束性，保留适当弹性的产业准入目录，出台产业扶持政策。组织实施一批技术水平国内领先、国际先进的产业化项目，突破一批具有重大支撑和引领作用的关键技术，培育形成一批具有自主知识产权、年销售收入超过10亿元的新兴高技术领军企业，建成一批主题特色鲜明、创新能力较强的新兴产业集聚区，加快形成先导性、支柱性产业，建设国家战略性新兴产业基地。

（3）加快低碳技术自主创新

组织实施重大科技专项，重点扶持新能源汽车、煤清洁利用、天然气高效利用等低碳技术的研发和产业化，征集和发布一批重点低碳技术。支持省内科研机构与国外机构合作开展碳捕集、利用和封存技术研究、学术交流和试验示范。组织专业性强、实力雄厚的科研单位和企业，采取联合攻关、集中突破、单项研究等形式，围绕低碳发展重点领域和重大课题开展技术攻关，努力在新型储能、智能电网应用和扩展、新一代生物燃料、新能源汽车等低碳关键技术上取得重大突破。

（4）加速推进低碳产业载体和项目建设

积极推进一批创新型产业载体项目的规划建设；推动现有产业用房的改造升级，加快存量厂房绿色改造、转型升级和统一运营，为重点项目尽快落地提供载体；加快节能环保产业园等各类特色产业园区建设。

在广东省的经济发展中，能源供应矛盾突出。一方面，广东省大力发展太阳能、生物质能（垃圾发电）、风能、地热能、潮汐能等可再生能源发电，优化能源供应结构，加强提升广东省区域可再生能源比重，科学测算优化能源结构、减少碳排放的积极贡献,同时推进能源基础设施规划,进行合理布局。

另一方面,广东省建设低碳生态园区,不仅能增强招商引资上的吸引力,推动产业链向高端延伸拓展,还能进一步增强发展动力和后劲,使低碳园区成为低碳产业孵化器。进行低碳园区建设,重点从四个方面着手。第一,围绕工业生产源头、过程和产品,大力推进低碳生产,加强低碳生产设计。第二,积极开展低碳技术创新与应用。建立低碳技术创新研发、孵化和推广应用的公共综合服务平台,推动企业低碳技术的研发和应用,在企业生产全过程中落实低碳发展理念和方法。第三,创新低碳管理。建立健全园区碳管理制度,编制碳排放清单,建设园区碳排放信息管理平台,强化从生产源头、生产过程到产品的生命周期碳排放管理。第四,加强低碳基础设施建设,制定园区低碳发展规划,完善空间布局,优化交通物流系统,对园区水、电、气等基础设施建设或改造实行低碳化、智能化。加快淘汰低效供能设施,大力推广供热和热电冷三联供设施,提高能源利用效率。推广新能源和可再生能源的使用,提高园区可再生能源利用比例等。

8.1.2 深圳经验

深圳作为土地资源有限而人口快速增长、经济高速发展的新兴现代化国际大都市,如果没有前瞻性的经济、城建、交通、产业等方面的科学规划,无法保持长久的活力。深圳作为亚热带海洋性气候区域的一片"热土",并没有选择满负荷利用资源的高密度发展道路,而是选择建设草木葱茏、绿意盎然的低碳景观城市的道路。深圳在战略上高度重视科学发展,预留空间,不盲目扩张,在工业、交通、建筑、生态等多方面入手,积累了一套值得借鉴的低碳城市发展经验。

(1)因地制宜采取网络组团式城市空间规划设计,避免城市不合理发展。在城市规划和建设中,深圳摒弃传统的集中式、带式、放射式、星座式等城市空间结构,逐步建成了以中心城区为核心的网络组团式城市空间结构。这种城市空间结构强调每个组团都是设施齐全、功能完善的独立空间单元,是一种低碳高效的空间组织方式,也是一种紧凑集约与自然生态交融的空间发展模式。通过城市空间结构的优化,能够使城市发展的规模效应、集聚效应、辐射效应和联动效应达到最大化，从而为城市绿色低碳发展奠定基础。组团式城市空间布局让绿地与城市建成区间隔分布，形成通风廊道，能够使更多的人在生活和工作中享受它的降温效果。

（2）高度重视建筑节能，稳步推进绿色城市建设。深圳较早开始推进节能建筑全覆盖。从2001年开始，深圳开始启动建筑节能工作。新建建筑100%达到建筑节能的标准要求。深圳还提高了建筑节能的要求，提出了"打造绿色建筑之都"的目标，绿色建筑从单体项目向小区项目，并进一步向绿色城区延伸，全市已建立6个绿色城区。深圳还优先选择单位面积节能率大、建筑总节能量高的老建筑进行节能改造。"十二五"期间，深圳完成既有建筑节能或绿色改造总建筑面积不低于700万平方米，推广家用节能空调50万台。

（3）建设绿色家园，提倡低碳绿色生活。在城市生态方面，深圳建设了绿带、绿廊、绿地三个层次的城市生态基础设施，建设覆盖全市2 000平方公里的"区域–城市–社区"三级绿道系统，提出无论市民居住在哪个区，出门只要步行5分钟就可以踏上绿道的目标。深圳在各组团之间预留400～800米绿化隔离带，城市主次干道一律预留10～50米绿化带，作为城市的"肺叶"，形成完整的城市绿化骨架和道路绿化网络，逐步构建"林在城中、人在绿中"的生态格局。

（4）打造绿色出行和智能交通系统，大力降低交通碳排放。深圳从特区设立初期就重视优先发展城市公共交通，在国内较早淘汰老旧、高耗能、高排放汽车，大力推广新能源汽车，规划建设自行车道和人行步道等慢行交通系统。深圳智能交通系统接入了民航、铁路、公路、水运、公交、轨道、出租车等14类交通运输行业运营信息数据，实现了全区域交通综合信息互联互通，通过互联网、广播、移动通信实时发布道路通行状况，高效利用现有交通设施，达到交通需求和交通供应在不同阶段、不同层次上的适度平衡。

（5）较早启动产业升级转型，坚持创新和低碳发展路线。深圳较早就认识到高投入、高消耗的发展模式难以为继，将优化产业结构作为低碳发展的重要支撑，用市场化方法，引导"两高一低"企业转型或退出，走出了一条具有深圳特色的以更低的资源消耗和环境代价，实现更有质量增长的新路。深圳在地区生产总值等主要经济指标取得持续突破的同时，实现万元地区生产总值能耗、水耗达到全国最优水平。

8.2 建设完善的绿色金融体系

8.2.1 交易体系的完善

未来深圳碳交易市场机遇和挑战并存，如何有效应对碳排放交易市场面临的内外部风险，如何牢牢抓住碳交易试点的机遇实现低碳经济发展之路，值得我们深思。中国各地区应不断深化国际交流，一同应对全球气候变化，相互借鉴，不断创新，建设有中国特色的区域国际排放交易市场体系。

（1）市场监管机制需完善

作为一个新兴的环境权益交易市场，碳排放交易市场面临着比传统金融市场更高的内外部风险。2011年欧盟EU ETS出现的配额失窃事件、2013年国际碳市场价格暴跌等现象无一不向我们敲响警钟：碳交易市场需要更加强有力的监管以及适当的市场稳定调控。由于监管涉及很多技术方面的工作，应该大力培育第三方监测和服务机构，为政府监管部门提供客观中立的数据，以提高市场监管效率和效力。

（2）一级市场需培育

目前国内试点碳市场主要从事二级市场交易。深圳尝试过一级市场拍卖（2014年6月6日），不过该次拍卖目的是帮助有配额缺口的管控单位进行履约，与常规的一级市场配额拍卖尚有一定的区别。

全国8个试点碳市场的交易以履约交易为主，常出现履约期临近时期量价齐涨、履约期过后交投清淡的市场潮汐现象。如何在非履约期激活市场，使交易活动在全年分布更均衡也是碳市场建设的难点之一。在碳配额分配方面应坚持适度从紧原则，防止出现配额发放过松的情况。在基础供求关系方面，总体上应保证碳配额供求基本平衡或供略低于求，使碳市场定价机制维持足够的张力。

碳市场应在免费分配的基础上逐步引入拍卖等有偿分配方式。碳排放

权交易的一级市场之所以值得重视，其主要原因是随着碳交易体系的不断
成熟，配额的分配方法日益走向有偿分配。而拍卖被认为是有偿分配中更
为有效和更能发现市场价格的方法。越来越多的国际碳交易体系更大幅度
地采用拍卖作为配额分配的方法，最为典型的是欧盟碳交易体系第三阶
段、美国区域温室气体倡议和加州碳交易体系。此种配额分配方式的调整
符合碳交易的理论基础，未来也是碳市场的重要组成部分。

　　深圳规定每年配额拍卖的比例不低于当年度配额总量的3%，这是一
个很好的尝试，可以不断提高拍卖比例，促进一级市场的成熟。在这个过
程中应关注以下几个方面：一是拍卖主体广泛化；二是拍卖方式简单化；
三是拍卖底价科学化，根据碳市场价格的变化和供求关系，形成可接受、
可操作的底价，避免单一底价的僵化；四是投标方式多样化，投标人可以
多组形式报价，促进成交；五是拍卖频率弹性化，在履约期来临前增加拍
卖场次，以更好地满足市场对配额的需求。

　　（3）二级市场需求扩大

　　当前全国碳交易试点地区的碳市场均为现货交易市场，多采用T+1交
割方式实现碳排放权和资金的全额结算。但是作为新兴事物，管控单位的
接受程度、认可程度和参与程度需要极大的提高，市场交易的流动性缺
乏，未能充分体现市场化机制对管控单位减排的激励。

　　碳交易体系应逐步扩大管控范围，尽快将公共交通排放纳入碳交易市
场，同时继续在工业和大型公共建筑物领域拓展覆盖范围。从高收入大国
的情况来看，在人均收入达到一定水平后，需求端的二氧化碳排放量会超
过生产端的二氧化碳排放量，而中国目前的收入水平还处于相对较低水
平，二氧化碳的排放还主要来自生产端。

　　中国2010年生产端碳排放占总排放的65%，剩余的35%的需求端排
放则分别由交通部门及建筑部门承担。在交通运输部门中，陆路交通运输
车辆可能会在2030年达到4.33亿辆，陆路交通运输部门的总能源消耗会
在2030年达到近4.5亿吨油当量。建筑部门的主要碳排放来自居民建筑及
商业建筑中的供电供暖。中国目前建筑部门的碳排放量仅占总碳排放量的
25%左右，与美国的44%相比也具有较大的差距。

8.2.2　政府与市场的配合

在 2009 年底，我国主动公布了 2020 年碳强度下降的目标：到 2020 年，我国的单位国内生产总值二氧化碳排放比 2005 年下降 40%~45%，这一目标也被作为约束性指标纳入国民经济和社会发展中长期规划，并制定相应的国内统计、监测、考核办法。

政府在发展碳金融市场方面居于领导、规范、协调和监管地位，对于推进全社会发展低碳经济具有重要和关键作用。市场对于促进低碳经济稳健和可持续发展是不可或缺的。只要政府和市场各自演好自己的角色，划清政府和市场的边界，就能取得满意的效果。

（1）自愿减排和强制减排相结合

强制减排主要的障碍在于博弈各方利益的平衡，自愿减排的主要障碍在于市场供求关系的充分发掘。强制减排和自愿减排，在国际环保行动谈判中涉及国家利益，但在国家疆域之内，则属于内部事务。由于各国主动推进低碳经济的动机和国情不同，因此会根据自身情况，主动选择合适的减排方式。中国作为发展中国家没有被《京都议定书》纳入强制减非计划，但中国在清洁发展机制项目及核证减排量供应量方面已领先全球。美国没有加入《京都议定书》，但在东部的 14 个州选择了部分企业，并设计出总量控制指标，在其控制下进行内部的排放交易，这样也能达到减排的效果。

由于强制减排和自愿减排的驱动力是完全不同的，而构建一个强制减排市场所需要的成本要远远高于自愿减排市场，因此我国应该综合评估成本收益，结合两者的优势，推动低碳经济发展。由于较高的运作成本，强制市场更适合风险小、意外性大、减排量大的项目，而自愿市场更适合风险大、意外性较小、减排量小的项目。中国应该对前一类数量较少、负外部性较大的项目先实行强制减排，而对更大数量的其他项目鼓励自愿减排。

强制减排和自愿减排从机制上是完全分离的，强制减排在形成惯例之后，可以考虑将一部分项目转为自愿减排项目。由于对项目的风险控制是自愿市场的软肋，自愿减排市场中质量较高的减排量，可以进入强制市场流通。为减少地方政府管理上的负担，提高强制减排市场的规模和集中度，可以考虑在全国性碳交易市场建立强制减排板块。

自愿减排市场的发展仍应尤先和重点考虑，应在城市温室气体减排中发挥更大的激励和调节作用，一方面以价格机制激励管控企业主动采取减排措施，并通过更活跃的交易促进排放权资源优化配置，降低城市总体减排成本；另一方面搭建起资本市场与低碳实体经济之间的投融资渠道，更好地为减排项目建设和低碳技术推广提供资本支持。碳市场应鼓励更多合格投资者进入市场，加快引入该证自愿减排量交易。

（2）设立有效的政府引导基金

政府与市场需要共同协作力促低碳转型。政府要做好碳市场的目标和规则的顶层设计，及时修订和不断提高大气环境质量和碳排放标准。同时遵循"市场决定资源配置"的规律，推动能源资源配置依据市场规则、市场价格、市场竞争实现效益最大和效率最优。对于未来的碳交易市场，最重要的还是进一步确定市场秩序，靠市场自身来完善，有关部门只需给予一定的政策、资金扶持，将国内的碳交易市场平台完全打造起来。政府可以做的一个重要的基础工作是创建碳基金。

中国各地政府以前有很多建立政府引导基金的经验，但成功的做法不多。碳基金可以借鉴英国政府的做法。英国的碳基金是由政府投资、按企业模式运作的独立公司，成立于 2001 年。碳基金的主要资金来源是气候变化税，从 2004—2005 年度起，增加了两个新的来源，即垃圾填埋税和英国贸易与工业部的少量资金。碳基金主要在三个重点领域开展活动：能马上产生减排效果的活动；低碳技术开发；帮助企业和公共部门提高应对气候变化的能力，向社会公众、企业、投资人和政府提供与促进低碳经济发展相关的大量有价值的资讯。碳基金作为一个独立公司，介于企业与政府之间，实行独特的管理运营模式。一方面，公司每年从政府获得资金，代替政府进行公共资金的管理和运作；另一方面，作为独立法人，碳基金采用商业模式进行运作，力图通过严格的管理和制度保障公共资金得到最有效的使用。

中国的碳基金可以扩大到绿色金融引导基金，将覆盖面扩大到环境保护和公共服务领域。初期启动资金可以由政府拨出专项基金，之后一部分资金可以从各种环保税收中提取一定的比例，一部分是来自环保违法企业的罚金。这种绿色金融引导基金可以作为母基金，引导民间资本和慈善资金，共同设立相应领域或专项子基金，通过公开选拔的方式，交给合格的第三方专业公司负责管理和运作。基金的运行情况经由第三方审计，定期向全社会公示，由政府和全社会进行监督。

（3）全国市场和地区市场的发展

2015年9月中美联合发布的《中美元首气候变化联合声明》提出，中国将于2017年启动覆盖钢铁、电力、化工、建材、造纸和有色金属等重点工业企业的全国碳排放交易体系。而现有8个地区试点碳交易市场为建立全国市场打下了良好基础，积累了宝贵经验。但是各地存在区域性市场发展不平衡、权益分配方式不统一、交易制度规则不一致等问题。而非试点市场还停留在最初的混沌时期，大部分未来的市场参与者对碳交易都没有清晰的概念。

全国碳市场应搭建起一个兼顾公平的平台，并提供安全稳定的政策环境。根据北京环境交易所的相关报告，未来全国碳市场预计形成"1+3+N"的法规体系，即以《碳排放权交易管理条例》为中心，配套《企业碳排放报告管理办法》《第三方核查机构管理办法》《市场交易管理办法》等管理办法和一系列的实施细则。北京理工大学发布的《2017年我国碳市场预测与展望》指出，2017—2020年全国碳市场的主要目标将是市场机制建设，先让全国市场运转起来，然后在运行中学习、规范、提升、完善。

全国碳市场初期将涵盖石油、化工、建材、钢铁、有色、造纸、电力、航空8个行业中年煤耗达到1万吨标准煤以上的企业。目前各省市自治区正在进行拟纳入控排范围的企业历史排放数据的盘查与报送等基础准备工作。

全国市场如何建立，与各地碳交易市场的关系如何理顺，需要从战略高度加以规划。从国际经验看，区域性碳市场是一个重要角色。中国幅员辽阔，而且鉴于碳排放交易的复杂性，不适合建立像深沪证券交易所那样的过于集中的全国市场。在各地区建立卫星式的碳交易所，实行中央规划和制度监管，并在中央市场集中开展强制减排交易，有助于分工协作，展开有序竞争，拉动各地区低碳经济发展。事实上，中心加卫星的交易体系更加稳定和成熟，理所应当承担起整个碳市场的发展重任。

但是，区域市场无法代替全国性市场的位置。由于缺少严格的基于全国统一的碳排放配额制度，既无配额限制，也没有排放的基准，企业也就没有购买碳排放配额的积极性，导致市场主体缺位。碳市场中价格、交易量、配额发放以及中国核证减排量项目的利用等，依然存在棘手的问题。全国市场要建立实施碳排放总量和能源消费总量双控机制，倒逼能源结构向低碳清洁化转型。

在全国统一分配标准下，制订地区之间的碳排放权初始分配方案，要体现公平性、透明性、均衡性和一致性。需要考虑区域差异，对于地区发展的差异性，可以通过财政转移和其他方式扶持解决。如果配额分配偏紧，就会给地区经济发展带来较大的成本负担；相反，如果配额偏松，就会降低减排的积极性。要综合考虑各地区的实际发展情况，既不能带来过高的成本负担，同时又能形成各地区减排的内在动力。还需要建立动态的配额调整机制。随着经济的发展和技术的进步，各地区减排潜力和减排成本也在发生改变，可采取分阶段确定省际间碳排放权配额及分配总量的方式。

在区域性碳排放权交易体系向全国碳排放权交易市场过渡的过程中，要协调解决目前存在的很多市场基础设施问题，比如减排量交易的法律产权归属问题、缺乏第三方认证机构等。与此同时，为强化全国碳排放权交易基础支撑能力，应加快建设全国碳排放权交易注册登记系统及灾备系统，建立长效、稳定的注册登记系统管理机制。构建国家、地方、企业三级温室气体排放核算、报告与核查工作体系，建设重点企业温室气体排放数据报送系统。整合多方资源培养壮大碳交易专业技术支持队伍，编制统一培训教材，建立考核评估制度，构建专业咨询服务平台，鼓励有条件的省（区、市）建立全国碳排放权交易能力培训中心，继续推进条件成熟的地区、行业、企业开展碳排放权交易试点，持续开展碳排放权交易重大问题跟踪研究。

8.3　政策建议

　　党的"十九大"确立了习近平新时代中国特色社会主义发展道路，"美丽中国"再次成为举国瞩目的焦点，如何深入贯彻落实党的方针路线，牢固树立创新、协调、绿色、开放、共享的发展理念，坚持低碳引领、创新驱动、产城融合、国际对标，加快推进转型升级，鼓励引导低碳生活和低碳消费，增强居民获得感，实现经济社会发展、绿色低碳转型和城区建设管理的有机融合，有待我们思考。

　　加快低碳社会发展的重要保障是合理配置政策资源，促进低碳政策体系化。只有多层次、全方位、战略性和可操作性相结合的政策制度体系，才能发挥政策体系的协同功能，促进低碳社会的可持续发展。在法律制度、税收政策、财政政策、科技政策、金融政策、消费政策、能源政策、监管政策、产业政策、土地政策等10个领域，需要为低碳城市、低碳城镇、低碳县区、低碳社区、低碳园区、低碳企业提供必要的政策支持。我们提出以下建议。

8.3.1　加强低碳发展法律体系建设

　　出台节能监察管理办法，监察范围覆盖工业、商贸、建筑、交通、公共机构等重点领域。加强节能标准、建筑节能和绿色建筑相关产品标准制（修）订。对高能耗领域的工业企业，制定限额地方标准、行业节能评价和监测等相关地方标准。提高重点行业排放标准，对不同地区的不同项目或者执行国家大气污染物特别排放限值，如珠三角地区的火电、钢铁、石油、水泥、有色金属冶炼、化工等行业及燃煤锅炉建设项目，粤东、粤西地区的钢铁、石化等行业建设项目，粤东、粤西和粤北地区的火电行业新建项目；或者执行烟尘特别排放限值（从2016年1月1日起执行），如粤东、粤西和粤北地区的现有建设项目；或者执行行业排放标准中水污染物特别排放限值，如珠三角地区的电镀、纺织染整、制浆造纸、合成革和人造革、化工、制糖等行业。

　　加大对重点用能单位的执法检查力度，加强高耗能特种设备节能监管，对伪造或冒用节能低碳产品认证标志等行为进行严厉打击，对违法违规行为严肃查处、限期整改并予以公开通报，依法处理企业相关负责人，对触犯刑法的依法追究刑事责任。严格落实碳排放管理主体的法律责任，对未履行碳排放配额清缴义务的企业，通过政府网站或者新闻媒体向社会公布名单，并按规定予以处罚。加强对电力、水泥、钢铁、石化、造纸、印染等重点行业排污企业和城镇生活污水处理厂的现场核查，定期开展畜禽养殖污染防治专项行动，严肃查处污染防治设施不正常运行、擅自停运及偷排污水行为。推进生态环境部门和公安部门联勤联动执法，强化环境行政执法与刑事司法衔接，有效打击环保违法行为。

8.3.2　建设和完善低碳发展的技术支撑体系

随着世界经济的转型加速，人们越来越追求可持续发展，绿色低碳的发展理念逐渐深入人心。在未来一段时间内，绿色低碳技术将成为推动全球发展、转变世界经济发展方式的新动力。广东省搭建低碳技术服务平台，建立低碳技术研发、示范、产业化和推广应用机制，积极引进外商直接投资等，推动了低碳技术的研发、创新、引进、推广与应用，从而实现绿色低碳快速发展。

（1）构建低碳技术服务平台

以政府主导、市场运作，统筹规划、分步实施，整合集成、共建共享为原则，集中力量建设一批上规模、上档次、有特色的重点产业低碳技术服务平台、重大关键技术创新平台及低碳技术支持平台，为企业低碳技术创新和应用提供支撑，推进企业新技术、新产品的开发和生产。成立专家咨询团队，建立专家联系机制，建设专家数据库，开展专家技术咨询和企业诊断等活动。制定实施鼓励政策，调动产学研社会各界的积极性，建立健全服务平台监督、考核、管理机制，设立服务平台的运行补贴专项资金。通过技术转让、委托研究、联合攻关、共建科研基地、产业技术联盟等合作方式开展低碳关键技术的研发创新。定期举办技术成果发布会，开展产学研对接，由政府牵头培育市场，加快新技术、新成果转化。

（2）加快低碳技术的研发

低碳经济发展的动力和核心是低碳技术，要加快研发低碳技术，增强自主创新能力。对低碳技术和低碳产品研发，要制定短、中、长期规划，并重点加强中长期战略技术的储备，推动低碳产品和低碳技术研发的系列化，做到研发一代、应用一代、储备一代；加大科技投入，积极开展碳捕集和碳封存技术、替代技术、资源化技术、能源利用技术、生物技术、新材料技术、生态恢复技术等的研发；结合广东省实际，有针对性地选择一些有望引领低碳经济发展方向的低碳技术，如可再生能源及新能源、煤的清洁高效利用、油气资源和煤层气的勘探开发、二氧化碳捕集与埋存、垃圾无害化填埋的沼气利用等有效控制温室气体排放的新技术，集中投入研发力量，重点攻关，促进低碳技术和产业的发展。

（3）制定低碳技术标准

低碳技术标准是低碳技术研发的重中之重。目前，国际上还没有对低碳技术进行明确的定义，也没有统一的标准。但气候变化谈判的不断深入、各国履行减排义务等现实行动，将不断推动有关低碳技术、低碳产品认定等国际规则、标准的逐步成熟。广东省应根据国家要求和政策指导尽早开展相关方面的研究和分析工作，依据国际及国家标准，把国际低碳技术的新理念、新创造引入广东省，并结合广东省低碳技术的研发实际，因地制宜，制定适合广东省自身发展的低碳技术标准，对低碳技术的产品及生命周期进行分析、评价，使低碳技术的研发制度化、规范化。

（4）加快低碳技术人才的吸纳与培养

开发低碳技术和低碳产品，掌握先进技术的科技人才是关键。目前广东省缺乏低碳技术人才，亟须加快低碳技术人才的吸纳与培养。海纳国内外高层次人才，建设一支从事应对全球气候变化、碳排放和低碳发展领域的高素质队伍。支持高等教育、职业教育和继续教育，设置低碳发展相关专业，建设低碳高层次和高技能人才培养和培训基地。倡导高等教育把与低碳能源、可再生能源和低碳能源技术等相关专业放在突出位置，加快培养低碳技术人才，使他们掌握最优化的设计方法，提高研究、设计和创新能力，加快低碳产品研发速度，缩短低碳产品的研发周期。

（5）建立低碳技术的引导和激励机制

借鉴国外经验，建立绿色证书交易制度，即一种以配额制度为基础的可再生能源交易制度。在这种交易制度中，一定数量的可再生能源发电量被指定以一个绿色证书代表，当国家实行法定的可再生能源配额制度时，没有完成配额任务的企业需要向拥有绿色证书的企业购买绿色证书，以完成法定任务。这样，可以引导企业研发和采用低碳技术，减少高碳能源的使用，发展低碳的可再生能源；制定和实行低碳产品优先采购政策，经过生态设计并经过清洁生产审计，符合环境标志认证的产品可以被优先采购，通过低碳产品优先采购引导企业对低碳技术进行战略投资，大力开发低碳产品，提高产品竞争力；通过制定和实施低碳财政、税收、融资等优惠政策，引导企业淘汰落后产能，加快技术升级，有效降低单位地区生产总值碳排放的强度，实现低碳发展。

（6）加强国际低碳技术的交流与合作

积极参与国际上关于低碳能源和低碳能源技术的交流，尤其是要加强与欧盟、美国和日本的低碳技术交流与合作。通过各种交流合作，引进消化吸收发达国家先进的节能技术、提高能效的技术和可再生能源技术。同时应充分利用广东省的市场条件，制定一些特殊的优惠政策，吸引国外的先进技术和资金到广东省来，共同示范，共享成果，争取双赢，为广东省低碳技术发展创造条件。

8.3.3　制定和完善低碳产业政策

1. 节能环保产业政策

大力推进节能环保新材料技术创新与产业化发展，引领低碳示范省战略性新兴产业的发展。低碳示范省各部门要不断加强对节能环保技术企业及创新机构的服务和支持，实行资源倾斜。

在园区试行节能环保企业认定工作。经认定的企业，自认定之日起三年内，以其相应年度的企业所得税地方留成部分为基数，给予一定比例的资金奖励。设立"节能减排专项资金"，支持低碳示范省节能减排工作的开展。结合低碳示范省节能环保产业发展状况和环境保护要求，确定以下重点鼓励项目：

（1）企业自建污水处理、再生水回用系统；

（2）针对重点耗能设备或生产线进行节能技术改造，淘汰落后、耗能高的设备，使用环保节能型设备的项目；

（3）采用清洁能源或可再生能源（包括天然气、太阳能、风能或生物质能等）发电、照明、制冷供热的项目；

（4）以固体废物（包括生活垃圾、电子废弃物等）为原料进行资源综合利用的项目；

（5）实施清洁生产审核和能源评估的项目；

（6）经评审确定为节能示范建筑的项目；

（7）经低碳示范省"节能减排专项资金"使用主管部门认定的其他项目。

2.绿色能源产业政策

（1）支持绿色能源企业在海内外上市，企业成功上市后，给予企业一定数额的奖励。

（2）支持绿色能源企业申报国家和广东省重大科技产业化项目，为国家级重大科技产业化项目提供与国家支持资金等额的配套资金，为省市级重大科技产业化项目提供省市级配套资金。

（3）鼓励绿色能源企业发展循环经济，实施生产过程中废弃物和余热的综合利用技术改造项目，开展报废产品回收、报废产品中有用材料和零部件的再利用研发，投资或联合投资建立报废产品中可再生资源利用企业，对废弃物和余热的综合利用技术改造项目和可再生资源利用企业固定资产投资中的贷款部分予以三年的贴息，最多累计不超过500万元。

（4）支持产业组织开展推动产业发展和创新的信息交流、协作配套、联合攻关、技术联盟等活动并提供经费。其中，对于分布式能源建议实行以下优惠政策：

a）给予投资补贴支持

对于符合条件的新能源高新技术项目，在项目建设初期给予一次性补贴，补贴额为项目总投资的20%。

b）采取电价附加政策

设立新能源发电扶持专项资金，对于符合条件的分布式能源项目，给予电价不低于 0.5 元/度的补贴。

c）给予税收政策支持

对于符合条件的新能源企业及符合条件的高新技术企业，运营期适当减收或免收企业所得税。

对新能源企业和个人从事技术转让、技术开发业务和与之相关的技术咨询、技术服务业务所取得的收入，免征营业税。

对投资符合条件的新能源企业项目，在投资总额内进口的自用设备，以及按合同随设备进口的技术及配套件、备件，除列入《国内投资项目不予免税的进口商品目录》和《外商投资项目不予免税的进口商品目录》的商品外，免征关税。

d）设立专项资金

设立节能减排专项奖励资金，对于符合条件的新能源高新技术项目予以奖励和补贴。

e）对高端人才给予奖励

从事新能源高新技术项目的高端人才在粤取得的工薪收入，在计算个人应纳所得税时，可按规定加计扣除。新能源高新技术企业和科研院所等用人单位聘用的外籍专家，其薪金可列支成本。新能源领域的国有独资高新技术企业在实施公司制改制时，可按规定将国有净资产增值中不高于 35% 的部分作为股份，奖励有贡献的企业骨干人员。

f）加大金融支持力度

鼓励和引导银行业金融机构进一步加大对新能源企业的信贷支持和金融服务力度，加强新能源产业重大项目的信息沟通，有效降低新能源企业的融资成本，提高信贷审批效率，逐步建立金融支持新能源产业发展的有效管理机制。政府利用基金、贴息、担保等方式，引导各类商业金融机构支持自主创新与产业化。

3.生命健康产业政策

（1）重点支持领域

低碳示范省的生命健康产业领域包括生物技术制药、化学原料药、医疗器械、疫苗与诊断试剂、现代中药等，鼓励相关企业和研发机构在高新区从事研发、转化、生产及服务外包等业务。

（2）申报科技立项

低碳示范省的生命健康企业和机构积极申报科技计划及产业化项目。对于获得重大科技计划及产业化项目立项支持的企业和机构，每个项目给予资金资助。

（3）积极推动产业招商

积极吸引低碳示范省的生命健康产业领军人才和高水平研发团队，引进和聚集国内外生物医药领域知名企业、研发机构，扶持具有自主知识产权和国际竞争力的生物医药产品研发与产业化重大项目，延伸生物医药产业价值链，促进产业规模化发展，快速形成产业规模竞争力。不断改进和创新产业招商的思路、方法，大力宣传，发挥优惠政策在吸引聚集招商项目上的重要作用；进一步完善项目信息渠道，增加项目信息储备，加强收集生物医药领域世界500强和各细分领域前3名企业信息，及时掌握投资动态；建立专业化招商网络，增强与国家部委、中央企业、研究院所、国外大企业的联系，积极借助中介机构等各种招商资源；建立和完善重点项目主动联系制度，对重点项目主动上门联系，进行定向招商。

（4）加快推进载体建设

加快建设药物安全评价平台、药物分析测试平台、药物中试平台、药效学评价平台、数据信息服务与共享平台、动物试验中心等公共技术服务平台，增强对高新区企业的服务能力，为生物医药产业技术创新提供平台支撑。

积极争取在示范区内设立国家药品审评办事机构及技术服务机构，在新药研发过程中为企业提供药物分析测试、GLP（药品非临床研究质量管理规范）、GCP（药品临床试验管理规范）、CRO（合同研发外包）、CMO（合同加工外包）、信息咨询、数据存储和处理、国际申报等全程服务和支撑，加快新药研发和审批速度。打造国际一流的生物医药专业孵化器，为从事生物医药产品开发和成果转化的高端人才、科研机构和国内外企业提供全方位、专业化的孵育设施和服务。

（5）支持创新组织建设发展

大力引进和建设全国性或区域性生物医药产业技术联盟、产学研联盟、专业技术学（协）会等新型创新组织，充分发挥其在招商引资、共性技术攻关等方面的作用，借助其渠道建立起与国家级和省市级各类学（协）会、联盟等的有效合作机制，在更大范围内整合创新资源，服务企业创新创业。

4.新材料产业政策

大力发展电子信息材料、新能源材料、生物材料等支撑领域新材料，增强产业配套能力；不断提升新型功能材料、结构功能一体化材料的产业优势，扩大产业影响力；积极育育超材料、纳米材料、超导材料、新型环保节能材料、新型工程塑料、稀土功能材料、高性能纤维及其复合材料等新兴领域。

（1）经认定的新材料企业，根据其贡献程度，由专项资金予以一定的研发资助。

（2）实施名牌带动战略。鼓励符合条件的企业申报品牌培育项目资助计划，对自主品牌企业的品牌宣传、推广，由专项资金予以资助。

（3）对新材料企业申请美国 UL、欧盟 EN13432、日本生物质材料等国际认证，由专项资金予以资助。

（4）在产业链关键环节，积极培育和引进一批拥有核心关键技术、具有较强创新能力和国际竞争力的新材料企业。

（5）支持跨国企业、央企、大型企业集团在低碳示范省设立新材料领域的综合型、职能型和成长型总部，由总部经济发展专项资金予以资助。

（6）鼓励新材料企业推进节能减排和清洁生产，研发和生产绿色低碳新材料。

（7）新材料产业用房优先纳入创新型产业用房规划。经认定的新材料企业入驻政府投资建设的创新产业用房，予以部分房租减免资助，资助期最长可为3年。

（8）投资额超过2亿元的新材料产业项目，优先列入低碳示范省重大建设项目计划，享受"绿色通道"待遇。对属于产业发展重点领域且为产业链缺失环节的产业化项目，专项资金予以最高500万元资助。

（9）新材料产业项目用地优先列入土地利用年度计划。

5.文化创意产业政策

制定和发布《低碳示范省文化创意产业投资指导目录》，明确鼓励、允许、限制和禁止投资的项目，进一步放宽市场准入条件和领域，鼓励非公有资本及海外资本进入文化创意产业。

鼓励企事业单位及个体创意人员，利用一切符合文化创意产业生产规律的经营方式和组织形式，发展文化创意产业。文化创意产业各类经营主体，凡符合条件的，均可享受本政策。

对单位和个人在低碳示范省从事文化创意产业技术转让、技术开发业务和与之相关的技术咨询、技术服务取得的收入，免征营业税。高等学校、科研机构服务于文化创意产业的技术转让、技术开发、技术咨询和技术服务所取得的技术性服务收入，暂免征收所得税。

进一步完善中小企业融资担保机制。支持和引导担保机构为中小企业，特别是中小文化创意企业、中小高新技术企业的融资提供担保，并鼓励金融机构开展文化创意企业知识产权权利质押业务试点。

为文化创意企业在国内外资本市场融资创造条件。积极支持符合条件的文化创意企业改制上市。支持园区非上市文化创意产业股份有限公司进入证券公司代办股份转让系统进行股份转让试点工作。

鼓励国际著名文化创意、制作、经纪、营销机构，利用其人才、技术、资金和营销渠道，与低碳示范省内有条件的文化创意企业合作，开展文化创意活动，生产制作科技含量高、资金密集型的出口文化产品和服务，开展国际营销。通过提高本市文化创意产业的竞争力，扩大优秀民族文化的国际影响力。

8.3.4　加强对低碳人才的培养和引进

1.海外高层次留学政策

设立"海外高层次人员创新创业专项资金"（以下简称专项资金），重点支持海外高层次留学人员到低碳示范省创新创业。给予创业资助如下：

（1）享受税收优惠政策。按照国家高新技术企业资格认定办法对企业进行审核评估，审核合格的企业，三年内按照上缴的企业所得税额度予以全额奖励。

（2）因使用广东省公共服务平台大型仪器设备发生费用的，经审核，予以实际使用费用50%的资助。

（3）给予创业资金资助。按照国家高新技术企业资格认定办法对企业进行审核评估，审核合格的企业，予以在企业设立时法定代表人实际出资额20%的创业资金资助，最高不超过60万元；企业正式获得国家高新技术企业资格认定后，可再获得同等额度的创业资金资助。

（4）因购置科研仪器设备、进行产业化而向银行申请短期（不超过两年）贷款的，经审核，对贷款额度内不超过企业注册资本金50%的部分，按照银行结息单补贴贷款利息的50%。

2.科技领军人才政策

科技领军人才应当是能够引领和带动某一领域的科技发展并处于领先地位的科技团队带头人，拥有知识产权清晰、达到国际先进水平、具有市场开发前景的高新技术成果项目。科技领军人才及其团队自带项目在低碳示范省创业或者进入企业实施重大科技创新项目，能够推动低碳示范省主导产业、重点领域、重大专项、重大关键技术等实现跨越式发展的，给予一定的项目资助和人才鼓励倾斜政策。

项目资助：

（1）国家、广东省科技和产业计划资助的项目，予以50%的配套资金。

（2）研发过程中需要使用国内公共技术服务平台大型仪器设备的，予以实际使用费用50%的资助。

（3）根据投资需求，按照项目已获得国内外创投企业投资额的一定比例匹配创业投资资金。

（4）项目实施成果的产品与服务，优先列入低碳示范省政府采购目录，在同质同价的基础上优先采购。

8.3.5　优化低碳示范社区项目办事程序

对于低碳示范社区的相关办事程序要采取以下做法：

（1）进一步清理行政审批事项，精简审批项目。能够精简合并的审批事项坚决予以合并。真正做到行政审批项目减到位、放到底。

（2）改革审批机制，创新服务方式。职能部门采取行政审批职能向一个科室集中，审批科室向中心大厅集中，进一步落实窗口首席代表制和首问负责制。

（3）强化流程再造，优化服务功能。依据细化办事流程、简化办事程序、减少审批环节、缩短办事时限的原则，进一步优化办事流程，并建立特事特办、急事急办和绿色通道制。

8.3.6　完善低碳产品应用和技术推广

引导用能单位采用先进适用的节能低碳新技术、新装备和新工艺。充分发挥节能低碳技术在节能减碳工作中的作用，建立广东示范省节能低碳发展创新服务平台，开展年度节能低碳技术（产品）需求、节能低碳先进技术（产品）、节能低碳应用示范典型案例的征集。

推广"城市矿产"再利用技术。重点推广废旧电冰箱无害化处理及资源回收、废旧电器的机械破碎与分选、报废汽车车身整体破碎与废钢加工一体化等技术。

推广绿色建筑技术。重点推广绿色建造、建筑围护结构热工性能节能、可再生能源建筑一体化等技术。

推广餐厨废弃物资源化利用和无害化处理技术。重点推广餐厨垃圾生物处理技术，以资源的高效利用和循环利用为目标，通过利用餐厨垃圾转化成生活燃气、电能、热能和有机肥等，实现餐厨垃圾"无害化、资源化、减量化"。

8.3.7　完善生活垃圾发电的价格政策

2012 年 4 月，国家发改委在《关于完善垃圾焚烧发电价格政策的通知》中，明确规定每吨生活垃圾折算上网电量暂定为 280 千瓦时，执行全国统一垃圾发电标杆电价 0.65 元/千瓦时（含税）。

加大新政策的贯彻执行力度。研究制定并贯彻落实实施细则，科学确立垃圾焚烧补贴标准。设立合理调价依据，规范项目特许权授予办法，确保垃圾焚烧发电能够及时上网。电网企业增加的购电成本，相关政府部门要积极与电网企业协商解决。

确保上网电费实时足额结算。各省级电网企业要依据省级价格主管部门核定的垃圾发电量和常规能源发电量，及时足额支付上网电费。各地电监局（办）要定期检查和督促，核实购电合同的合规性，及时了解陈欠电费的相关情况。因故不能按约付清上网电费的电网企业，应向发电企业支付违约金。

加快配套政策措施的出台。研究确立垃圾焚烧补贴标准并设立合理调价依据，提高发电企业的积极性；规范项目特许权授予办法，杜绝滋生腐败问题。

8.3.8　完善用户自发电并网政策

按照国家电网正式发布《关于做好分布式电源并网服务工作的意见》，低碳示范省内关于用户自发电并网政策如下：

为并网开辟绿色通道。意见明确为分布式电源项目接入电网提供便利条件，为接入系统工程建设开辟绿色通道。接入公共电网的分布式电源项目，其接入系统工程（含通信专网）以及因接入引起的公共电网改造部分由国家电网公司投资建设。接入用户侧的分布式电源项目，其接入系统工程由项目业主投资建设，因接入引起的公共电网改造部分由国家电网公司投资建设。

提供一切优惠条件。意见明确建于用户内部场所的分布式电源项目，发电量可以全部上网、全部自用或自发自用余电上网，由用户自行选择，用户不足电量由电网提供。上、下网电量分开结算，电价执行国家相关政策。公司免费提供关口计量装置和发电量计量用电能表。分布式光伏发电、风电项目不收取系统备用容量费。

全力做好并网服务。意见规定了并网关键节点时间，承诺随时提供并网相关问题咨询服务，明确并网申请受理、接入系统方案制订、接入系统工程设计审查、计量装置安装、合同和协议签署、并网验收和并网调试、政府补助计量和结算服务不收取任何服务费用。

8.3.9 鼓励低碳创新

1.财税政策

（1）在制定产业准入目录及优惠目录的基础上，对低碳示范省符合条件的企业减按15%的税率征收企业所得税。产业准入目录及优惠目录分别由发改委、财政部会同有关部门制定。

（2）对在低碳示范省工作、符合低碳示范省规划产业发展需要的境外高端人才和紧缺人才，取得暂由广东省及各地方政府按内地与境外个人所得税负差额给予的补贴。

（3）低碳示范省内所有国家鼓励类产业的各类中资企业和外商投资企业，到2020年减按15%的税率征收企业所得税。

（4）从事重点扶持的公共基础设施项目投资经营所得，以及符合条件的环境保护、节能节水项目所得，企业所得税享受一定比例的优惠。

2.金融政策

（1）根据国家总体部署和规范发展要求，支持低碳示范省试点设立各类有利于增强碳交易市场功能的创新型金融机构，探索推动新型要素交易平台建设，支持低碳示范省开展以服务实体经济为重点的碳金融体制机制改革和业务模式创新。

（2）支持我国香港金融机构和其他境内外金融机构在低碳示范省设立国际性或全国性管理总部、业务运营总部，加快提高碳金融国际化水平，促进前海低碳金融业和总部经济集聚发展。

3.土地政策

（1）对低碳示范省建设用地计划指标实行单列并予以倾斜，根据发展规划需要优先确保建设用地。

（2）执行灵活的土地和房屋租赁政策。对重点支持的产业用地实行双优政策。对从事科技开发的企业、科研机构和高等院校，可安排房屋租金补贴。

（3）对低碳示范省内符合国家产业政策的项目，在项目审核、土地利用、贷款融资、技术开发、市场准入等方面给予支持。

↘ **参考文献**

[1] 李晓西，王佳宁. 绿色产业：怎样发展，如何界定政府角色 [J].
改革，2018（2）：5-19.

[2] 吴婷婷，肖晓. 供给侧结构性改革视角下中国绿色金融体系的构
建研究 [J]. 西南金融，2018（1）：3-11.

[3] 财政部农业司. 国际湿地保护、恢复与管理经验借鉴 [J].
中国财政，2015（11）：29-31.

[4] 路超君，秦耀辰，张金萍. 低碳城市发展阶段划分与特征分析 [J].
城市发展研究，2014，21（8）：12-16.

[5] 林鲁生. 深圳国际低碳城实践与展望 [J]. 建筑经济，
2014（2）：117-120.

[6] 包国宪，王学军. 我国政府绩效治理体系构建及其对策建议 [J].
行政论坛，2013，20（6）：1-7.

[7] 李芬，高楠楠，彭锐，等. 生态园区土地适宜性分析研究——以
深圳市国际低碳生态城坪地镇为例 [J]. 城市发展研究，2013，20（9）：
136-140.

[8] 李凡，马万里. 基于财政分权视角的低碳城市建设研究 [J]. 华
东经济管理，2013，27（5）：88-92.

[9] 王格芳. 我国快速城镇化中的"城市病"及其防治 [J]. 中共中
央党校学报，2012，16（5）：76-79.

[10] 张凤. 卢梭自然主义美学思想及其当代价值 [J]. 理论导刊，
2011（8）：104-106.

[11] 陈赟. 基于管理视角对发展我国低碳经济的思考 [J]. 武汉大
学学报（哲学社会科学版），2011，64（3）：63-68.

［12］李超骅，马辰邦，郑愿，等. 中外低碳城市建设案例比较研究［J］. 城市发展研究，2011，18（1）：31-35.

［13］张贡生，李伯德. 低碳城市：一个关于国内文献的综述［J］. 首都经济贸易大学学报，201?，13（1）：107-120.

［14］陈岩，王亚杰. 发展低碳经济的国际经验及启示［J］. 经济纵横，2010（4）：102-106.

［15］袁小宜，叶青，刘宗源，等. 实践平民化的绿色建筑——深圳建科大楼设计［J］. 建筑学报，2010（1）：14-19.

［16］郭印，王敏洁. 国际低碳经济发展现状及趋势［J］. 生态经济，2009（11）：58-61.

［17］李志萌. 低碳经济与区域发展：以鄱阳湖生态经济区为例［M］. 北京：中国社会科学出版社，2016.